「イエスの言語」をめぐる論争史

古代から近代まで

髙橋洋成

教文館

目　次

　　凡　例　*9*

　　序　章　*11*
　　　　1. 研究の背景　*11*
　　　　2. 問題設定　*16*
　　　　3. 本研究の方法と構成　*18*
　　　　4. 用語法　*21*
　　　　（補足）ギリシア語新約聖書の「セム語形」（固有名詞を除く）
　　　　　　　25

第1部
「ヘブライ語」の呼称をめぐる諸問題　*31*

第1章　古代からヘブライ語旧約聖書までの「ヘブライ語」の証言　*33*

　　1. はじめに　*33*
　　　　1.1. 研究目的　*33*
　　　　1.2. 研究方法　*34*
　　2. 「ヘブライ」の語源　*35*
　　　　2.1. ヘブライ＝ハピル？　*35*

    2.2. ヘブライ＝エベル？　*37*

    2.3. ヘブライ＝アバル・ナハラ？　*39*

3. ヘブライ語旧約聖書に見られる言語呼称　*42*

    3.1. 言語呼称の一覧　*42*

    3.2.「言語活動の場」の分析　*43*

    （補足）מְפֹרָשׁの意味　*54*

    3.3. 小　結　*56*

4. 結　論　*57*

第2章　ギリシア語七十人訳以後の文字資料における 「ヘブライ語」の証言　*59*

1. はじめに　*59*

    1.1. 研究目的　*59*

    1.2. 研究方法　*59*

2. ギリシア語旧約外典・偽典に見られる「ヘブライ語」　*60*

    2.1.「ヘブライ語」に関する呼称の一覧　*60*

    2.2.「言語活動の場」の分析　*61*

    2.3. 小　結　*68*

3. ギリシア語新約聖書に見られる「ヘブライ語」　*69*

    3.1.「ヘブライ語」に関する呼称の一覧　*69*

    3.2.「言語活動の場」の分析　*70*

    3.3. 小　結　*75*

4. ヨセフスの著作に見られる「ヘブライ語」　*76*

    4.1.「ヘブライ語」に関する呼称の一覧　*76*

4.2.「言語活動の場」の分析　78
　　　4.3. 小　結　86

　5. クムラン文書とミシュナ　87
　　　5.1.「ヘブライ語」に関する呼称の一覧　87
　　　5.2.「言語活動の場」の分析　88
　　　5.3. 小　結　92

　4. 結　論　92

第3章 「アラム語，シリア語，カルデア語」の呼称をめぐる諸問題　94

　1. はじめに　94
　　　1.1. 研究目的　94
　　　1.2. 研究方法　95

　2.「アラム語」と「シリア語」　96
　　　2.1. ギリシア語圏とアッシリア勢力圏　96
　　　2.2. 国際共通語としての「シリア語」　97
　　　2.3.「シリア語」をめぐる外称と内称　98
　　　2.4.「シリア」と「アッシリア」の呼称の分離　99
　　　2.5. ラビ文書における「シリア」と「アラム」の呼称の使い分け
　　　　　100
　　　2.6. 小　結　101

　3.「アラム語」と「カルデア語」　102
　　　3.1.「カルデア語」　102
　　　3.2. フィロンと「カルデア語」　103
　　　3.3. ヒエロニュムスと「カルデア語」　106

3.4. 小　結　*109*

4. 結　論　*109*
（補足）現代カルデア諸語　*111*
（補足）ギリシア語新約聖書に見られる「ヘブライ語」に関する呼称の完全なリスト　*113*

第2部
「イエスの言語」をめぐる言説史とその諸問題　*117*

第1章「創造の言語」　*119*

1. はじめに　*119*
1.1. 研究目的　*119*
1.2. 研究方法　*120*

2. 「創造の言語」＝ヘブライ語？　*120*
2.1. ユダヤ人共同体の中の「原初の言語」　*120*
2.2. キリスト者共同体の中の「創造の言語」　*123*

3. 「創造の言語」＝アラム語？シリア語？　*129*
3.1. シリア人共同体の中の「創造の言語」　*129*
3.2. シリア人共同体の中の「啓示の言語」　*131*

4. 検　討　*132*

5. 結　論　*135*

第2章 ヘブライ語，カルデア語，シリア語　*136*

1. はじめに　*136*
   1.1. 研究目的　*136*
   1.2. 研究方法　*137*

2. オリエント語研究　*137*
   2.1. ヘブライ語文法学の成立　*137*
   2.2. オリエント語研究の広まり　*139*

3. 「カルデア語」と「エルサレム語」　*140*
   3.1. 「ヘブライ語史」の誕生　*140*
   3.2. タルグム語＝イエスの言語？　*148*

4. 「カルデア語」と「シリア語」　*167*
   4.1. シリア語＝イエスの言語？　*167*
   4.2. シリア語≠イエスの言語？　*174*

5. 結論　*186*

第3章 ヘブライ語，ギリシア語　*188*

1. はじめに　*188*
   1.1. 研究目的　*188*
   1.2. 研究方法　*189*

2. マタイによる福音書　*189*
   2.1. 教父の証言　*189*
   2.2. 「ヘブライ語版マタイ」の試み　*191*
   2.3. ヘブライ語原典？ギリシア語原典？　*194*

3. ヘブライストとヘレニスト　*205*

3.1. 「ユダヤ人のギリシア語」は何であったか　*205*
　4. 結　論　*220*

第4章 イエスの言語　*222*

　1. はじめに　*222*
　　　1.1. 研究目的　*222*
　　　1.2. 研究方法　*223*
　2. イエスとギリシア語　*223*
　　　2.1. ギリシア語新約聖書のヘブライズム　*223*
　　　2.2. イエスの言語＝ギリシア語？　*229*
　3. イエスとセム語　*237*
　　　3.1. 「セム語」と「アラム語」　*237*
　　　3.2. アラム語の分類法の見直し　*246*
　　　3.3. イエスとヘブライ語　*254*
　　　3.4. イエスとアラム語　*273*
　4. 結　論　*285*

終　章　*287*

　参考文献　*297*

　あとがき　*325*

凡　例

1. 本書で引用される文章の翻訳は，特に断りの無い限り，筆者の私訳である。ただし，日本語訳聖書からの引用は『聖書　聖書協会共同訳』（日本聖書協会，2018 年）による。
2. 引用箇所における［　］は筆者による補足を，（　）は原語や引用箇所などを表している。
3. 慣習的に日本語表記体系の中で使用される文字（日本語文字，英数字），ヘブライ文字，ギリシア文字以外の文字（シリア文字，ゲエズ文字，楔形文字）はローマ字転写した。イタリック体はローマ字転写であることを表している。
4. 聖書の書名および略称は『聖書　聖書協会共同訳』に従う。聖書以外の資料については，書名は日本語で流布しているものを用い，略称は Society of Biblical Literature (2014) *The SBL Handbook of Style*, Society of Biblical Literature に準じる。なお「王下 18:26 // イザ 36:11」のような「//」は並行箇所を表す。
5. 聖書，外典・偽典の書名は括弧に含めない。
6. 本書は資料名の前に言語名を付けることがある。また，現在では「旧約聖書」ではなく「ヘブライ語聖書」と呼ぶのが適当とされているが，「ヘブライ語新約聖書」と区別するために敢えて「ヘブライ語旧約聖書」を一貫して用いている。
7. 聖書本文等は次の文献から引用する。

   アラム語聖書（タルグム）：Sperber, Alexander (ed.) (1992) *The Bible in Aramaic, based on Old Manuscripts and Printed Texts*, Vol. I–IV B, Leiden: E. J. Brill.

   エルサレムのタルムード：Torah mi-Tsiyon [תורה מציון] (1967/1968) *Talmud Yerushalmi* [תלמוד ירושלמי], 3 vols., Jerusalem: Torah mi-Tsiyon.

   ギリシア語旧約聖書：Rahlfs, Alfred (ed.) (1935) *Septuaginta*, Stuttgart:

ゲエズ語ヨベル書：Dillmann, August (1859) *Mashafa Kufale sive Liber Jubilaeorum, qui idem a Graecis Ἡ λεπτὴ Γένεσις inscribitur, aethiopice ad duorum librorum manuscriptorum fidem primum editit,* Kiel, and London: Van Maack, Williams & Norgate.

シリア語聖書：Peshiṭta Institute Leiden (ed.) (1972–2019) *The Old Testament in Syriac, according to the Peshiṭta Version,* Leiden: E. J. Brill; Typis Typographiae Catholicae (1951) *Biblia Sacra, juxta Versionem Simplicem quae dicitur Pschitta: Novum Testamentum,* Beryti: Typis Typographiae Catholicae.

バビロニアのタルムード：Judah J. Slotki (ed.) (1967) *Hebrew-English Edition of the Babylonian Talmud* [תלמוד בבלי], 30 vols., London: Soncino Press.

ヘブライ語旧約聖書：Elliger, Karl, and Wilhelm Rudolph (eds.) (1967/1977) *Biblia Hebraica Stuttgartensia,* Stuttgart: Deutsche Bibelstiftung.

ユダ砂漠文書：Clarendon Press (1955–2010) *Discoveries in the Judaean Desert,* 40 vols., Oxford: Clarendon Press; García Martínez, Florentino, and Eibert J. C. Tigchelaar (1999) *The Dead Sea Scrolls, Study Edition,* 2 vols., Grand Rapids: Eerdmans.

ラテン語聖書：Weber, Robert, Bonifatius Fischer, et al. (eds.) (1994) *Biblia Sacra, Iuxta Vulgatam Versionem,* Stuttgart: Deutsche Bibelgesellschaft.

序　章

1. 研究の背景

1.1. 新約聖書の中の「イエスの言語」

　新約聖書はギリシア語で書かれている。だがその中には，もとは非ギリシア語であったと思われる語句を，イエスの口から発せられたものとする例が少数ながら存在する。

　　ῥακά「馬鹿者」（マタ 5:22）
　　Ηλι ηλι λεμα σαβαχθανι「わが神，わが神，なぜ私をお見捨てになったのですか」（マタ 27:46）
　　Ταλιθα κουμ「少女よ，起きなさい」（マコ 5:41）
　　κορβᾶν「神への供え物」（マコ 7:11）
　　ἐφφαθά「開け」（マコ 7:34）
　　αββα「父よ」（マコ 14:36）
　　Ελωι ελωι λεμα σαβαχθανι「わが神，わが神，なぜ私をお見捨てになったのですか」（マコ 15:34）

これらは一見ヘブライ語のようであるため，「イエスがヘブライ語を使用した」ということを読者に伝えようとしたように見える。事実，新約聖書には「ヘ

ブライ語で」と注釈を付された語句も少数ながら見られる[1]。

  ヘブライ語で「ベトザタ」（Βηθζαθὰ）と呼ばれる池　　　　（ヨハ 5:2）

  ヘブライ語でガバタ（Γαββαθα），すなわち「敷石」という場所
                     （ヨハ 19:13）

  いわゆる「されこうべの場所」，すなわちヘブライ語でゴルゴタ（Γολγοθα）
  という所　　　　　　　　　　　　　　　　　　　　　（ヨハ 19:17）

  ヘブライ語で,「ラボニ」（Ραββουνι）と言った。「先生」という意味である
  　　　　　　　　　　　　　　　　　　　　　　　　　（ヨハ 20:16）

  その名は，ヘブライ語でアバドン（Ἀβαδδών）と言い，ギリシア語ではアポリオンと言う　　　　　　　　　　　　　　　　　　　　　（黙 9:11）

  ヘブライ語で「ハルマゲドン」（Ἁρμαγεδών）と呼ばれる所
                     （黙 16:16）

ところが詳しく確認すると、これらの大半はヘブライ語の語彙, 語形ではない。少なくとも私たちが聖書, ミシュナ, クムラン文書などで知っているヘブライ語ではない。それでは, 私たちがタルグム（ヨナタン, オンケロス, 偽ヨナタンなど）を通して知っているアラム語ならどうだろうか。確かに「少女」（Ταλιθα）はタルグムの語彙であり, 語末母音の無い女性単数の「起きなさい」（κουμ）はシリア語の特徴であるが, なお説明の難しい語形が残る。たとえば Ελωι に見られる母音 ω がカナン・シフトを反映したものであるな

---

[1] 固有名詞を除く完全なリストは本章末の補足を参照。

ら、これはヘブライ語の特徴ということになる。

　ならばイエスはアラム語とヘブライ語の混ざったような言語を使用していたのか。そのようなイエスを描いたのが、E. ルナンの著書『イエスの生涯』（*Vie de Jésus*）である。

> イエスがギリシア語を知っていたとは思われない。この言語はユダヤでは政権に参加する層や、カエサリアのように異邦人の住む町の層を除き、広く話されてはいなかった。イエス自身の言葉は、当時パレスティナで話されていたヘブライ語の混ざったシリア語方言であった[2]。
>
> 　　　　　　　　　　　　　　　　　　　　　　　（Renan 1863b: 25）

もちろんこれはルナン一人のアイデアではなく、人文主義の時代、特に 16 世紀以後の「イエスの言語」に関する学術的議論の辿り着いた所の一つであった。1890 年代には J. T. マーシャル、J. ヴェルハウゼン、E. ネストレ、A. マイヤー、G. ダルマンらが立て続けに論文を公表し、「アラム語使用者のイエス」が確立されることになる[3]。

1.2. ユダ砂漠出土文書以後

　「アラム語使用者のイエス」の見方は、イエス時代のユダヤ人がアラム語を使用していたことが前提となっている。ユダヤ人はバビロン捕囚以後、いずれかの時期にヘブライ語の日常的使用を止め、イエスの時代の日常語はアラム語であったと長らく信じられてきた。ところが、1947 年のユダ砂漠出土文書（死海文書）の発見と、そこに含まれる大量のヘブライ語文書（後期聖書ヘブライ語、クムラン・ヘブライ語、ミシュナ・ヘブライ語）によって、以前想定されていたよりも、ヘブライ語は日常的に使用され続けていたこと

---

[2] ［原文］Il n'est pas probable qu'il Jésus ait su le grec. Cette langue était peu répandue en Judée hors des classes qui participaient au gouvernement et des villes habitées par les païens, comme Césarée. L'idiome propre de Jésus était le dialecte syriaque mêlé d'hébreu qu'on parlait alors en Palestine.

[3] Marshall (1890; 1891a; 1891b; 1892; 1893)、Wellhausen (1895)、Nestle (1896)、Mayer (1896)、Dalman (1894; 1898; 1922) を参照。

が明らかとなった[4]。

　ここで「日常的な使用」の範囲が争点となる。ヘブライ語を「生きた言語」と見なし，イエス時代におけるギリシア語，アラム語，ヘブライ語の3言語共存（trilingualism）を主張したH. ビルヘランドに対し，ダルマンの路線を継承するM. ブラック，J. フィッツマイヤーはヘブライ語を「日常の特定領域でのみ継続されたもの」と見なす[5]。つまり，ヘブライ語は特定領域でのみ使用が継続されたため，その領域だけを切り取れば3言語共存が見られる。しかし全体として，ヘブライ語を当時のアラム語と同じレベルで「生きた言語」と呼ぶのは難しい。

　では「死んだ言語」でありながら，特定領域とはいえ，日常的に使用される言語形態とはどのようなものだろうか。典型的には書き言葉であったり，古いテキストを扱う宗教語・学術語ということになるが，宗教活動・学術活動が活発に行われているのなら，その領域で使用されるヘブライ語も「生きている」と考えることはできないのだろうか。

　M. シルヴァは，イエスの言語をめぐる議論において，方言（dialect）と言語（language），2言語共存（bilingualism）の定義，ラングとパロルの区別，といったことがほとんど意識されていないと指摘する。また，多言語共存（multilingualism）という用語を使ったとしても，アレクサンドリアのような国際都市における多言語共存と，パレスティナのような独自の歴史的背景の下での多言語共存とを同列に論じることはできないと注意を促した[6]。それを受けてH. オングは，「生きた言語」「死んだ言語」ではなく「社会方言」として，またイエスと社会との様々な関わり方を見るものとして，ギリシア語，アラム語，ヘブライ語を位置付けることを提案する[7]。

　「イエスの言語」に関する膨大な議論について，ユダ砂漠文書発見以後の

---

[4] シューラー (2014: 32–34) を参照。
[5] Birkeland (1954)，Black (1967)，Fitzmeyer (1970) を参照。
[6] Silva (1980) を参照。
[7] Ong (2013; 2015; 2016) を参照。

包括的な振り返りについては, Ch. ラビン, J. ポワリエ, M. エスクルト & J. エスクルト, H. オングが, またユダヤ人のギリシア語をめぐる議論については G. ムッシー, S. E. ポーターが手際良くまとめている[8]。特にポワリエの「振り返り」は, シルヴァの懸念どおり, イエスの言語をめぐる議論がいかに噛み合わずに混乱しているかを物語っている。

　本研究が着目するのは, この「議論の噛み合わなさ」である。イエスの言語をめぐる膨大な議論は, 確かに関心の大きさの現れであるが, 裏を返せば, 研究者の間に「言語」に対する共通理解がほとんど無いことの現れでもあるのではないだろうか。

1.3. ユダ砂漠出土文書以前

　A. マイヤーが,「イエス自身の言語」に関する研究の端緒を 16 世紀の J. A. ヴィトマンシュテッターに置いて以後, 19 世紀末のダルマンに至るまでの研究史をヴィトマンシュテッターから開始するのが半ば通例化している[9]。A. シュヴァイツァーは著書『史的イエスの探求』(*The Quest of the Historical Jesus*) の中で, マイヤーの研究史に基づいてアラム語の記述を行なっている[10]。近年も, R. ブースは「なぜアラム語だけがイエスの言語と見なされるようになったのか」(彼はこれを 'exclusive Aramaic theory' と呼ぶ) を跡付ける中で, ヴィトマンシュテッターを「イエスの言語の再発見」の転換点と位置付けている[11]。

　これに対し, M. エスクルト & J. エスクルトは, ヴィトマンシュテッター以前のユダヤ人によるオリエント文献学 (Jewish medieval scholarship on Oriental philology) の影響を見過ごしてはならないと批判し, 特に重要な人物としてダヴィド・キムヒとエリアス・レヴィタを加える[12]。

---

[8] Rabin (1976: 1037–1039), Poirier (2007), Eskhult and Eskhult (2013), Ong (2016: 11–68), Mussies (1976), Porter (1991) を参照。
[9] Meyer (1896: 10), Widmannstetter (1555) を参照。
[10] Schweitzer ([1906] 2001: 222) を参照。
[11] Buth (2014: 10) を参照。
[12] ただし, エリアス・レヴィタについてはマイヤーも言及している (Meyer 1896: 10)。

2. 問題設定

2.1. 研究史に見られる「言語の呼称」の問題

ダヴィド・キムヒからダルマンに至るまでの研究史を概観して驚くべきことは,「イエスの言語」ないし「イエスの時代のユダヤ人の言語」に関して,ユダ砂漠出土文書以後の議論とあまり変化が無いということである。利用可能な資料の増加や学術分野の専門化とは裏腹に,ほとんど同じ議論が繰り返されているように見える。

このような研究状況,「議論の噛み合わなさ」は何に由来するものであろうか。筆者が先行研究から読み取るところでは,たとえば「ヘブライ語」という呼称で何を指しているのか,研究者の間でずれがあるように思われる。同じ呼称を用いていても,想定されている言語実体が異なっているように見えるのである。想定されている言語実体が異なるということは,想定されている「言語活動の場」,すなわち,言語の社会的役割や他の言語との関係性といった言語活動の総体について,それぞれの研究者がまったく異なる想定を行なっているということである。

そこで本研究は,「イエスの言語」ないし「イエスの時代のユダヤ人の言語」に関する先行研究の「言語の呼称」に着目し,その呼称でどのような言語実体を表し,どのように使用されていたと想定しているのかを丁寧に読み解いていく。すなわち「各時代の研究者らは,何語がどのように使用されていたと考えていたのか」という言語観を読み解き,跡付けることで,研究史の基礎を構築するのが本研究の目的である。

たとえば,A. シュヴァイツァーの記述する研究史には次のようにある。

> 逆に,F. デーリチの見方はイエスと弟子たちがヘブライ語で教えたとい

うものであり，これは A. レシの意見でもあった[13]。
(Schweitzer [1906] 2001: 225)

確かに F. デーリチはイエスと弟子らがヘブライ語で教えただろうと述べている。だが同時に，当時の民衆語はアラム語のパレスティナ方言（タルムードで「シリア語」と呼ばれるもの）であったとも述べている。さらに当時の学術語はタルグムのアラム語であったのに対し，イエスは意図的にヘブライ語で思考し，話したとデーリチは述べる[14]。つまり「ヘブライ語」という呼称でデーリチが想定しているのは，「アラム語」を使用する律法学者とイエスとの区別である。

また，A. レシはイエスが 3 言語使用者（ギリシア語，アラム語，ヘブライ語）であったと考えており，イエスはその時々の「場」に適した言語を選択しただろうと述べたに過ぎない[15]。確かにレシはマイヤーへの反論の中で，「イエスの母語」を文字どおり「イエスの母の言語」と見なし，イエスの母マリアがエルサレムに近いベツレヘム出身であることからヘブライ語を使用していただろうと述べた。それゆえ「イエスの母語」はヘブライ語であるという主張になるが[16]，レシはヘブライ語「だけ」がイエスの使用言語であったとは述べていない。

このように，同じ「ヘブライ語」という呼称であっても，デーリチが想定する「言語活動の場」と，レシの想定する「言語活動の場」とはまったく異なっている。にもかかわらず，シュヴァイツァーの記述では 2 人が単なる「ヘブライ語支持者」であるかのように片付けられてしまう。ここに「議論の噛み合わなさ」の原因がある。

---

[13] ［原文］Franz Delitzsch's view, on the other hand, is that Jesus and the disciples taught in Hebrew; and that is the opinion of Resch also.

[14] Delitzsch (1883: 30–31) を参照。

[15] Resch (1893: 87) を参照。

[16] Resch (1893: 88–89) を参照。

2.2. 私たちが用いている「言語の呼称」の問題

「言語の呼称」の問題は今日の私たちにとっても無関係ではない。私たちはそもそも何を基準に「ヘブライ語」「アラム語」のように呼び分けているのか。その基準は古代においても同じであっただろうか。

このような問いは本研究にとって必要なことではあるが、論点が多岐にわたり複雑なものになる恐れがある。そのため本研究は「ヘブライ語、アラム語という呼称はいつ、どのように生じたのか」という問いに的を絞る。たとえばアラム語に関しては、研究史の中で「シリア語」「カルデア語」「シロ・カルデア語」「エルサレム語」のように多様な呼称を与えられてきた。今日ではそれらの呼称がすべて私たちの知る「アラム語」として解釈されるが、それは果たして適切であろうか。「ヘブライ語」という呼称についても同じことが言える。本研究はこれらの呼称が生じた背景を跡付ける。

3. 本研究の方法と構成

本研究は2部構成になる。第1部において、まず「私たちが用いている『ヘブライ語、アラム語』の呼称の問題」を論じ、続く第2部における「研究史に見られる言語の呼称の問題」への足掛かりとする。

第1部第1章では、「いつヘブライ語という呼称が生まれたか」を調査・検討する。ヘブライ語旧約聖書の中に、明確に言語を指して「ヘブライ語」(עִבְרִית) と呼ぶ例は見当たらない。そこでひとまず「ヘブライ語」という呼称が現れる以前、すなわち古代からヘブライ語旧約聖書までを対象に（ただし必要に応じて以後の文書も参照する）、どのような言語呼称が現れ、その文脈の中でどのような「言語活動の場」が想定されているのかを読み解く。

第1部第2章では、明確に言語を指して「ヘブライ語」と呼ぶ例が登場する文字資料、すなわちギリシア語七十人訳以後の文字資料を調査・検討する。そこで用いられている「ヘブライ語」の呼称、ならびに関連する言語呼称によって、文脈の中でどのような「言語活動の場」が想定されているのかを読み解く。

第1部第3章では，ヘブライ語旧約聖書の「アラム」が，ギリシア語七十人訳において大半が「シリア」と訳出された言語的背景を調査・検討する。アラム語はまた「カルデア語」と呼ばれた時期もあった。アラム語は，実際にその言語を使用している共同体の外部から様々な呼称（すなわち「外称」）を与えられているが，本章はひとまず「アラム語，シリア語，カルデア語」の呼称に関し，ギリシア語七十人訳においてなぜ「アラム語」と「シリア語」の交替が生じたのか，また，なぜこの時は「カルデア語」に交替しなかったのかを明らかにする。

　第1部の検討を受け，第2部は「研究史に見られる言語の呼称の問題」に踏み込んでいく。ただし，先行研究は膨大かつ多岐にわたり，すべてを見渡すことは不可能である。そこで古代のユダヤ人とキリスト教教父の主張から始め，R. ブースの言うところの 'exclusive Aramaic theory' が確立するまで，すなわち19世紀末のG. ダルマンに至るまでの研究史を跡付ける。

　第2部第1章では，古代には「イエス個人の言語」をめぐる議論があまり見られず，むしろ「イエスをどう解釈するか」という神学的理解と「ヘブライ語」が並行関係にあったことを読み解く。本章ではそのために「創造の言語」をキーワードとする。ギリシア・ラテン教父にとっての「創造の言語」がヘブライ語であったのに対し，シリア教父にとってのそれはシリア語であった。

　第2部第2章では，人文主義の時代を扱う。「ヘブライ語史観」の枠組み，すなわち，バビロン捕囚以後のユダヤ人はヘブライ語を忘れ，「タルグムの言語」を使用するようになったという「言語史観」がヨーロッパに導入された。すると「タルグムの言語」とは何であるのかについての論争が生じ，「タルグムの言語」に対して様々な呼称が与えられた。今日では用いられない「カルデア語」「エルサレム語」「シロ・カルデア語」という呼称がそれである。今日，これらは「アラム語にかつて与えられた呼称」で片付けられてしまいがちだが，実際にはそれぞれの学者の「言語史観」を反映し，これらの呼称が指す内容は少しずつ異なっていることを読み解く。

　第2部第3章では，ヘブライ語とギリシア語の関係を扱う。「ヘブライ語は

バビロン捕囚以後に忘れられ，アラム語が取って代わった」という言語史観が一般化すると，「ヘブライ語」に関連する諸伝承も再解釈を迫られる。本章はまず，マタイによる福音書に関する伝承がどのように再解釈されたかを確認する。パピアス以来，教父らはマタイによる福音書がもともと「ヘブライ語」で書かれたと伝えてきた。だが，ヘブライ語が忘れ去られていたのなら，教父の伝える「ヘブライ語」とは何だったのか。宗教改革によってカトリックとプロテスタントが対立した時代，プロテスタント学者らは伝承を捨て，「初めからギリシア語で書かれた福音書」を主張することになる。本章で扱うもう一つの論点は，ヘブライストとヘレニストとは何か，である。ヘブライ語が忘れ去られた時代であったのなら，ヘブライストは「ヘブライ語を話す人」ではない。もっとも，17世紀に論点となったのはヘブライストよりもむしろヘレニストであり，「ヘレニストのギリシア語とはどのようなものであったのか」というものであった。もし当時のユダヤ人が何らかの混淆語を使用していたのなら，彼らの使用したギリシア語も混淆語の様相を呈していたとしても不思議ではない。このように，17世紀から18世紀にかけては「ユダヤ人の使用したギリシア語とは何であったか」という問題意識が生じたことを読み解く。

　第2部第4章では，イエス自身の言語についての関心が生じた時代に，セム語研究，アラム語研究の観点から何が論じられていたのかを読み解く。17世紀から18世紀にかけての「マタイによる福音書」の原語をめぐる議論，ならびにヘブライストとヘレニストに関する議論を通じて「ギリシア語に対する反省」が呼び起こされた。新約聖書のギリシア語が「純粋なギリシア語」であるのか「ユダヤ人の（シナゴーグの）ギリシア語」であるのかという議論はすでにR.シモンなどに見られた。次の段階として，ギリシア語の本質へより近づくための方法，具体的には，新約聖書のギリシア語に見られる「ヘブライ語的特徴」「カルデア語的特徴」を浮き彫りにする方法が求められ，精緻なギリシア語分析へと発展していく。また，18世紀末になると，オリエント諸語の研究における枠組み自体が一新される。「セム語」という呼称が提案

されると共に,「カルデア語」の呼称が否定される。今日的なセム語研究,アラム語研究が開始されたのである。それは史的イエス研究の発展と重なり,イエス自身の言語についての関心が急速に大きくなっていく。

　以上を通して,「各時代の研究者らは,何語がどのように使用されていたと考えていたのか」という言語観を読み解いていく。また,各時代の言語観がどのように次の時代へと繋がっていくのを跡付け,研究史記述の基礎を構築する。

　なお,本研究の目的が「言語の呼称」である以上,引用箇所に出現する言語の呼称は,翻訳の対応語句にもなるべく(　)で原語を付記した。

4. 用語法

　本研究で使用される用語と基本的な考え方を説明しておく。

言語知識と言語表現

　「言葉,言語」という語は,日常的には2つの概念がほとんど区別されずに用いられる。たとえば「あの人の言葉は分からない」という場合の「言葉」とは,「あの人」(=話し手)の言語知識を問題にしているのではなく,話し手の言語知識に基づいて構築・産出されたもの,言わば「言語表現」のことを問題にしている。聞き手はその言語表現を己の言語知識に基づいて分析し,表現の裏にある内容(意味)を取り出そうと試みるが,何らかの理由で取り出しに失敗したとき「分からない」という事象が生じる。したがって,「あの人の言葉は分からない」における「言葉」とは,話し手によって構築された言語表現のことを指しており,「分からない」とはその言語表現と対峙している聞き手の言語知識に関することを指している[17]。

　言語知識にもいくつかの種類が考えられる。たとえば,聞き手が言語表現を分析するにあたり,「語」を切り出すための音韻体系の知識,「語」を識別

---

[17] 本論における「言語知識」と「言語表現」の2つの概念は,ソシュールのlangue「言語体系」とparole「言語発話」,チョムスキーのcompetence「言語能力」とperformance「言語運用」と重なる部分が多い(de Saussure [1916] 2011: 9, 13; Chomsky 1965: 83)。

するための文法体系の知識といった適切な道具立てを持たなかった場合，そもそも意味内容を取り出すことができずに「あの人の言葉は分からない」という事象が生じる。あるいは，聞き手が言語表現を分析し，意味内容を取り出すことに成功したとしても，その意味内容が発話時のコンテクスト，または話し手が前提としているコンテクストに強く依存しており，聞き手が意味内容とコンテクストとを適切に結びつけることができず（＝適切な解釈を選択できず），「あの人の言葉は分からない」いう事態も生じうる。したがって，言語知識には音韻体系や文法体系に関するもの，言語表現の置かれたコンテクストに関するもの，などを挙げることができ，それゆえ「あの人の言葉は分からない」の意味する事象は，どの言語知識において失敗したかによって様々となる[18]。

方言，位相，典型性

話し手は己の言語知識（コンテクストを含む）に基づいて意味内容をコード化し，言語表現を形作る。聞き手も己の言語知識に基づいて言語表現をコード解読し，意味内容を取り出す。この一連の伝達プロセスは必ずしも対照的ではない[19]。たとえば，聞き手の言語知識が不十分であるため言語表現を大雑把にしか分析できず，大まかな意味内容しか取り出せないという事象はありうる。だが，それでも実際上は十分であることも少なくない。むしろ日常の言語活動において，話し手と聞き手の言語知識が同じであるという場合は極めて稀であり，話し手と聞き手の言語知識の間には差があるのが普通である。話し手と聞き手が同じ言語表現と対峙しているとしても，それぞれの言語知識の差によって分析・解釈の差が生じうるのであり，その差を補正・

---

[18] 本論における「言語知識」は，「言語表現」を適切に分析・解釈するためのあらゆる知識を含む点で，ソシュールの langue，チョムスキーの competence とは異なる。

[19] 本論は話し言葉のみを想定した伝達モデルを提示しているが，ヤーコブソンの伝達モデル（Jacobson 1960: 353）を拡張し，書き言葉およびテクスト解釈に応用可能にした伝達モデルについては髙橋（2019a: 27–28）を参照。

補完するために様々な言語外情報が用いられる。

　したがって，一つの言語表現に対し，複数の聞き手による分析・解釈がそれぞれ異なるという場合も珍しくない。しかし，それぞれの聞き手が取り出した意味内容が概ね一致していれば，その聞き手らは「同じ言語知識を共有している」と見なされる。たとえば，いわゆる「ヘブライ語」の言語表現に対し，いわゆる「アラム語」の言語知識を持つ聞き手が大まかにではあれ分析・解釈を行うことができる場合，それは「共通の言語知識によって分析しうる言語表現」と見なされうる。

　さらに，分析・解釈における「相違」を共有する聞き手が一定数存在する場合，その聞き手らはいわゆる「方言」の使用者と見なされる。また，「相違」を生み出す言語知識を意図的に創出したり，あるいは意図的に保持しようとする聞き手が一定数存在する場合，彼らの言語知識または言語表現は「その言語の位相」とも呼ばれる。

　いずれにせよ，「同じ言語知識を共有している集団」の境界も「相違（方言，位相）を共有する集団」の境界も曖昧なものである。ある時代，ある地域，ある集団における典型的な言語表現と，それを産出する言語知識とをまとめて「X 語」と呼ぶにしても，その「典型性」は常に変化する。X 語が「X 語」と呼ばれるのは，言語表現と言語知識が世代を越えて継承されているという「言語共同体の信念」に基づくものに過ぎない。

言語の呼称，言語活動の場，言語共同体

　人々の言語知識とそこから産出される言語表現の総体は，日常的には漠然と「言語」と呼ばれる。また言語知識と言語表現の相互作用の総体を「言語活動」と呼ぶ[20]。

　人々が言語活動の場を共有するとき，その場において使用されている言語（＝言語知識と言語表現の総体）自体に呼称が与えられる場合がある。そして，呼称を与えられることによって，その言語は「他の言語」と区別される

---

[20] ソシュールの language「言語活動」と同じである（Saussure [1916] 2011: 9）。

ものと見なされる。言語は本来連続的なものであり，「他の言語」と区別される明確な境界は存在しないのだが，「言語に呼称を与える」という行為によって，人々は「言語に差異が存在する」と見なすようになる。したがって，言語の呼称というのは言語知識や言語表現といった言語自体の性質よりも，言語活動の場の性質を反映したものになりやすい。「言語活動の場」とはたとえば，住む場所を共有する人々（地理的差異），文化を共有する人々（民族的差異），職業を共有する人々（職業的差異）などが挙げられよう。それらの差異が，「言語活動の場」の外部の人々によって最初に認識され，外部の人々によって呼称が与えられた場合，その呼称を「外称」と呼ぶ。「言語活動の場」の内部の人々によって与えられたものを「内称」と呼ぶ。

　「言語活動の場」を共有する人々のことを「言語共同体」と呼ぶこともでき，言語共同体に属する人々は「同じ言語」を使用していると見なされる。そして「同じ言語」という概念が生まれると，自ずとその反対の「違う言語」という概念が生まれ，「違う言語を使用する言語共同体」という区別が生じる。もちろん，人間は必ず一つの言語共同体に属するわけではなく，複数の言語共同体に属するのが普通である。だが言語共同体への帰属意識，つまり「私はX語の言語共同体の一員である」という自己認識は，おそらく人間の最も基本的なアイデンティティに数えられるものである。そうであれば，「言語の呼称」とはその言語の使用者にとって，アイデンティティの基礎となるものである。

（補足）ギリシア語新約聖書の「セム語形」（固有名詞を除く）

　下記の表はギリシア語新約聖書に見られる「セム語形＝セム諸語に関連する語形」を，各書の出現順に拾い上げたものである。また各書について，翻訳なしで使われているもの（日常生活に浸透しているもの？）と，翻訳が付記されているもの（何らかの意図があるもの？），ならびに「何語であるか」が付記されているものとに分類した。

　なお，原則として固有名詞ならびに固有名詞派生の名詞類（Σαδδουκαῖος「サドカイ派」，Φαρισαῖος「ファリサイ派」，Ναζαρηνός/Ναζωραῖος「ナザレ人」など）は除外する（ただし，固有名詞に翻訳が付記されているものは拾い上げている）。これらについては稿を改めて論じることにする。

マタイによる福音書	
翻訳なし	乳香（λίβανος, 2:11），アーメン（ἀμήν, 5:18, 26; 6:2, 5, 16; 8:10; 10:15, 23, 42; 11:11; 13:17; 16:28; 17:20; 18:3, 13, 18–19; 19:23, 28; 21:21, 31; 23:26; 24:2, 34, 47; 25:12, 40, 45; 26:13, 21, 34），ゲヘナ（γέεννα, 5:22, 29–30; 10:28; 18:9; 23:15, 33），馬鹿（ρακά, 5:22），富（μαμωνᾶς, 6:24），ペキス（πῆχυς, 6:27），ベルゼブル（Βεελζεβούλ, 10:25; 12:24, 27），災いあれ（οὐαί, 11:21; 18:7; 23:13; 23:15–16, 23, 25, 27, 29; 24:19; 26:24），荒布（σάκκος, 11:21），安息日（σάββατον, 12:1–2, 5, 8, 10–12; 24:20; 28:1），毒麦（ζιζάνιον, 13:25–27, 29–30, 36, 38, 40），サトン（σάτον, 13:33），ホサナ[21]（ὡσαννά, 21:9, 15），先生（ραββί, 23:7–8; 26:25, 49），クミン（κύμινον, 23:23），過越祭（πάσχα, 26:2, 17–19），香油（μύρον, 26:7, 12），神殿の金庫（κορβανᾶς, 27:6），亜麻布（σινδών, 27:59），週（σάββατον, 28:1）
翻訳あり	インマヌエル（Ἐμμανουήλ「神は私たちと共におられる」1:23），ゴ

---

[21] ヘブライ語旧約聖書には hōšiᶜa=nna「どうか（主よ），救ってください」（詩 118:25）が 1 例のみ。それを含め，命令形 hōšaᶜ は全部で 31 例あるが，hōšaᶜ（エレ 31:7，詩 86:2）の 2 例を除き，すべて接尾辞を持つ語形である（hōšiᶜ-a, hōšiᶜ-ēnī, hōšiᶜ-ēnū）。ギリシア文字転写 ὡσαννα はおそらく hōšaᶜ=nna で，当時の発音でアイン [ᶜ] がアレフ [ʾ] と同様に母音音節化した結果（cf. Qimron 1985: 25–26），接語境界で nn の重子音化が生じたもの。Fitzmyer (2000: 119–130) は接尾辞の無い hōšaᶜ 自体がアラム語からの借用だと論じるが，そう考える必然性は皆無。Joosten (2004: 91)，Buth and Pierce (2014: 100 n. 99)，Buth (2014c: 408–409 n. 40) は ὡσαννα のヘブライ語起源を主張するが，νν の重子音化について触れていない。

	ルゴタ（Γολγοθᾶ「されこうべの場所」27:33），エリ，エリ，レマ，サバクタニ（ηλι ηλι λεμα σαβαχθανι「わが神，わが神，なぜ私をお見捨てになったのですか」27:46）

マルコによる福音書

翻訳なし	安息日（σάββατον, 1:21; 2:23–24, 27–28; 3:2, 4; 6:2; 16:1），ベルゼブル（Βεελζεβούλ, 3:22），アーメン（ἀμήν, 3:28; 8:12; 9:1, 41; 10:15, 29; 11:23; 12:43; 14:9, 18, 25, 30; 16:8），先生（ῥαββί, 9:5; 11:21; 14:45），ゲヘナ（γέεννα, 9:43, 45, 47），先生（ῥαββουνί, 10:51），ホサナ（ὡσαννά, 11:9–10），災いあれ（οὐαί, 13:17; 14:21），過越祭（πάσχα, 14:1, 12–14, 16），香油（μύρον，マコ 14:3–5），香油を注ぐ（μυρίζω, 14:8），麻布（σινδών, 14:51–52; 15:46），おやおや（οὐά, 15:29），週（σάββατον, 16:2, 9）
翻訳あり	ボアネルゲス（Βοανηργές「雷の子ら」3:17），タリタ，クム[22]（ταλιθα κουμ「少女よ，さあ，起きなさい」5:41），コルバン（κορβᾶν「神への供え物」7:11），エッファタ[23]（εφφαθα「開け」7:34），アッバ（ἀββα「父よ」14:36），ゴルゴタ（Γολγοθᾶ「されこうべの場所」15:22），エロイ[24]，エロイ，レマ，サバクタニ（ελωι ελωι λεμα σαβαχθανι「わが神，わが神，なぜ私をお見捨てになったのですか」15:34）

ルカによる福音書

翻訳なし	麦の酒（σίκερα, 1:15），過越祭（πάσχα, 2:41; 13:10, 14–16; 22:1, 7–8, 11, 13, 15），安息日（σάββατον, 4:16, 31; 6:2, 5–7, 9; 14:1, 3, 5; 23:54; 23:56），アーメン（ἀμήν, 4:24; 12:37; 18:17, 29; 21:32; 23:43），災いあれ（οὐαί, 6:25–26; 10:13; 11:42–44, 46–47, 52; 17:1; 21:23; 22:22）,

---

[22] シリア語ならば命令形の女性単数接尾辞 -ī が無声化しうる。ただし，土岐・村岡 (2016: 118 n. 3) は κουμ の読みを「外来語になじまないギリシア語写本筆写者による書き損じ」と断じる。

[23] Rabinowiz (1971: 151–156) は，サマリアのアラム語における ʾitpĕʿel / ʾitpaʿal の t が決して同化しないという理由から，εφφαθα がアラム語ではありえず，ヘブライ語の nifʿal であると主張した。しかし「サマリアのアラム語で t が同化しない」という点で Morag (1972: 198–202) において反論し尽くされている。

[24] ティベリア式母音記号のカマツが [ɔ] を表すので，ギリシア文字 ω に対応しうる（したがって，アラム語 ʾĕlāhī ~ ελωι）という主張もある (Buth 2014c: 399 n. 14, 土岐・村岡 2016: 118 n. 5)。だが管見の限り，ヘブライ語にしろアラム語にしろ，ティベリア式のカマツ（に相当する部分）がギリシア文字 ω で転写された事例は無く，一貫して α であるように思われる（たとえば šəlām = σαλαμ, Yon 2007: 384, 406–407 を参照）。

	香油（μύρον, 7:37–38, 46; 23:56），荒布（σάκκος, 10:13），ベルゼブル（Βεελζεβούλ, 11:15, 18–19），ゲヘナ（γέεννα, 12:5），ペキス（πῆχυς, 12:25），サトン（σάτον, 13:21），バトス（πάθος, 16:6），コロス（κόρος, 16:7），富（μαμωνᾶς, 16:9, 11, 13），からし種（συκάμινος, 17:6），週（σάββατον, 18:12; 24:1），ムナ（μνᾶ, 19:13, 16, 18, 20, 24–25），麻布（σινδών, 23:53）

ヨハネによる福音書

翻訳なし	アーメン（ἀμήν, 1:51; 3:3, 5, 11; 5:19, 24–25; 6:26, 32, 47, 53; 8:34, 51, 58; 10:1, 7; 12:24; 13:16, 20–21, 38; 14:12; 16:20, 23; 21:18），過越祭（πάσχα, 2:13, 23; 6:4; 11:55; 12:1; 13:1; 18:28, 39; 19:14），安息日（σάββατον, 5:9–10, 16, 18; 7:22–23; 9:14, 16; 19:31），香油（μύρον, 11:2; 12:3, 5），ホサナ（ὡσαννά, 12:13），ヒソプ（ὕσσωπος, 19:29），週（σάββατον, 20:1, 19），ペキス（πῆχυς, 21:8）
翻訳あり	ラビ（ῥαββί「先生」1:38, 49; 3:2, 26; 4:31; 6:25; 9:2; 11:8），メシア（Μεσσίας「油を注がれた者（キリスト）」1:41；「キリスト」4:25），ケファ（Κηφᾶς「岩（ペトロス）」1:42），シロアム（Σιλωάμ「遣わされた者」9:7），トマス（Θωμᾶς「ディディモ（双子）」11:16；「ディディモ」20:24；「ディディモ」21:2），ラボニ[25]（ῥαββουνί「先生」20:16）
言語名があるもの	ヘブライ語でベトザタ[26]（Βηθζαθά, 5:2），ヘブライ語でガバタ（Γαββαθᾶ「敷石」19:13），ヘブライ語でゴルゴタ（Γολγοθᾶ「され

---

[25] Kutscher (1977: 95–98) はカイロ・ゲニザ文書におけるパレスティナのタルグムと，カウフマン写本（*Ta'an.* 3:8）との比較から，東セム語形の *ribōni* に対し，*rabbouni* は西セム語形であると主張する（Buth and Pierce 2014: 99–100; Penner 2019: 416–417, esp. n. 21）。なお，サマリアのヘブライ語で -*ân* または -*on* で終わる名詞に接尾辞が付着すると，しばしば長母音化して -*ân*- または -*ūn*- になる（Ben-Ḥayyim 2000: 287–288）。

[26] Buth and Pierce (2014: 100–104) は Delitzsch (1856: 622–624) を支持し，ギリシア語 στοά「列柱」に由来する *bēṯ ʾistaʾ(n)*「列柱の家」を提案すると共に，同様の形がユダ砂漠文書の銅の巻物（3Q15 *col.* 11:2）に確認できるとする（cf. Penner 2019: 416, esp. n. 18）。土岐・村岡（2016: 114, 119 n. 6）はこれに反対し，アラム語の *bēṯ zaytā*「オリーブの家」とする。Dalman (1894: 115) も同様に，ヨセフスの『ユダヤ戦記』（2 § 328, 530; 5 § 149, 151, 246, 504）が καινόπολις「新市街」と説明している βεθεζα/βεζεθα（= *bēṯ ḥadšā(t)*(?)）や，Βηθζαιθ（Ⅰマカ 7:19，「ベトザイト」）などの地名を挙げ，これを *bēṯ zēṯā*「オリーブの家」とする。伝統的には *bēṯ ḥasdā(t)*「慈しみの家」が好まれ，Metzger (1994: 178) は銅の巻物（3Q15 *col.* 11:12）に関する Milik (1962: 271–272) の読みに従い *byt* {ʾ}ʾšdtyn を支持するが，この読みは Luria (1963: 121), Ceulemans (2007: 112–115) によって *byt* ʾ/hʾšwḥyn「水道の家」に修正されている。その他の可能性として，*bēṯ ṣaydā*「狩猟の家」（Buth and Pierce 2014: 101）。

		こうべの場所」19:17)
使徒言行録		
	翻訳なし	安息日（σάββατον, 1:12; 13:14, 27, 42, 44, 21; 16:13; 17:2; 8:4; 20:7）、過越祭（πάσχα, 12:4)
	翻訳あり	彼らの言葉でアケルダマ[27]（Ἀκελδαμάχ「血の土地」1:19)、タビタ（Ταβιθά「ドルカス（ガゼル）」9:36, 40）［、エリマ（Ἐλύμας「魔術師」13:8)］
ローマの信徒への手紙		
	翻訳なし	アーメン（ἀμήν, 1:25; 9:5/11:36; 15:33; 16:27)、万軍（Σαβαώθ, 9:29)、バアル（Βάαλ, 11:4)
	翻訳あり	アッバ（ἀββα「父よ」8:15)
コリントの信徒への手紙		
	翻訳なし	ケファ（Κηφᾶς, Ⅰコリ 1:12; 3:22; 9:5; 15:5）過越祭（πάσχα, Ⅰコリ 5:7)、災いあれ（οὐαί, Ⅰコリ 9:16)、アーメン（ἀμήν, Ⅰコリ 14:16, Ⅱコリ 1:20)、週（σάββατον, Ⅰコリ 16:2)、マラナタ（μαράνα θά［主よ、来りませ（?）][28] Ⅰコリ 16:22)、ベリアル（Βελιάρ, Ⅱコリ 6:15)

---

[27] Klostermann (1883: 6–8) はアラム語 *ḥᵃkal dᵊmak*「眠りの畑」（すなわち墓地）を提案するが、Dalman (1894: 161 n. 6) はそのような複合語が「墓地」に使用された事例は無いと反論する。ダルマン自身は ακελδαμαχ の末尾の χ を「曲用しないこと」を表す標識と見なすが（人名 *sirā* = Σειραχ, *yōsē* = Ιωσηχ（ルカ 3:26))、それが聴覚上の工夫なのか、視覚上の工夫なのかを含め、こちらも事例が少なく説得力に欠ける。たとえば、人名 *ʾāsāʾ* = ασαφ（マタ 1:7）は単なる書き損じか、同じような言語的・表記的理由があるのか不明である。

[28] アンブロシアステル（アンブロシウス偽書）は 'Dominus venit'（主が来る)、テオドレトは 'ὁ κύριος ἦλθε' （主よ、来りませ）と訳すが、ヒエロニュムスは 'Dominus noster venit'「我らの主が来る／来た」と訳した。エラスムスはヒエロニュムスの訳から「カルデア語」の *marʾan ʾătā*「我らの主が来ている」を復元し、19世紀には *mārānā ʾătā*「我らの主が来た」、*mar antā*「あなたは主」、*mārānā tā*「私たちの主よ、来りませ」という復元もなされた（その他の解釈については Messmer 2020: 362–367)。Messmer (2020: 368–381) は当時の周辺の中期西アラム諸語資料を網羅し、形態音韻論的に *mārānā ʾătā*「我らの主が来た」が妥当だ、と主張する。

ガラテヤの信徒への手紙	
翻訳なし	アーメン（ἀμήν, 1:5; 6:18），ケファ（Κηφᾶς, 1:18; 2:9, 11, 14）
翻訳あり	アッバ（ἀββα「父よ」4:6）
エフェソの信徒への手紙	
翻訳なし	アーメン（ἀμήν, 3:21）
フィリピの信徒への手紙	
翻訳なし	アーメン（ἀμήν, 4:20）
コロサイの信徒への手紙	
翻訳なし	安息日（σάββατον, 2:16）
テサロニケの信徒への手紙	
翻訳なし	アーメン（ἀμήν, Ⅰテサ 3:13）
テモテへの手紙，テトスへの手紙	
翻訳なし	アーメン（ἀμήν, Ⅰテモ 1:17; 6:16，Ⅱテモ 4:18）
フィレモンへの手紙	
ヘブライ人への手紙	
翻訳なし	安息日の休み（σαββατισμός, 4:9），ケルビム（Χερουβίν, 9:5），ヒソプ（ὕσσωπος, 9:19），過越祭（πάσχα, 11:28），アーメン（ἀμήν, 13:21）
ヤコブの手紙，ペトロの手紙，ユダの手紙	
翻訳なし	ゲヘナ（γέεννα, ヤコ 3:6），万軍（Σαβαώθ, ヤコ 5:4），アーメン（ἀμήν, Ⅰペト 4:11; 5:11，Ⅱペト 3:18, ユダ 25），災いあれ（οὐαί, ユダ 11）
ヨハネの黙示録	
翻訳なし	アーメン（ἀμήν, 1:6–7; 3:14; 5:14; 7:12; 19:4; 22:20），荒布（σάκκος, 6:12; 11:3），香炉（λιβανωτός, 8:3, 5），災いあれ（οὐαί, 8:13; 9:12; 11:14; 12:12; 18:10, 16, 19），香油（μύρον, 18:13），乳香（λίβανος,

	18:13)、ハレルヤ[29] (ἀλληλουϊά, 19:1, 3–4, 6)、ペキス (πῆχυς, 21:17)
言語名が あるもの	ヘブライ語でアバドン[30] (Ἀβαδδών, ギリシア語で「アポリュオン」9:11)、ヘブライ語でハルマゲドン (Ἁρμαγεδών, 16:16)

---

[29] ヘブライ語旧約聖書で使われる動詞 hillel の命令形 hallel の 44 例のうち、詩 22:24、エレ 20:13; 31:7 の 3 例以外はすべて詩編 104–150 編。そのうち、halələū yah「賛美せよ、ヤハを」の 23 例もすべて詩編 104–150 編にある。

[30] ユダ砂漠文書の中に、国や地名ではなく天使の名として 1 例のみ確認できるが (4Q286 *frag.* 7 *col.* 2:7)、断片化が激しい (Buth and Pierce 2014: 98)。

第1部
「ヘブライ語」の呼称をめぐる諸問題

第 1 章
古代からヘブライ語旧約聖書までの
「ヘブライ語」の証言

1. はじめに

1.1. 研究目的

　「いつヘブライ語が生まれたか」という問題と，「いつヘブライ語という呼称が生まれたか」という問題はイコールではない。後に「ヘブライ語」と呼ばれる言語実態が先にあり，何らかのきっかけで言語実態の一部ないし全体が「ヘブライ語」と呼ばれるようになったのかもしれない。あるいは，もともと異なる言語共同体が存在していたが，ある時それらが「一つの民族」という自己意識を獲得したことで，その民族共同体の中に置かれた（本来は異なっていた）複数の言語実態が「ヘブライ語」の呼称の下に「同じ言語」と見なされたのかもしれない。

　今，日本語日本語文字で「ヘブライ語」と書いたが，これは「ヘブライ人」「ヘブライ的」を意味する諸言語（希 ἑβραῖος/ἑβραϊκά，羅 hebraeus/ hebraica,

独 hebräisch，仏 hébreu，英 hebrew）からの借用語であり，さらにそれらはアラム語 עִבְרָאָה/עִבְרָאָ(א)י, ヘブライ語 עִבְרִי(ת) に由来する。いずれにせよ，「ヘブライ語」という呼称が「ヘブライ人」という民族呼称と深い関わりを持つのは確かである。

ところが，ヘブライ語旧約聖書の中に，明確に言語を指して「ヘブライ語」（עִבְרִית）と呼ぶ例は見当たらない。「ヘブライ語」という呼称を確認しうるのは，現存する文字資料による限り，ギリシア語七十人訳以後のギリシア語文書からである。

そこで本章は「ヘブライ語」という呼称が現れる以前，すなわち古代からヘブライ語旧約聖書までを対象に（ただし必要に応じて以後の文書も参照する），どのような言語呼称が現れ，その文脈の中でどのような「言語活動の場」が想定されているのかを読み解く。

1.2. 研究方法

本章はその研究目的上，ヘブライ語旧約聖書が主な研究対象となる。

ヘブライ語旧約聖書の編集史および各文書の成立年代は必ずしも明らかではなく，また，各文書に描かれる「言語活動の場」は必ずしも現実の言語史を反映したものではないことに注意を要する。各文書の最終成立形から読み取れる「言語活動の場」とは，原資料（もし存在したのであれば）および編纂に携わったすべての人々が，各文書の舞台となる「言語活動の場」をどのように記憶・理解していたか，を反映したものにならざるをえない。否定的に評価すれば，それは虚構の産物である。しかし，本研究はその「虚構」を積極的に評価し，各文書から読み取れる「言語活動の場」がどのような舞台装置になっているかを読み解き，本文解釈に利用するという試みである。そのために「言語の呼称」を本文解釈のキーワードとする。

第 1 章　古代からヘブライ語旧約聖書までの「ヘブライ語」の証言　　　35

2.「ヘブライ」の語源

2.1. ヘブライ＝ハピル？

　「ヘブライ」の語源に関する研究は，「ヘブライ人」の起源を探る研究と表裏一体である。だが「ヘブライ」という呼称に関して言えば，ヘブライ語旧約聖書以前の文字資料にはほとんど言及が無い。

　唯一可能性があるのは，前 14 世紀のアマルナ文書に記されている「ハビル，ハピル」（ha-bi/pi_2-ru）という集団である。

　アマルナ文書という名称は，前 14 世紀のエジプトのアメンホテプ 4 世がアメン神殿と対立し，新たに建設した都アマルナに由来する。1887 年，アマルナの書庫跡から約 300 点の楔形文字粘土板が発見された。また，その後の調査で得られたものを含め，楔形文字粘土板の総数はおよそ 400 点に上った。

　これらの楔形文字粘土板の大部分は，前 14 世紀カナン地方の諸都市の領主らがアメンホテプ 4 世に送った外交文書であった。楔形文字粘土板は当時の国際文書の形式に倣い，アッカド語（中期バビロニア語）で記されてはいるが，ところどころアッカド語の語にカナン語の「注釈」が施されている。また地方差はあるが，動詞形や名詞形が「カナン語化」しているなど多くの「カナン語なまり」を見て取ることができる。

　そうした外交文書の中に「ハピル」と呼ばれる放浪集団（あるいは傭兵集団）の存在が記されている。たとえば，エルサレムの領主であったアブディ・ヘバ（IR_3-he-ba）は，ハピルの人々（LU_2(.$ME\check{S}$) ha-bi/pi_2-ru）の迷惑行為に悩まされ，ファラオに何度も派兵を要請している（EA:285–290）[31]。

　「ハピル」の呼称はカナン地方のみならず，アナトリア地方からシリア地

---

[31] Moran (1992: 285–334) を参照。

方，メソポタミア地方にかけて広く用いられており，ヒッタイト語文書，ウガリト語文書，アッカド語文書では SA.GAZ「殺人者，破壊者」の同義語として使われることもあった。おそらく「ハピル」は民族的集団に対する呼称ではなく，町や村に定住しない遊牧民，一定の法に属さない人々といった社会的集団に対する呼称であったと思われる。

だが 1950 年代，J. ボッテロと M. グリーンバーグがそれぞれハピルに関する包括的な研究を行った。その中で，もともと社会的集団に対する呼称であった「ハピル」が，民族的集団の呼称として「ヘブライ」に発展した可能性を主張した[32]。この主張は多くの研究者に支持され，それを土台として様々なイスラエル起源論が提唱されることになった。

2.1.1. ヘブライ≠ハピル？

しかし，A. F. レイニーは「ハピル」と「ヘブライ」との関係性を否定する。レイニーが根拠とするものはウガリト語の地名リストであるが，この中に，おそらく同一の町を指している 2 つの表現を認めることができる[33]。

（1）ḫal-bi LU.GAZ.MEŠ SAG.GAZ（PRU 3 189 = RŠ 11790:7）[34]
　　「LU.GAZ.MEŠ = SA.GAZ（＝ハピル）のハルブ」
（2）ḫlb ʿprm（RŠ 10045:1; RŠ 11724+11843:12）
　　「ʿprm（＝ハピル）のハルブ」

上記の（1）は楔形文字の表語読みであり，前述したように，SA.GAZ「殺人者，破壊者」はハピルの同義語としてカナン地方内外で広く使われているものである。それに対応する（2）はウガリト楔形文字（子音表音型）によるものであり，（1）の SA.GAZ（ハピル）の音形が ʿprm であることが示されてい

---

[32] Bottéro (1954), Greenberg (1955) を参照。
[33] Rainey (1995: 482–483), del Olmo Lete and Sanmartín (2003: 174–175, 390) を参照。
[34] SA.GA ではなく SAG.GAZ であるのは原文どおり。

る。

この対応関係を利用し、アマルナ文書の楔形文字の読みをある程度まで確定することができる。アマルナ文書における「ハピル」の綴りは ḫa-bi/pi₂-ru であったが、

- (a) 語頭音 ḫ はウガリト語の ʕ（アイン）に対応する。ウガリト楔形文字では ḫlb の ḫ と ʕprm の ʕ とが書き分けられているため、この2つを混同するとは考えにくい。ゆえに「ハピル」の語頭音は /ʕ/ であった蓋然性が大きい。
- (b) 語中音 bi/pi₂ のどちらを選択するかについては、ウガリト楔形文字における p で明らかになる。

以上より、少なくともカナン地方における「ハピル」の音形は /*ʕapiːru/ であったと考えられる（ウガリト語楔形文字の末尾の -m は複数標識）。これはヘブライ語 עפר「塵」の関連語として「塵にまみれた人、埃っぽい人」と解釈しうる[35]。

それゆえ、ハピル（/*ʕapiːru/）とヘブライ（עִבְרִי ʕibrî）との間に言語的な関係性を認められない、というレイニーの主張には説得力がある[36]。

2.2. ヘブライ＝エベル？

創世記10章（代上1章にも）によると、ノアの子セムの子孫の一人にエベルという者がいた。このエベルに関しては、わざわざ「セムはエベルのすべての子孫の先祖」（創10:21）になったと付記されるほど、セムの系図において特別視されていることが読み取れる。エベルの系図によると、その子ペレ

---

[35] レイニーは R. ボルガーの提案に従い、/*ʕapiːru/ をシリア語の ʕāpir:r「埃っぽい」の関連語と見なす（Rainey 1995: 483, Borger 1958）。一方、デル・オルモ＆サンマルタンは /*ʕapuːru/ という音形を提案している（del Olmo Lete and Sanmartín 2003: 390）。どちらにしても受動分詞（完了分詞）の語型である。

[36] むしろ「塵、埃っぽい」という意味に鑑みれば、「ハピル」の呼称は「地の民」（עם הארץ）との関係性が重要であるように思われる。

グとヨクタンの時代に土地が分割相続されるようになり，ペレグの子孫からイスラエルの祖アブラハムが生まれる。

こうした記述に基づき，「エベル（עֵבֶר）の子孫」を「ヘブライ人」（עִבְרִי）と同一視する解釈が生じる。そのことを明言する最古の例に含まれるのは1世紀のユダヤ人ヨセフスである。ただし「ヘブライ語」という呼称との結び付きは示されていない。

> ［……］エベル（Ἔβερος），彼からユダヤ人すなわちヘブライ人（Ἑβραίους）と呼ばれ始めた[37]。　　　　　　　　　　　　　　　　　(Ant. 1.6:4 §146)

ラビ文書には「エベル（עֵבֶר）の子孫」を「ヘブライ人」（עִבְרִי）と同一視する箇所が散見される。その際，エベルの名は עֵבֶר הַנָּהָר「トランスユーフラテス」または「トランスヨルダン」に由来するものと解釈されている。たとえば，創世記ラッバ（Genesis Rabbah）には次のような箇所がある。

> 「［男が］ヘブライ人アブラムのもとに来て，そのことを知らせた」（創 14:13）。ラビ・イェフダ，ラビ・ネヘミヤ，ラヴナン［による］。ラビ・イェフダは言う。全世界は皆一つの側（מעבר אחד）にいるが，彼はもう一方の側にいる。ラビ・ネヘミヤは言った。彼はエベルの子らの一人（מבני בניו של עבר）である。ラヴナンは言った。彼はトランスユーフラテスから［来て］（מעבר הנהר），ヘブライ語（לשון עברי）を注がれた者である[38]。　　　　　　　　　　　　　　　　　(Gen. Rab. 42:8)

アブラハムは「エベル（עבר）の子らの一人」であり，ユーフラテス川を渡っ

---

[37] ［原文］[...] τοῦ δὲ Ἔβερος, ἀφ' οὗ τοὺς Ἰουδαίους Ἑβραίους ἀρχῆθεν ἐκάλουν.
[38] ［原文］ויגד לאברם העברי, רבי יהודה ורבי נחמיה ורבנן, רבי יהודה אומר כל העולם כלו מעבר אחד והוא מעבר אחד. רבי נחמיה אמר שהוא מבני בניו של עבר. ורבנן אמרי שהוא מעבר הנהר, ושהוא משיח בלשון עברי.

てトランスユーフラテス（מעבר הנהר）に入り，ヘブライ語（לשון עברי）を与えられたという。なお，הנהר「川」はヨルダン川とも解釈しうるが，ここではヨシュア記における「私はあなたがたの先祖アブラハムをユーフラテス川の向こうから（מֵעֵבֶר הַנָּהָר）連れ出して，カナンの全土を歩ませ，彼の子孫を増し加えた」（ヨシュ 24:3）を念頭に置き，ユーフラテス川と解釈したい。

「先祖，土地，言語」は民族的アイデンティティを構成する基本要素である。先祖エベル，その出身地トランスユーフラテス，そして彼に与えられた「ヘブライ語」。そのすべてが語根 עבר でつながっている，というわけである。

5 世紀のアウグスティヌスも『神の国』（De civitate Dei）の中で「エベル」を「ヘブライ人」を結び付けるものの，「ヘブライ語」との結び付きには言及しない。

> それゆえ，彼［エベル］がセムの系図の最初の名であるのは無駄［な記述］ではない[39]。［……］彼によってヘブライ人は（Hebraeos）ヘブライ人（Heberaeos）を民族名とした。［……］[40]　　　　　　　（Civ. 18.39）

2.3. ヘブライ＝アバル・ナハラ？

「ヘブライ」の語源を先祖エベルの名に帰すというのは，現実には民間語源（folk etymology）の蓋然性が大きい。ある語句を意識的・無意識的に誤分析し，語句の由来を新たに作り出す言語活動のことを民間語源と呼ぶ。民間語源はしばしば，その語句にまつわる出来事を物語として構成し，その出来事を人々の記憶に留めおく機能を果たす。

バビロン捕囚の後，ユダヤ地方はアケメネス朝の行政区の一つに組み込ま

---

[39] セムの系図が「セムはエベルのすべての子孫の先祖」（創 10:21）で始まることを指す。

[40] ［原文］Non itaque frustra ipse primus est nominatus in progenie ueniente de Sem [...] ex illo Hebraeos esse cognominatos, tamquam Heberaeos; [...] sed nimirum hoc uerum est, quod ex Heber Heberaei appellati sunt, ac deinde una detrita littera Hebraei, quam linguam solus Israel populus potuit obtinere, in quo Dei ciuitas et in sanctis peregrinata est et in omnibus sacramento adumbrata.

れた。その行政区は，アラム語ではアバル・ナハラ州（עֲבַר נַהֲרָה）と呼ばれ（エズ 4:10, 11, 16, 17, 20; 5:3, 6; 6:6, 8, 13; 7:21, 25），ヘブライ語ではエベル・ハ・ナハル州（עֵבֶר הַנָּהָר）と呼ばれたという（エズ 8:36，ネヘ 2:7, 9; 3:7）。

　この行政区の名称が史実であるならば，民族の呼称としての「ヘブライ」は行政区「アバル・ナハラ」または「エベル・ハ・ナハル」から取られたものと考えるのが自然であると思われる。つまり「ヘブライ」はもともと「アバル・ナハラ州に住む人々」という外称として与えられたものであった。

　おそらく，アバル・ナハラ州に住む人々はそれぞれ自分たちの集団を指す内称を持っていたであろう。しかし，行政機関や商取引といった人的交流を通じて，彼らは総称的に「アバル人，エベル人」（עִבְרִי）と呼ばれていた。そうした人的交流が続く中で，アバル・ナハラ州に住む人々は「ヘブライ」（עִבְרִי）という外称を内称として受容し，自らを「ヘブライ人」として再定義するに至ったのではないだろうか。以上の推測に関して，類似する事例を 2 つ挙げておきたい。

　第一に，前 5 世紀頃の上エジプトのエレファンティネに存在していたユダヤ人共同体が挙げられる。19 世紀から発掘調査が継続され，特に 1906 年以後にアラム語，ギリシア語，エジプト語，コプト語で書かれた大量のパピルスが発見された。このパピルスによって，この地のユダヤ人はかつて日常的にアラム語を使用していたことが判明した。彼らは共同体内部において自分たちを「アラム人」と呼称していた。ところが共同体外部との商取引の場では，彼らは「ユダヤ人」と呼ばれていたのである[41]。このことは，共同体内部の人々にとっては「言語の同一性」（アラム語の使用者であること）が連帯の根拠であったのに対し，共同体外部の人々はユダヤ人としての文化的・民族的共通性に基づいて彼らを認識していたことを示している。

　第二に筆者の経験から，エチオピア南西部，南オモに住む人々の事例を紹

---

[41] Porten（1968: 33–34 n.27），Poirier（2007: 58）を参照。ポーテンはまた，旧約聖書における「イスラエル人」とは共同体内部における限定的な呼称であるのに対し，「ヘブライ人」は外国人と関わりのある文脈で用いられていると主張する。

介したい。彼らにも，自分たちの言語や自分たち自身のことを「オモ」と呼ぶ習慣は存在しなかった。彼らはアリ，バンナ，ハマル，カラのように，それぞれの民族意識と結びついたそれぞれの内称を持っていた。ところが，エチオピアという現代国家の行政機関によって，彼らは「オモの人々」として定義されることになる。道路を始めとする各種インフラの発達に伴い，以前には接触する機会の少なかった外部の人々（とりわけ観光客）との交流が濃密になった。また，高等教育を受けるために若者が都市へ移住するといった人的混淆も進んだ。すると，彼らの中には「私はオモである」という自己意識を持ち，伝統的な民族意識を越え，政府に対抗するため政治的に連帯する人々も現れた。「オモ」という外称が内称化され，政治と結びついた民族的アイデンティティが新たに生じたのである。

　「ヘブライ」もまた，上記の 2 つの事例と同じような「外称の内称化」と「新たな民族意識の萌芽」というプロセスを経たものであると考えることができよう。南オモの事例のように，「ヘブライ」も本来はアケメネス朝時代の行政機関によって定義された外称であった。しかし外部の人々との交流および人的混淆が進むと，伝統的な共同体を維持しつつも，複数の共同体が連帯して行政機関と交渉するための方策が必要になる。そこで「ヘブライ」という外称を自分たちの内称として受容し，「ヘブライ」という呼称の中に複数の共同体を取り込み，「一つの民族」としての自己意識を強化することで，行政機関および他の共同体と交渉する手段としたのではないだろうか。その結果，アケメネス朝時代にトーラーの編纂が本格化したのだと考えられる。

　トーラーの中に「ヘブライ語」（עִבְרִית）という呼称が見られないのも，「ヘブライ人」という民族呼称の生まれる時期が比較的遅かった（少なくとも，大きな共同体が「ヘブライ人」の呼称の下に連帯する時期が遅かった）ことを反映しているように思われる。

3. ヘブライ語旧約聖書に見られる言語呼称

3.1. 言語呼称の一覧

ヘブライ語聖書に見られる言語呼称を表1のように整理した。「何語と呼ばれているか」を示すのが言語呼称の列であり、「その言語で何と言ったか、書かれたか」を示すのが言語表現の列である。また、その使用者が文脈上明らかな場合は「言語使用者」の列にその名を加えている。この際、言語呼称が不明であっても、言語使用者ないし言語表現を含む文脈全体から「別の言語」が意図されていることが明確な場合も表に加えた。

表1 ヘブライ語旧約聖書に見られる言語呼称

箇所	言語呼称	言語表現	言語使用者
創 31:47–48	-	יְגַר שָׂהֲדוּתָא, גַּלְעֵד	ラバン, ヤコブ
士 12:5–6	-	שִׁבֹּלֶת, סִבֹּלֶת	ギルアド人, エフライム人
王下 18:26–28 （イザ 36:11–13）, 代下 32:18	אֲרָמִית, יְהוּדִית	-	ラブ・シャケ, エルキヤム
イザ 19:18	שְׂפַת כְּנַעַן	-	エジプト人？
エレ 10:11	-	（託宣）	
エズ 4:7	אֲרָמִית	（書簡）	

第1章 古代からヘブライ語旧約聖書までの「ヘブライ語」の証言　　43

ネヘ 13:23–24	אַשְׁדּוֹדִית, לְשׁוֹן עַם וָעָם, יְהוּדִית	-	ユダヤ人
ダニ 1:4	סֵפֶר וּלְשׁוֹן כַּשְׂדִּים	-	ユダヤ人の若者
ダニ 2:4	אֲרָמִית	（物語）	カルデア人

　各文書の成立年代の問題はひとまず考慮せず，単純に「舞台となっている時代」を見た時，王国時代以前には言語呼称が現れず，王国時代以後に増え始めることが表1から読み取れる。また，王国時代以前には言語表現として一語しか使われていないのに対し，王国時代以後は託宣（一文），書簡，物語とその内容が拡大していく。
　それぞれの箇所を確認していこう。

3.2.「言語活動の場」の分析

3.2.1. 創世記
　バベルの塔の事件が起こるまで，全地は「一つの言語，同じ言葉」（שָׂפָה אֶחָת וּדְבָרִים אֲחָדִים）であったという（創 11:1）。この時の「一つの言語」がどのようなものであったかは，創世記の中でもヘブライ語旧約聖書全体の中でも明らかにされない。いずれにせよ，バベルの塔の事件後，人々は互いに理解できない言語を使用するようになり，全地に散らされた。
　次に言語活動の場が明確に記されるのは，ヤコブ物語の中である。伯父ラバンのもとから逃亡したヤコブであるが，ギルアドの山地においてラバンと和解し，契約の石塚を作った。この石塚に対する呼称がヤコブとラバンとの間で異なっていたという。

ラバンはそれをエガル・サハドタ (יְגַר שָׂהֲדוּתָא)[42] と呼び，ヤコブはガルエド (גַּלְעֵד)[43] と呼んだ。ラバンは，「この石塚 (גַּל) は，今日，私とお前の間の証 (עֵד) となった」と言った。それで，その名はガルエド (גַּלְעֵד)[44] と呼ばれた[45]。　　　　　　　　　　　(創 31:47–48)

　この箇所に具体的な言語の呼称は記されていないが，伝統的に「エガル・サハドタ」は「証人の石塚」を意味するアラム語と考えられている[46]。同じ石塚を，ヤコブはヘブライ語で「ガル・エド」すなわち「証人の石塚」と呼んだが，これが「ギルアド」(גַּלְעֵד) の地名の由来となったという[47]。
　この物語は地名の由来譚であると同時に，アラム語の言語共同体とヘブライ語の言語共同体とが重なり合って暮らしていた記憶を私たちに伝える。このような言語活動の場において，2 言語が具体的にどのような関係を有していたか明らかではないが，少なくとも記念碑をそれぞれの言語で呼ぶという 2 言語共存（bilingualism）のあり方を読み取ることはできる。

---

[42] シリア語ペシッタ ygrʔ dshdwtʔ，ギリシア語七十人訳 Βουνὸς τῆς μαρτυρίας，ラテン語ウルガタ tumulus Testis。

[43] シリア語ペシッタ glʕd，ギリシア語七十人訳 Βουνὸς μάρτυς，ラテン語ウルガタ acervum Testimonii。

[44] シリア語ペシッタ glʕd，ギリシア語七十人訳 Βουνὸς μαρτυρεῖ，ラテン語ウルガタ Galaad id est tumulus Testis。

[45] ［原文］ וַיֹּאמֶר לָבָן הַגַּל הַזֶּה עֵד בֵּינִי וּבֵינְךָ הַיּוֹם וַיִּקְרָא־לוֹ לָבָן יְגַר שָׂהֲדוּתָא וְיַעֲקֹב קָרָא לוֹ גַּלְעֵד: הַיּוֹם עַל־כֵּן קָרָא־שְׁמוֹ גַּלְעֵד:

[46] יְגַר は古代碑文アラビア語あるいはアラビア語の wgr「石塚」からの借用語の可能性も指摘されている (Koehler and Baumgartner 1994–2000: 5.1887)。また，שָׂהֲדוּתָא は śhd の異形 śhdw と思われるが，異形における語末の -w の存在はシリア語やサマリア人のアラム語に確認できる(Koehler and Baumgartner 1994–2000: 5.1984)。ただしその起源は明らかではない。

[47] 「ギルアド」の由来譚は民間語源であろうが，その由来とされる語形 galʕed「ガルエド」はヘブライ語史を考えるうえで重要である。ギリシア語七十人訳の語形が Γαλααδ であることから，前 3 世紀頃のヘブライ語は少なくとも一部において（たとえばアレクサンドリアのユダヤ人において）*galʕad であった可能性がある。ここに見られる *CaCCaC > CiCCaC への異化は，北西セム諸語においては語彙全体にゆっくりと進行した。動詞形 *yaqtal > yiqtal の異化はすでにウガリト語に認められるが，ヘブライ語における動詞形 *naqtal > niqtal の異化はオリゲネス (3 世紀) によるギリシア文字表記ヘブライ語においてもなお進行中であり (*νεκτελ)，マソラの時代の前に完了したものと思われる。同じように，もし「ギルアド」について *galʕad > gilʕad の異化を考えるならば，ギリシア語七十人訳よりも後の時代に生じたものでなければならない。

3.2.2. 士師記

　ギルアドにおける言語活動の記述は，士師記のエフタ物語において再び登場する。ギルアド人エフタはエフライム軍との戦に勝利し，ヨルダン川の渡し場を手に入れた。エフライムはヨルダン川の西側，ギルアドは東側にある。ヨルダン川を渡ってエフライムへ逃亡しようとする兵を捕らえたギルアド兵は次のように尋問を行う。

> さらにギルアドは，エフライムへと渡るヨルダン川の渡し場を手中に収めた。エフライムの逃亡者が「渡らせてほしい」と言うと，ギルアドの人々は「あなたはエフライム人か」と尋ねた。その人が「そうではありません」と答えると，彼らは「ではシボレト (שִׁבֹּלֶת) [48] と言ってみよ」と言った。その人が正しく語れずに「スィボレト (סִבֹּלֶת) [49]」と言うと，彼らはその人を捕まえ，ヨルダン川の渡し場で殺害した[50]。
>
> 　　　　　　　　　　　　　　　　　　　　（士 12:5–6）

　ヨルダン川の対岸同士の地では，「訛り」によって互いの出身地が分かるほどであったという。川を挟んで異なる言語・方言が使用されるというのは，言語地理学においてよく知られたものである。この箇所にも具体的な言語の呼称は記されていないが，言語と方言との境界は曖昧であるので，それぞれをエフライム語，ギルアド語と呼ぶことが可能であろう。

　エフライム語共同体とギルアド語共同体とは互いに接しており，ヨルダン川がその境界となっていた。互いの言語共同体は，言語表現において十分な意思疎通が可能であったという点で，2言語共存 (bilingualism) の「言語活動の場」を措定することができる。もっとも，ギルアド語に存在したという

---

[48] シリア語ペシッタ šblt, ギリシア語七十人訳 Σύνθημα, ラテン語ウルガタ sebboleth.
[49] シリア語ペシッタ sblt, ギリシア語七十人訳は訳出なし，ラテン語ウルガタ tebboleth.
[50] [原文] וַיִּלְכֹּד גִּלְעָד אֶת־מַעְבְּרוֹת הַיַּרְדֵּן לְאֶפְרָיִם וְהָיָה כִּי יֹאמְרוּ פְּלִיטֵי אֶפְרַיִם אֶעֱבֹרָה וַיֹּאמְרוּ לוֹ אַנְשֵׁי־גִלְעָד הַאֶפְרָתִי אַתָּה וַיֹּאמֶר ׀ לֹא׃ וַיֹּאמְרוּ לוֹ אֱמָר־נָא שִׁבֹּלֶת וַיֹּאמֶר סִבֹּלֶת וְלֹא יָכִין לְדַבֵּר כֵּן וַיֹּאחֲזוּ אוֹתוֹ וַיִּשְׁחָטוּהוּ אֶל־מַעְבְּרוֹת הַיַּרְדֵּן וַיִּפֹּל בָּעֵת הַהִיא מֵאֶפְרַיִם אַרְבָּעִים וּשְׁנַיִם אָלֶף׃

šとsの音韻的区別は，エフライム語には無かったという（もっとも，ギルアド語のšとsの具体的な音価はヘブライ文字によって覆い隠されてしまい，不明である）[51]。

3.2.3. 列王記

　王国時代も後半になると，カナン地方は周辺の大国の脅威に晒される。そのことは大国の言語に接する機会の増加を意味するものでもある。前8世紀，アッシリア軍がイスラエル王国（北王国）を滅ぼし，その勢いでユダ王国（南王国）をも包囲した。ヒゼキヤ王の治世の出来事である。

> ヒルキヤの子エルヤキム，シェブナ，ヨアは，ラブ・シャケに言った。「どうか僕たちにはアラム語（אֲרָמִית）[52] で話してください。私たちは聞いて理解できますから。城壁の上にいる民が聞いているところでは，私たちにユダの言葉（יְהוּדִית）[53] で話さないでください。」［......］そしてラブ・シャケは立って，ユダの言葉（יְהוּדִית）で大声で叫び，こう言い放った。［......］[54]　　　　　　　　（王下 18:26, 28 // イザ 36:11, 13）
>
> 彼らはユダの言葉（יְהוּדִית）[55] で城壁の上にいるエルサレムの民に大声で

---

[51] セム祖語には4つの歯擦音 *s [s]，*š [ɬ]，*ṧ [ʃ]，*ṯ [θ] が存在したと考えられている。4つをすべて保持しているウガリト語に šblt「穂」を確認できることから（del Olmo Lete and Sanmartín 2003: 805），שִׁבֹּלֶת の語頭音は š であったと思われる。フェニキア語では s, š の区別だけが残り，フェニキア文字に反映された。また，ヘブライ語では s, ś, š の区別が残った（ただし死海文書の時代の前には s, š の区別を失った）。しかし，エフタ物語のエフライム語のように š, š の区別を失ったものは，これまで知られている北西セム諸語には無い。

[52] シリア語ペシッタ ʔrmʔyt，ギリシア語七十人訳 Συριστί，ラテン語ウルガタ syriace。

[53] シリア語ペシッタ yhwdʔyt，ギリシア語七十人訳 Ἰουδαϊστί，ラテン語ウルガタ iudaice。

[54] ［原文］וַיֹּאמֶר אֶלְיָקִים בֶּן־חִלְקִיָּהוּ וְשֶׁבְנָה וְיוֹאָח אֶל־רַב־שָׁקֵה דַּבֶּר־נָא אֶל־עֲבָדֶיךָ אֲרָמִית כִּי שֹׁמְעִים אֲנָחְנוּ וְאַל־תְּדַבֵּר עִמָּנוּ יְהוּדִית בְּאָזְנֵי הָעָם אֲשֶׁר עַל־הַחֹמָה [...] וַיַּעֲמֹד רַב־שָׁקֵה וַיִּקְרָא בְקוֹל־גָּדוֹל יְהוּדִית וַיְדַבֵּר [...] וַיֹּאמֶר

[55] シリア語ペシッタ yhwdyʔ，ギリシア語七十人訳 Ἰουδαϊστί，ラテン語ウルガタ lingua iudaica。

第 1 章　古代からヘブライ語旧約聖書までの「ヘブライ語」の証言　　　　47

呼びかけ，[……][56]　　　　　　　　　　　　　　　　（代下 32:18）

　この箇所において初めて具体的な言語の呼称が登場する。それはアッシリアのアラム語（אֲרָמִית）である[57]。ユダ王国の高官らはアラム語を理解することができたが，民衆は理解できなかったという。民衆が理解できたのは「ユダの言葉」（יְהוּדִית），つまりユダ語であった。
　このユダ語が，私たちの考える「ヘブライ語」を意味するものであったかは疑わしい。私たちの考える「ヘブライ語」，特にここでは聖書ヘブライ語を想定することになるが，聖書ヘブライ語は書き言葉であって話し言葉ではない。士師記におけるエフライム語とギルアド語のように，ユダ語ももともとはエルサレムを中心とするユダ族の土地の話し言葉であったろう。もっとも，ユダ語がユダ王国における共通語，行政語としての役割を果たしていた可能性は十分にある。特に行政語の役割を与えられた言語は一般に，書き言葉としての役割も期待され，そのための文体を確立するものであるが，前一千年紀の碑文ヘブライ語[58]と聖書ヘブライ語とでは文体も大きく異なる。
　後述するネヘミヤ記は，ユダ語を「トーラーの言語」と同一視している可能性がある。その段階に至れば，ユダ語と私たちの考える「ヘブライ語」（聖書ヘブライ語）とを疑いなく同一視することができる。
　ユダ語を理解する民衆がアラム語を理解できなかったというのは，前述した創世記 31 章において，アラム語を使用するラバンと，ヘブライ語を使用するヤコブとが互いに意思疎通できていたことと対照的である。いずれにせよ，ユダ王国の高官らはアラム語を理解することができたということは，少なくともユダ王国においてはアラム語が上層語（外交語）としての役割を有しており，下層語（民衆語）であるユダ語との 2 言語併用（diglossia）が存在して

---

[56] [原文] [...] וַיִּקְרְאוּ בְקוֹל־גָּדוֹל יְהוּדִית עַל־עַם יְרוּשָׁלַםִ אֲשֶׁר עַל־הַחוֹמָה עַל־עַם יְרוּשָׁלַםִ אֲשֶׁר עַל־הַחוֹמָה
[57] 「アラム語で」が，ギリシア語七十人訳，ラテン語ウルガタにおいて「シリア語で」（Συριστί, syriace）と訳出される問題については後述する。
[58] 碑文ヘブライ語の文字資料と音韻論・形態論については Gogel (1998) を参照。ただし文体に関する言及は無い。

いたことを示している。

3.2.4. イザヤ書

イザヤ書はヒゼキヤ王の時代（前8世紀）の預言者イザヤの名を冠する文書であるが，彼自身の言葉にさかのぼりうるものは，しばしば1–39章の中に求められる（第一イザヤ仮説）[59]。その時代，エジプトに次のようなヤハウェの託宣があったという。

> その日には，カナンの言葉（שְׂפַת כְּנַעַן）を語り，万軍の主に誓いを立てる5つの町がエジプトの地にできる。その一つは太陽の町と呼ばれる[60]。　　　　　　　　　　　　　　　　　　　　　　　（イザ 19:18）

ユダ王国にとって深刻な脅威であったエジプトとアッシリアが，手を取り合ってヤハウェに仕える時代が訪れる（イザ 19:23）。その時，エジプトの地に「カナンの言葉」（שְׂפַת כְּנַעַן），つまりカナン語を使用する人々の町が5つもできるだろう，という。

時代背景となっているのは，前述した列王記18章（イザヤ書36章，歴代誌下32章）と同じくヒゼキヤ王の治世である。すると，ヒゼキヤ王の治世を記す文書の中にアラム語（אֲרָמִית），ユダ語（יְהוּדִית），カナン語（שְׂפַת כְּנַעַן）が登場したことになる。あたかもアッシリアの脅威という出来事を通じて，共同体の内外の言語に対する興味と反省が生じたかのようである。

この箇所における「カナン語」は，当然ながら現代セム語学におけるカナ

---

[59] イザヤ書の最古の層に関する議論は様々であるが，主に1–11章および28–32章の範囲の中にあると考えられている（シュミート 2013: 158）。本文で引用した19章の位置付けは必ずしも明らかではない。

[60] ［原文］ בַּיּוֹם הַהוּא יִהְיוּ חָמֵשׁ עָרִים בְּאֶרֶץ מִצְרַיִם מְדַבְּרוֹת שְׂפַת כְּנַעַן וְנִשְׁבָּעוֹת לַיהוָה צְבָאוֹת עִיר הַהֶרֶס יֵאָמֵר לְאֶחָת׃

ン諸語（あるいはカナン語的特徴）と同じものではない。また，私たちの考える「ヘブライ語」と軽々に同一視することもできない。ヘブライ語旧約聖書における「カナン」はノアの子ハムの子孫であり，ミツライム（エジプト）の兄弟とされているため（創 10:6），私たちの考える「ヘブライ語」よりもエジプト語に近いものと考えられていた可能性がある。また，預言者文書における「カナン，カナン人」は不浄のもの，イスラエルに征服されるべきものというニュアンスが強く（イザ 23:11，エゼ 16:3，オバ 20，ゼファ 2:5），そこから類推するなら「カナン語」とは現実の言語というよりも「奴隷の言語」という象徴表現と解釈しうる。

　あるいはまったく正反対の解釈もありうる。イザヤ書 19 章の文脈においてエジプトは最終的に「ヤハウェの民」となり，アッシリア，イスラエルに勝って「第一の祝福」と呼ばれる。この文脈に従えば，イスラエルに「カナンの地」が与えられたのと同じ意味で，エジプトには「カナンの言葉」が与えられると解釈することもできる。この場合の「カナン語」は「祝福の言語」を意味するものとなる。

　いずれにせよ，「主はエジプトを打たれ，打ちながらも癒やされる。彼らが主に立ち帰ると，主は彼らの願いを聞き入れ，癒やされる」（イザ 19:22）とあるように，神の懲らしめと祝福がどちらもエジプトにもたらされるのであり，そのことと「カナン語」の持つ 2 つの象徴性（奴隷の言語，祝福の言語）が対応していると考えられる。それゆえ，この箇所における「カナン語」は現実の言語というよりも象徴表現と解釈すべきである。

3.2.5. エレミヤ書

　エレミヤ書の中に一文だけアラム語で記されている箇所がある。

　　このようにあなたがたは彼らに言え。
　　「天と地を造らなかった神々は

地からも，これらの天の下からも滅びる」と[61]。　　　（エレ 10:11）

この一文だけがアラム語で記されている理由は明らかではない。これは主の怒り，憤りを諸国民に伝えよという文脈の中に置かれているが，「諸国民」の理解できる国際共通語がアラム語であったという事実を反映しているとも解釈しうる。

ヨナタンのタルグムでは，バビロンにいる捕囚の長老らに対し，エレミヤが送ったアラム語書簡を引用したものであることが冒頭に付記されている。

これは預言者エレミヤがバビロンにいる捕囚の長老らの残りに送った書簡の複製である。［……］[62]　　　（*Targ. Jon.* Jer 10:11）

ヨナタンのタルグムで想定されているのは，(1) バビロンのユダヤ人は，もはや長老でさえアラム語を使用していたという状況であるのか，あるいは (2) バビロンの長老に送る書簡の形式として，アラム語で書き送るのが相応しいと考えられていたという言語位相であるのか，解釈の可能性は様々である。

3.2.6. エズラ記

捕囚から解放されたユダヤ人は，捕囚の現実を経験したエレミヤの時代よりもいっそうアラム語に接する機会が増大した。

アルタクセルクセスの時代には，ビシュラム，ミトレダト，タベエルおよびその同僚たちがペルシアの王アルタクセルクセスに書簡を書き送った。その文面はアラム文字（אֲרָמִית）[63] で書かれ，アラム語（אֲרָמִית）[64] に

---

[61] ［原文］ כִּדְנָה תֵּאמְרוּן לְהוֹם אֱלָהַיָּא דִּי־שְׁמַיָּא וְאַרְקָא לָא עֲבַדוּ יֵאבַדוּ מֵאַרְעָא וּמִן־תְּחוֹת שְׁמַיָּא אֵלֶּה׃ ס
[62] ［原文］ דְּנָא פַרְשֶׁגֶן אִגַּרְתָּא דִּי שְׁלַח יִרְמְיָה נְבִיָּא לְוָת שְׁאָר סָבֵי גָלוּתָא דִּבְבָבֶל ［...］
[63] シリア語ペシッタ ʔrmʔyt，ギリシア語七十人訳 Συριστί，ラテン語ウルガタ syriace。
[64] シリア語ペシッタ ʔrmʔyt，ギリシア語七十人訳は訳出なし，ラテン語ウルガタ syro。

翻訳された[65]。　　　　　　　　　　　　　　　　　　　　（エズ 4:7）

　エズラ記では次に挙げる箇所がアラム語[66]で記されている。ペルシアのアルタフシャスタ（アルタクセルクセス）王への書簡（4:8–16）と王の返書（4:17–22），その後の記録（4:23–5:5），ダルヤウェシュ（ダレイオス）王への書簡（5:6–5:17），その後の記録（6:1–2），コレシュ（キュロス）王の記録（6:3–5），ダルヤウェシュ王の返書（6:6–12），その後の記録（6:13–18），アルタフシャスタ王からエズラへの書簡（7:12–26）。

　これらが実際に存在した記録，書簡を収録したものであるかは疑わしい。しかし，アケメネス朝の公文書はアラム語で記されるものだという認識が，エズラ記の編纂者ならびに想定読者の間に共有されていたことは読み取れる。一方ではエズラ記の物語部分がヘブライ語で書かれているという事実は，アラム語の書き言葉とヘブライ語の書き言葉が同じ言語共同体の中で使用されており（2言語併用, diglossia），それぞれに役割の差，機能の差が想定されていた可能性を示している。

　なお，この箇所における אֲרָמִית は「アラム文字」と「アラム語」とを両方とも含みうる。このことから「文字」と「言語」との間に明瞭な区別が無いと評価することも可能であるが，むしろこの箇所の表現は，「書かれたアラム語」が文字の形を取り，「話されたアラム語」が言語の形を取る，という発想に基づくものであろう。つまり，文字と言語は表に現れる形に過ぎず，その裏には אֲרָמִית という根源的言語があるという言語観を反映した表現だと思われる。

3.2.7. ネヘミヤ記

　捕囚から解放され，バビロンからカナン地方に帰還したユダヤ人は，アシュ

---

[65] ［原文］ וּבִימֵי אַרְתַּחְשַׁשְׂתָּא כָּתַב בִּשְׁלָם מִתְרְדָת טָבְאֵל וּשְׁאָר כנותו עַל־ארתחששתא מֶלֶךְ פָּרָס וּכְתָב הַנִּשְׁתְּוָן כָּתוּב אֲרָמִית וּמְתֻרְגָּם אֲרָמִית׃

[66] 今日では聖書アラム語と呼ばれ，帝国アラム語から中期アラム語へ移行し始める時期を反映したものと考えられている。

ドド人，アンモン人，モアブ人の女性を娶った。その結果，彼らの子世代の半数がユダ語を話すことができなくなっていたという。

> またその頃，ユダヤ人がアシュドド人やアンモン人やモアブ人の女と結婚していることが，私に分かった。その子どもたちの半数はアシュドドの言葉（אַשְׁדּוֹדִית），あるいはそれぞれの民の言語（לְשׁוֹן עַם וָעָם）を話し，ユダの言葉（יְהוּדִית）を話すことができなかった[67]。
>
> （ネヘ 13:23–24）

「アシュドドの言葉」（אַשְׁדּוֹדִית），つまりアシュドド語がどのようなものであったかは不明である。アシュドドはペリシテ人の地であり，ダゴン神殿があったという（サム上 5 章）。ペリシテ人が「海の民」の一部であったとするなら，ペリシテ語はインド・ヨーロッパ語の系統に属するものであった可能性がある。だが神名「ダゴン」または「ダガン」がセム語に由来する可能性があることから，ペリシテ語はセム語との混淆語であるか，少なくともセム語からの重度借用を経たものであったのかもしれない[68]。もっとも，アシュドド語がペリシテ語に関係するものであったかも定かではない。

モアブ語とアンモン語については，言語資料が極めて限られてはいるものの，ヘブライ語と同じくカナン諸語（東カナン諸語）に属するものと考えられている[69]。モアブ語とアンモン語の使用者が「ユダの言葉」，つまりユダ語をまったく理解できないということは考えにくい。それゆえ，「ユダの言葉を話すことができなかった」というのは文字どおり「ユダ語を正確に話すことができなかった」と解釈すべきであり，ユダ語を聞いて理解することはできた（そのような人々が想定されている）と読み取ることができる。そもそも，

---

[67] [原文] גַּם בַּיָּמִים הָהֵם רָאִיתִי אֶת־הַיְּהוּדִים הֹשִׁיבוּ נָשִׁים אַשְׁדֳּדִיּוֹת עַמֳּנִיּוֹת מוֹאֲבִיּוֹת׃ וּבְנֵיהֶם חֲצִי מְדַבֵּר אַשְׁדּוֹדִית וְאֵינָם מַכִּירִים לְדַבֵּר יְהוּדִית וְכִלְשׁוֹן עַם וָעָם׃

[68] Rabin (1976: 1010) を参照。

[69] Segert (1997) を参照。

ネヘミヤは「子どもたちの半数」がユダ語を話せないことを嘆いているのであり，親世代については何も語っていない。

> [……]というレビ人がその律法を民に説明した（מְבִינִים）が，その間民は立っていた。彼らは神の律法の書をはっきりと（מְפֹרָשׁ）朗読し，また意味を明らかにした（שׂוֹם שֶׂכֶל）ので，人々はその朗読を理解した[70]。
> （ネヘ 8:7–8）

「律法の書」，つまりトーラーは私たちの知る聖書ヘブライ語で書かれていたと想定して良いだろう。そして，ネヘミヤが「ユダ語を話せない人々がいる」と嘆いたのは，トーラーを正確に朗読することのできない人々（モアブ語，アンモン語の使用者），また朗読を聞いても理解することのできない人々（アシュドド語の使用者）が存在していたため，と解釈しうる。したがって，この箇所ではトーラーの言語＝ユダ語であることが前提とされている。

　トーラーの言語についての人々の言語知識が一様ではなかったため，聞いて理解しうる人々に対しては可能な限り明瞭に朗読し，朗読を聞いても理解できない人々に対しては通訳を行うなど複数の措置が取られたのであろう。それゆえ，ネヘミヤ書に描かれる「言語活動の場」には，トーラーの言語＝ユダ語の言語共同体の中に，比較的小さな別の言語共同体が多数含まれているという多言語共存（multilingualism）の状況が想定されている。小さな言語共同体の構成員は，ユダ語の習得レベルに大きな差があるため，ユダ語共同体は決して均質なものではなかった。にもかかわらず，多言語共同体を一つにまとめ上げる上層語（象徴言語）としての役割を果たしていたのが，ユダ語であった。

70　［原文］　[...] וְהַלְוִיִּם מְבִינִים אֶת־הָעָם לַתּוֹרָה וְהָעָם עַל־עָמְדָם: וַיִּקְרְאוּ בַסֵּפֶר בְּתוֹרַת הָאֱלֹהִים מְפֹרָשׁ וְשׂוֹם שֶׂכֶל וַיָּבִינוּ בַּמִּקְרָא:

（補足）מְפֹרָשׁの意味

「はっきりと（朗読し）」と訳されているמְפֹרָשׁは、「いつユダヤ人がトーラーの言語＝ヘブライ語の日常的使用を失ったのか」という問題に関連してしばしば争点となる。たとえば、バビロニアのタルムードは次のように述べる。

> トーラーの翻訳（תַּרְגּוּם）は改宗者オンケロスが言ったものか。否、とラヴ・イカ・バル・アヴィンが言った、とラヴ・ハナンエルが言った、とラヴが言った。[......]「彼らは律法の書を朗読した」とは聖書（מִקְרָא）にある（ネヘ 8:8）。「はっきりと（מְפֹרָשׁ）」とは翻訳（תַּרְגּוּם）である[71]。
> 　　　　　　　　　　　　　　　　　　　　　　（b. Meg. 3a）

> ラヴ・イカ・バル・アヴィンが言った、とラヴ・ハナンエルが言った、とラブが言ったこと。「彼らは律法の書を朗読した」とは聖書（מִקְרָא）にある（ネヘ 8:8）。「はっきりと（מְפֹרָשׁ）」とは翻訳（תַּרְגּוּם）である。「意味を明らかにした（שֹׂום שֶׂכֶל）」とは節（פְּסוּקִים）である。「人々はその朗読を理解した」とは朗唱区切り（פִּיסוּק טְעָמִים）である。それが伝統（מָסוֹרוֹת）と言われる[72]。
> 　　　　　　　　　　　　　　　　　　　　　（b. Ned. 37b）

ネヘミヤ記にはすでにタルグムおよび朗唱の起源が記されていたという。そして「はっきりと」（מְפֹרָשׁ）とは通訳を行ったということである。対象言語は明記されていないが、ネヘミヤ記に描かれる内容が「改宗者オンケロスによる翻訳の先駆け」とされている以上、アラム語への通訳が念頭に置かれているのが読み取れる。

---

[71] [原文] וְתַרְגּוּם שֶׁל תּוֹרָה, אוּנְקְלוֹס הַגֵּר אֲמָרוֹ: וְהָא אָמַר רַב אִיקָא בַּר אָבִין אָמַר רַב חֲנַנְאֵל אָמַר רַב: מַאי דִּכְתִיב: [...] וַיִּקְרְאוּ בְסֵפֶר בְּתוֹרַת הָאֱלֹהִים זֶה מִקְרָא מְפֹרָשׁ זֶה תַּרְגּוּם׃

[72] [原文] וַיִּקְרְאוּ בַסֵּפֶר בְּתוֹרַת הָאֱלֹהִים [...] דְּאָמַר רַב אִיקָא בַּר אָבִין אָמַר רַב חֲנַנְאֵל אָמַר רַב זֶה מִקְרָא מְפֹרָשׁ זֶה תַּרְגּוּם וְשֹׂום שֶׂכֶל אֵלּוּ הַפְּסוּקִים וַיָּבִינוּ בַּמִּקְרָא זֶה פִּיסוּק טְעָמִים וְאָמְרִי לָהּ אֵלּוּ הַמָּסוֹרוֹת

第1章 古代からヘブライ語旧約聖書までの「ヘブライ語」の証言

タルムードは、アラム語タルグムの伝統が、ネヘミヤ記に描かれる第二神殿でのトーラー朗読に端を発すると主張する。また、その主張を補強するために、第二神殿が完成した時点でユダ語の知識は相当廃れていたのだ、という時代背景を想定することになる。朗唱伝統の確立した時代において、その正統性をヘブライ語聖書（ネヘミヤ記）に帰すための解釈であることは明らかである。

3.2.8. ダニエル書

ダニエル書の舞台はバビロンを首都とするバビロニアとペルシアであり、およそ半分（2:4b–7:28）がアラム語で書かれている。アラム語部分は次のようにして始まる。

> カルデア人たちは王にアラム語で[73]（אֲרָמִית）言った。
> 「王様がとこしえに生き長らえますように。あなたの僕たちにその夢をお話しください。そうすれば、私たちは解釈いたしましょう」[74]。
> （ダニ 2:4）

そして、ネブカドネツァル王の夢とダニエルの解き明かし（2:4b–49）、3人の若者（3:1–30）、ネブカドネツァル王の夢とダニエルの解き明かし（3:31–4:34）、ベルシャツァル王とダニエル（5:1–30）、ダルヤウェシュ（ダレイオス）王とダニエル（6:1–29）、ダニエルの夢（7:1–28）、以上でアラム語部分が終わる。エズラ記のようにアラム語書簡を引用する体裁ではなく、アラム語部分（2:4b–7:28）を取り囲むようにヘブライ語部分（1:1–2:4a, 8–12章）が配置されている。

登場人物はアラム語の使用者であることが前提となっている。バビロンに

---

[73] シリア語ペシッタ ʔrmʔyt、ギリシア語七十人訳 Συριστί、ラテン語ウルガタ syriace。

[74] ［原文］ וַיְדַבְּרוּ הַכַּשְׂדִּים לַמֶּלֶךְ אֲרָמִית - מַלְכָּא לְעָלְמִין חֱיִי אֱמַר חֶלְמָא לעבדיך וּפִשְׁרָא נְחַוֵּא׃

捕囚された民の一部は「カルデア人の文字[75]と言語」の教育を受けたという。

> [……] 彼らは王宮に仕える能力を備えており，王は彼らにカルデア人の文字と言語（סֵפֶר וּלְשׁוֹן כַּשְׂדִּים）を学ばせた[76]。　　　　（ダニ 1:4）

この「カルデア人の言語」，つまり「カルデア語」という呼称は，私たちの考えるアラム語を指す呼称として，長らくギリシア語圏，ラテン語圏で使用されることになる。

ここで想定される「言語活動の場」は，バビロンという政治的・文化的に強大なアラム語共同体と，その中で自分たちの言語（ヘブライ語と明確には書かれていない）を細々と守り続ける「ユダヤ人」としての民族共同体である。ユダヤ人共同体の若い構成員が話し言葉，書き言葉の両面においてアラム語を強制され，アラム語共同体の中に取り込まれていく状況にあっても，なおユダヤ人としての自己意識が失われることはなかった。たとえ言語は消え失せたとしても，その精神が消え失せることはないと語られている。

3.3. 小　結

創世記，士師記には語彙，音韻の違いに基づく多言語環境と，2 つの言語共同体の接触の様子が描かれる物語が存在するものの，それぞれの言語の呼称は登場しない。

言語の呼称が現れるのは列王記（およびイザヤ書，歴代誌の並行箇所）以後であり，ユダ語を使用する共同体（ユダ王国）と，そこに侵攻する強大なアラム語共同体（アッシリア）の衝突という形で描かれる。

捕囚期からは文書の中にアラム語の本文を取り込む例が増加する。エレミヤ書は一文のみであるが，エズラ記はアラム語書簡の引用という形を取り，

---

[75] 「読み書き」の意味での סֵפֶר は，ダニ 1:4 のほかイザ 29:11–12。また「文字」と訳しうる語には מִכְתָּב（出 32:16），כְּתָבָה（ダニ 5:7–8, 15–17, 24），פְּתָחָה（ゼカ 3:9）もある。

[76] ［原文］　וַאֲשֶׁר כֹּחַ בָּהֶם לַעֲמֹד בְּהֵיכַל הַמֶּלֶךְ וּלֲלַמְּדָם סֵפֶר וּלְשׁוֹן כַּשְׂדִּים [...]

ダニエル書に至ってはおよそ半分がアラム語文書となる。

　またネヘミヤ記は，カナン地方へ帰還したユダヤ人の混血が進み，その子世代の半数がユダ語を話すことができなかったと語る。もっとも，現代セム語学の見地に立てば，モアブ語やアンモン語はユダ語に極めて近い言語であったことが知られているため，ユダ語を話すことはできなくとも聞いて理解することはできた可能性がある。ユダ語共同体は，ユダ語の習得レベルに大きな差のある人々を含む不均質なものであった。

　また，ネヘミヤ記におけるユダ語はおそらくトーラーの言語と同義であり，ここで初めて私たちの考える「ヘブライ語」の姿が明確に登場する。ただし，なお「ヘブライ語」の呼称は用いられていない。

4. 結　論

　「ヘブライ（人）」の呼称の始まりについて，(1) 楔形文字文書に見られる放浪集団「ハピル」に由来するという見方，(2) 創世記におけるセムの子孫「エベル」に由来するという見方，(3)「ユーフラテス川の向こう側」を意味する「アバル・ナハラ」に由来するという見方を検討した。これらの中で，アケメネス朝ペルシアにおける行政区の呼称であった「アバル・ナハラ」を，そこに住む人々（特にユダヤ人）が内称として受容した可能性があることを指摘した。

　一方，明確に言語を指して「ヘブライ語」と呼称する例は，ヘブライ語旧約聖書およびそれ以前の文書には確認できない。言語の呼称を明らかにせず，多言語の「場」を示す物語は散見されるが（創世記，士師記），明確な言語の呼称が現れるのは王国時代以後を舞台とする文書となる。列王記（およびイザヤ書，歴代誌の並行箇所），そこでは「アラム語」と「ユダ語」の呼称が用いられ，イザヤ書では（象徴表現と思われるが）「カナン語」の呼称が用いられている。捕囚期以後を舞台とする文書からはアラム語の本文を取り込む例

が増加し，その本文を指して「アラム語」と呼ぶこともある（エレミヤ書，エズラ記，ダニエル書）。また，エルサレムへ帰還した人々の描写においては，その子世代の半数が「ユダ語」の理解に困難を覚え，「アシュドド語」「モアブ語」「アンモン語」などを使用するようになっていたとされる（ネヘミヤ記）。

　シリア・カナン地方は古代から多言語地域であったが，ヘブライ語旧約聖書各巻の舞台となる時代が下るにつれ，具体的な言語の呼称が用いられるようになる。それはおそらく，捕囚期前後を境に「言語活動の場」が激変したというユダヤ人の記憶に基づくものであろう。だがなお，ヘブライ語旧約聖書の中に「ヘブライ語」の呼称は現れないのである。

第 2 章
ギリシア語七十人訳以後の文字資料における「ヘブライ語」の証言

1. はじめに

1.1. 研究目的
　明確に言語を指して「ヘブライ語」と呼ぶ例は，古代からヘブライ語旧約聖書に至るまでの文字資料，およびギリシア語七十人訳には見当たらない。「ヘブライ語」の呼称が見つかるのはそれ以後の文字資料となる。
　そこで本章はギリシア語七十人訳以後の文書に見られる「ヘブライ語」，および関連する言語呼称を確認し，その文脈の中でどのような「言語活動の場」が想定されているのかを読み解く。

1.2. 研究方法
　本章の研究対象は，前3世紀から2世紀に渡るユダヤ人関連の文字資料のうち，「ヘブライ語」に関する呼称を確認できるものである。結果として，ギリシア語旧約外典・偽典(現存しない場合はギリシア語以外のものも含めた)，

ギリシア語新約聖書，ヨセフスの著作，ユダ砂漠出土文書のうちクムラン文書，およびミシュナが本章の研究対象となる。これらの文書の中で，「ヘブライ語」の呼称がどのように使用され，どのように文脈と関わっているかを読み解く。その上で，「ヘブライ語」の呼称がどのような変遷を辿ったかを，各文書の言語表現を比較することによって跡付ける。

2. ギリシア語旧約外典・偽典に見られる「ヘブライ語」

2.1.「ヘブライ語」に関する呼称の一覧

　ギリシア語旧約外典・偽典に見られる「ヘブライ語」および関連呼称を表2のように整理した。「何語と呼ばれているか」を示すのが言語呼称の列であり，「その言語で何と言ったか，書かれたか」を示すのが言語表現の列である。言語呼称については様々な表現が存在するが，ひとまず辞書形のみを記載した。具体的な表現については個々の事例分析を参照されたい。また，その使用者が文脈上明らかな場合は「言語使用者」の列にその名を加えている。

表2　ギリシア語旧約外典・偽典に見られる「ヘブライ語」および関連呼称

箇所	言語呼称	言語表現	言語使用者
Let. Aris. 3, 30, 38	Ἑβραϊκός	-	ユダヤ人
シラ序:18–20	Ἑβραϊστί	-	ベン・シラ
Jub. 12:26–27; 43:15（ゲエズ語版）	ʕəbarāyəst̩	-	神，アブラハム
Ⅱマカ 7:8, 21, 27; 12:37; 15:29	πάτριος	-	ユダヤ人の母と子ら
Ⅳマカ 12:7; 16:15	Ἑβραϊκός	-	ユダヤ人の母と子ら

確認した限り,「ヘブライ語」に関する言語呼称が使用されている文脈で, 具体的な言語表現を伴う事例が見当たらなかった。また関連呼称として「父祖の言語」(πάτρια φωνή / γλῶσσα) という象徴表現が現れる。

それぞれの箇所を確認していこう。

2.2.「言語活動の場」の分析

2.2.1. アリステアスの書簡

アリステアスの書簡は, ギリシア語七十人訳の作成経緯をフィロクラテスなる人物に伝えるものである。書簡自体はエジプトのプトレマイオス2世の治世 (前285–246年) に書かれたことを主張しているが, アリステアスを称する偽名文書であり, 収録されているプトレマイオス2世の書簡もおそらく真筆ではない。成立年代について定説は無いが, おおよそ前2世紀初頭が有力視されている[77]。

この文書では, ギリシア語の形容詞 Ἑβραϊκός が文字と言語の両方に用いられている。

> [......] 神の法を解釈するために——それは皮紙にヘブライの文字で (Ἑβραϊκοῖς γράμμασιν) 書かれているものである[78]。　　(Let. Aris. 3)

> それはヘブライの文字と言葉で (Ἑβραϊκοῖς γράμμασι καὶ φωνῇ) 話されており, [......][79]　　(Let. Aris. 30)

> 私たちはあなたがたの法を, あなたがたが話しているヘブライの文字か

---

[77] シューラー (2021: 441–443) を参照。パネアスのアリストブロス (前2世紀半ば) による引用がこの書簡に依拠する可能性があることから, 下限を前2世紀前半と考える意見もあるが, シューラーはその蓋然性が小さいと見なす。

[78] ［原文］ [...] πρὸς τὴν ἑρμηνείαν τοῦ θείου νόμου, διὰ τὸ γεγράφθαι παρ' αὐτοῖς ἐν διφθέραις Ἑβραϊκοῖς γράμμασιν.

[79] ［原文］ τυγχάνει γὰρ Ἑβραϊκοῖς γράμμασι καὶ φωνῇ λεγόμενα, [...]

ら（Ἑβραϊκῶν γραμμάτων）ギリシアの文字に（γράμμασιν Ἑλληνικοῖς）翻訳するよう手配し，［……］[80]　　　　　　　　　　　　（*Let. Aris.* 38）

したがってシラ書と同様，遅くとも前2世紀までには,形容詞 Ἑβραϊκός を「ヘブライ語」または「ヘブライ文字」を意味するものとして使用する例を確認できる。

　ここでの「言語活動の場」は，互いに隔絶したヘブライ語共同体とギリシア語共同体である。ギリシア語共同体はヘブライ語共同体が所有するトーラーを欲し，ギリシア語への翻訳を試みる。翻訳とは「ヘブライの文字からギリシアの文字に」（*Let. Aris.* 38），つまり当該文書の文字体系を別の文字体系に移し替えることと見なされている。ここに見られる言語観は，エズラ記4章に見られるような，根源的な言語の「書かれた形」が文字となり，「話された形」が言語となるといったものではない。ヘブライ語を話すというのはヘブライ文字を話すということなのであり,単純に文字と言語の区別が無い。

2.2.2. シラ書

　形容詞としてではなく，一語で明確に言語を指す「ヘブライ語」の使用例はシラ書に見られ，現状これが最古のものに数えられる[81]。シラ書は，シラの子イエスがヘブライ語で記したものを，孫がギリシア語に翻訳したという体裁を取る[82]。その序言に次のようにある。

　　翻訳には心血を注いだが,適切ではないと思われる語句がある場合には,
　　大目に見ていただきたい。もともとヘブライ語で（Ἑβραϊστὶ）書かれてい

---

[80] ［原文］προῃρήμεθα τὸν νόμον ὑμῶν μεθερμηνευθῆναι γράμμασιν Ἑλληνικοῖς ἐκ τῶν παρ' ὑμῶν λεγομένων Ἑβραϊκῶν γραμμάτων, [...]

[81] Hopkins (2013: 795) を参照。

[82] 1896年にカイロのエズラ・シナゴーグに付属するゲニザからヘブライ語のシラ書が発見された。またクムラン第2洞穴からはヘブライ語のシラ書（6章）の断片も見つかっている（シューラー 2 017: 289）。

るものを他の言語に移し替えると、同じ意味を持たなくなってしまうからである[83]。　　　　　　　　　　　　　　　　　　　　　　（シラ序 18–20）

　シラ書には前 167 年に生じたマカバイ戦争、およびその後の時代の危機意識が欠如していることから、戦争の前に書かれたものと考えられている[84]。ただし、それがギリシア語に翻訳されたのは少なくとも 1 世代後であるから、「ヘブライ語で」（Ἑβραϊστί）という副詞が使われたのは早くとも前 2 世紀半ばということになる。

2.2.3. ヨベル書

　ヨベル書は小創世記とも呼ばれ、天地創造から過越祭(出エジプト記 12 章)に至るまでの歴史を改作したものである[85]。遅くともヨハネ・ヒルカノス 1 世の時代（前 2 世紀末）までに、ヘブライ語で書かれたと考えられている。程なくしてギリシア語に翻訳され、さらにゲエズ語（エチオピア）、ラテン語などに翻訳されたが[86]、完全な形で現存するのはゲエズ語版のみである。そのため、ここではゲエズ語版を引用する。

　ヨベル書にも「ヘブライ語」（ʕəbarāyəṣt）という呼称の使用例が認められる（*Jub.* 12:26–27; 43:15）。ゲエズ語版の 12 章は次のようなものである[87]。ウルを出発してカナン地方へ向かおうとするアブラハムに対し、神がヘブライ語を授ける場面である。

---

[83] ［原文］καὶ συγγνώμην ἔχειν ἐφ' οἷς ἂν δοκῶμεν τῶν κατὰ τὴν ἑρμηνείαν πεφιλοπονημένων τισὶν τῶν λέξεων ἀδυναμεῖν· οὐ γὰρ ἰσοδυναμεῖ αὐτὰ ἐν ἑαυτοῖς Ἑβραϊστὶ λεγόμενα καὶ ὅταν μεταχθῇ εἰς ἑτέραν γλῶσσαν·

[84] シュミート (2013: 342–343)、シューラー (2017: 288–289) を参照。

[85] シューラー (2021: 7–20) を参照。

[86] おそらくシリア語にも翻訳された（Mizrahi 2013: 2:385）。また 1947–1956 年にかけてクムラン洞穴から発見されたヨベル書断片はヘブライ語で書かれていた(1Q17=1QJubilees^a, 1Q18=1QJubilees^b, 2Q19=2QJubilees^b, 2Q20=2QJubilees^b, 3Q5=3QJubilees, 4Q216=4QJubilees^a, 4Q217=4QJubilees^b?, 4Q218=4QJubilees^c, 4Q219=4QJubilees^d, 4Q220=4QJubilees^e, 4Q221=4QJubilees^f, 4Q222=4QJubilees^g, 4Q223–224=4QpapJubilees^h, 4Q225=4QPseudo-Jubilees^a, 4Q226=4QPseudo-Jubilees^b, 4Q227=4QPseudo-Jubilees^c?, 4Q228=4QWork with citation of Jubilees, 11Q12=11QJubilees)。

[87] ゲエズ文字のローマ字転写は Leslau (1989:ix) に準じる。

> 私は彼［アブラハム］の口を開き，彼の耳と唇を開き，彼とヘブライ語で（ba=ʕəbarāyəst），［すなわち］創造の言葉で（ba=ləssān fəṭrat）話し始めた。彼は彼の父祖の書物を取ったが，それらはヘブライ語で（ʕəbarāyəst）書かれていた。彼は繰り返し手に取って学び，私は彼が［理解］できないすべてを彼に知らせ，彼は6か月の雨季の間それを学んだ[88]。
>
> (Jub. 12:26–27)

ヘブライ語は「創造の言語」であり，神が人と動物に与えたものであった。しかし，最初の者アダムがエデンの園から追放された時，動物はヘブライ語を話すことができなくなった（Jub. 3:28）。さらにバベルの塔の事件の後，ヘブライ語は人の子らの口から取り上げられた（Jub. 12:25）。人の子らはそれぞれの互いに理解することのできない言語を与えられ，言語に応じた町へ散らされることになった（Jub. 10:22–26）。

アブラハムが何の言語を使用していたかは記されていない。しかし，カナン地方へ向かおうとするアブラハムに，神は「創造の言語」であるヘブライ語を返した。もっとも，アブラハムがヘブライ語を聞いて理解し，話すことができるようになっても，読み書きは別の話であったようである。彼はヘブライ語で書かれた「父祖の書物」によって，おそらくは読み書きを習得した。また，その教師は神自身であった。アブラハムは乾季に入っての出発に備え，雨季の間，ヘブライ語の読み書きの習得に勤しんだという。

このように「父祖の書物」と「教師としての神」から読み書きを学ぶアブラハムの姿は，（少なくとも）ヨベル書を編纂した言語共同体において，トーラー解釈の専門家を要求する時代に入ったことを反映しているように思われる。アブラハムは「創造の言語」を再び与えられ，神から直接指導を受けた最初の「トーラー解釈の専門家」であり，その意味においても，トーラーを

---

[88] ［原文］wafatāḥək ʔaddəhu wakanāfarihu wafatāḥək ʔəzanihu waʾanzaku ʾətnāggar məslēhu baʕəbarāyəst baləssān fəṭrat. wanaśʔa maṣḥəfat ʔabawihu waṣəḥfat ʔəmmāntu ʕəbarāyəst wadagaman waʔaḥaza yətmaharon ʔəmʔamehā waʔan ʔāyadʕo kʷəllo zayəsʔəno watamḥəron sədəst warən zanām.

中心に据える共同体イスラエルの父となるのである。

2.2.4. 第2マカバイ記

　第2マカバイ記は，キレネ人ヤソンが5巻にわたって述べたことを1巻に要約したものだという（Ⅱマカ 2:23）。この「要約」にはローマによる支配（前67年）の影響が見られないことから，遅くとも前1世紀初頭に書かれたのは確実である[89]。

　この文書の2つの物語の中で「父祖の言語」という象徴表現が用いられる。(1)「七人兄弟の殉教」の物語において（7章），次男は「父祖の言葉」を使用し（Ⅱマカ 7:8），兄弟の母は「父祖の言葉」で息子らを励ます（Ⅱマカ 7:21, 27）。たとえば次のようにである。

　　気高い思いに満たされて，彼女はそれぞれの息子を父祖の言葉で（τῇ πατρίῳ φωνῇ）励まし，その女としての思いを男の気概でもって奮い立たせて，彼らに語りかけた[90]。　　　　　　　　　　（Ⅱマカ 7:21）

ヘブライ語旧約聖書には僅かながら「母の家」という表現が見られるので（創 24:28，ルツ 1:8，雅 3:4; 8:2），「母の言葉」という表現があってもおかしくはない。しかし，この箇所で息子たちを奮い立たせる母の言語は「父祖の言葉」であった。ヘブライ語旧約聖書，特に民数記における「父祖の家」がイスラエルに連なる部族集団を指すことを踏まえれば[91]，「父祖の言葉」は「イスラエルの言語」と同義であり，象徴表現としての意味合いが強いと考えられる。

　(2) ユダの軍がイドマヤの将軍ゴルギアスと戦った際，ユダは「父祖の言葉」で賛美を献げた後，不意打ちを敢行した（Ⅱマカ 12:37）。また，セレウ

---

[89] シューラー (2021: 286–288) を参照。

[90] ［原文］ἕκαστον δὲ αὐτῶν παρεκάλει τῇ πατρίῳ φωνῇ γενναίῳ πεπληρωμένη φρονήματι καὶ τὸν θῆλυν λογισμὸν ἄρσενι θυμῷ διεγείρασα λέγουσα πρὸς αὐτούς

[91] 髙橋 (2017: 41–43) を参照。

コス朝の将軍ニカノルを討ち取ったユダの軍は「父祖の言葉」で主を賛美した（Ⅱマカ 15:29）。

> 父祖の言葉で（τῇ πατρίῳ φωνῇ）賛美を献げつつ，鬨の声を上げ，ゴルギアスらに不意打ちの襲撃を仕掛け，敗走させた[92]。　　（Ⅱマカ 12:37）

「父祖の言葉」，あるいは，その象徴表現が指しているであろう「イスラエルの言語」が具体的に何を指すのかは，本文では明らかにされない。ただ，セレウコス朝の将軍らとの戦争において，自分たちを奮い立たせるために使用されるものであるから，セレウコス朝を象徴するような言語ではないはずである。セレウコス朝の公用語，主要語はギリシア語であったが，帝国アラム語も引き続き使用されていた（ただし帝国アラム語は書き言葉である）[93]。

そのことを踏まえると，第2マカバイ記の言う「父祖の言語」はギリシア語ではなく，またアラム語であるとも考えにくい。ユダヤ人が，自分たちを外部の言語的・政治的・民族的共同体から区別し，自分たちを象徴する言語として選択するのは，やはり「トーラーの言語」ではなかっただろうか。「父祖」とはトーラーに描かれる人々のことであり，「父祖」が使用したと信じられた「トーラーの言語」が「父祖の言語」であったと思われる。

2.2.5. 第4マカバイ記

第4マカバイ記の成立年代に定説と呼べるものはないが，概ね1世紀から2世紀の作と考えられる[94]。この文書は，第2マカバイ記における「エレアザルの殉教」（6章），「七人兄弟の殉教」（7章）を再話し，敬虔な人々の血はイスラエルを贖うものであると論じる（17章）。この書の中で「ヘブライ語」と

---

[92] ［原文］αταρξάμενος τῇ πατρίῳ φωνῇ τὴν μεθ' ὕμνων κραυγὴν ἐνσείσας ἀπροσδοκήτως τοῖς περὶ τὸν Γοργίαν, τροπὴν αὐτῶν ἐποιήσατο.
[93] Frye (1984: 164) を参照。
[94] シューラー (2021: 348–349) を参照。言語の特徴は前1世紀以後を示す。

いう呼称が2回用いられている。

> だが彼の母がヘブライ語で（τῇ Ἑβραΐδι φωνῇ）彼を説得した時，
> [……]⁹⁵　　　　　　　　　　　　　　　　　　　（IVマカ 12:7）

> ［彼女は］息子らにヘブライ語で（ἐν τῇ Ἑβραΐδι φωνῇ）言った。
> [……]⁹⁶　　　　　　　　　　　　　　　　　　　（IVマカ 16:15）

第2マカバイ記7章では「父祖の言葉」という呼称が3回用いられていた（IIマカ 7:8, 21, 27）。第4マカバイ記との対応関係は次のようになる。

	第2マカバイ記 （父祖の言葉）	第4マカバイ記 （ヘブライ語）
次男の言葉	7:8	
母から息子らへ	7:21	16:15
母から七男へ	7:27	12:7

つまり第4マカバイ記は，兄弟の母が口にした「父祖の言葉」を「ヘブライ語」と呼び直しており，そのために名詞 Ἑβραΐς（τῇ Ἑβραΐδι φωνῇ「ヘブライ語音で」）を用いている。

　一方で，第4マカバイ記は「父祖の法」（ὁ πάτριος νόμος, cf. 4:23; 5:33; 16:16），「父祖のしきたり」（ὁ πάτριος θεσμός, cf. 8:7）（οἱ πάτριοι ἔθοι, cf. 18:5），「父祖の命令」（οἱ πάτριοι ἐντολές, cf. 9:1）は「父祖」のままにし，「ヘブライ」に変えていない。「父祖の」を「ヘブライの」に置き換えたのは言語についてのみである。

---

⁹⁵　［原文］ὁ δὲ τῆς μητρὸς τῇ Ἑβραΐδι φωνῇ προτρεψαμένης αὐτόν [...]
⁹⁶　［原文］καὶ ἔλεγες τοῖς παισὶν ἐν τῇ Ἑβραΐδι φωνῇ [...]

2.3. 小　結

　ギリシア語で「ヘブライ語」を表しうるものには，形容詞 Ἑβραϊκός（アリステアスの書簡），副詞 Ἑβραϊστί（シラ書），名詞 Ἑβραΐς（第 4 マカバイ記）の 3 語が見られる。ゲエズ語ヨベル書の Ṣəbarāyəṣt は名詞，副詞として使用することができるため，ギリシア語の Ἑβραϊστί, Ἑβραΐς に対応しうる。

　また第 2 マカバイ記では「父祖の言葉で」(τῇ πατρίῳ φωνῇ) という表現が見られ，第 4 マカバイ記はそれを「ヘブライ語で」(τῇ Ἑβραΐδι φωνῇ) に修正した。

　以上のことを次のような表にまとめることができよう。

辞書形	言語表現	文書
Ἑβραϊκός	Ἑβραϊκοῖς γράμμασιν, Ἑβραϊκοῖς φωνῇ	アリステアスの書簡
Ἑβραϊστί	Ἑβραϊστί	シラ書
Ṣəbarāyəṣt	(ba)Ṣəbarāyəṣt	ヨベル書
πάτριος	τῇ πατρίῳ φωνῇ	第 2 マカバイ記
Ἑβραΐς	τῇ Ἑβραΐδι φωνῇ	第 4 マカバイ記

各文書内で一貫した言語表現が選択されていることが分かる。また，第 2・第 4 マカバイ記の τῇ Χ φωνῇ という表現が見られるが，これは次節で検討する使徒言行録の τῇ Ἑβραΐδι διαλέκτῳ の句構造と同じである。

第 2 章　ギリシア語七十人訳以後の文字資料における「ヘブライ語」の証言　　69

3. ギリシア語新約聖書に見られる「ヘブライ語」

3.1.「ヘブライ語」に関する呼称の一覧

　ギリシア語新約聖書に見られる「ヘブライ語」および関連呼称を表3のように整理した。「何語と呼ばれているか」を示すのが言語呼称の列であり、「その言語で何と言ったか、書かれたか」を示すのが言語表現の列である。言語呼称については様々な表現が存在するが、ひとまず辞書形のみを記載した。具体的な表現については個々の事例分析を参照されたい。また、その使用者が文脈上明らかな場合は「言語使用者」の列にその名を加えている。
　またギリシア語新約聖書では、言語表現に対応するギリシア語表現（つまり「翻訳」）が付記される場合があるので、「ギリシア語表現」の列を設けた。実際のところ、言語呼称を伴わずに「翻訳」を伴う言語表現も相当数存在する。しかし、本章の目的は言語呼称を伴い、その「言語活動の場」を明らかにしうるような事例の検討であるため、言語呼称を伴わないものは検討の対象外とする。言語呼称を伴わずに「翻訳」を伴う言語表現を網羅した一覧については付録を参照されたい。

表3　ギリシア語新約聖書に見られる「ヘブライ語」および関連呼称

箇所	言語呼称	言語表現	言語使用者	ギリシア語表現
マタ 26:73	λαλιά	-	ペトロ	-
ヨハ 5:2	Ἑβραϊστί	Βηθζαθά	-	-
ヨハ 19:13	Ἑβραϊστί	Γαββαθά	-	Λιθόστρωτον
ヨハ 19:17	Ἑβραϊστί	Γολγοθᾶ	-	Κρανίου Τόπον

ヨハ 19:20	Ἑβραϊστί	-	-	-
ヨハ 20:16	Ἑβραϊστί	ραββουνι	マグダラのマリア	Διδάσκαλε
使 1:19	διάλεκτος	Ἀκελδαμάχ	-	Χωρίον Αἵματος
使 21:40	Ἑβραϊκός	-	-	-
使 22:2	Ἑβραϊκός	-	-	-
使 26:14	Ἑβραϊκός	-	-	-
黙 9:11	Ἑβραϊστί, Ἑλληνικῇ	Ἀβαδδών	-	Ἀπολλύων
黙 16:16	Ἑβραϊστί	Ἁρμαγεδών	-	-

　ギリシア語新約聖書のうち，「ヘブライ語」の呼称が現れるのは使徒言行録，ヨハネによる福音書，ヨハネの黙示録に限られる。さらに「ヘブライ語で」（Ἑβραϊστί）という副詞は，ヨハネによる福音書とヨハネの黙示録でのみ使用されている。
　「ヘブライ語」の呼称とは別に「なまり」（λαλιά）と「方言」（διάλεκτος）という呼称が現れる。「方言」は「言語」と解釈することも可能であろう。一方で，ギリシア語旧約外典・偽典に見られた「父祖の言語」という象徴表現は，ギリシア語新約聖書に現れない。
　それぞれの箇所を確認していこう。

3.2.「言語活動の場」の分析

3.2.1. マタイによる福音書
　マタイによる福音書に「ヘブライ語」をはじめとする言語の呼称は用いられていない。ただし，ガリラヤとエルサレムとの言語差（方言差）を示唆する物語が置かれている。

> しばらくして、そこにいた人々が近寄って来てペトロに言った。「確か
> に、お前もあの連中の仲間だ。言葉のなまり（ἡ λαλιά σου）で分か
> る」[97]。　　　　　　　　　　　　　　　　　　　　（マタ 26:73）

　ペトロには「なまり」があったという。ただし、ἡ λαλιά「言い方、言葉遣い」
は必ずしもアクセントに限ったものではなく、語彙や文法など多面的な要素
を含むと思われる[98]。どのような「なまり」であったかは記されていないが、
「あの連中の仲間だ」という台詞から、イエスのグループに特有の言葉遣い、
すなわち「身内語」であった可能性も皆無ではない。
　「ガリラヤなまり」であるという解釈は、マルコによる福音書の並行箇所
に基づいている。

> しばらくして、今度は、居合わせた人々がペトロに言った。「確かに、お
> 前はあの連中の仲間だ。ガリラヤの者だから」[99]。　　　（マコ 14:70）

　マルコによる福音書の「ガリラヤの者だから」（γὰρ Γαλιλαῖος εἶ）と、マタイ
による福音書の「言葉のなまりで分かる」（γὰρ ἡ λαλιά σου δῆλόν σε ποιεῖ）と
が対応している。このことから、ペトロの「なまり」は「ガリラヤなまり」
と解釈される。

3.2.2. 使徒言行録
　使徒言行録の成立年代は１世紀末と考えられており、ルカによる福音書と

---

[97] ［原文］μετὰ μικρὸν δὲ προσελθόντες οἱ ἑστῶτες εἶπον τῷ Πέτρῳ, Ἀληθῶς καὶ σὺ ἐξ αὐτῶν εἶ, καὶ γὰρ ἡ λαλιά σου δῆλόν σε ποιεῖ.
[98] ギリシア語七十人訳において、λαλιά は 20 回使われているが（ヨブ 7:6; 29:23; 3:1, 詩 18:4, コヘ 3:18; 7:14, 雅 4:3; 6:7, イザ 11:3, シラ 5:13; 3:11; 19:6; 20:5; 27:14; 32:4; 35:14; 42:11; II マカ 5:5; 8:7; 15:12)、大半がいわゆる外典に集中している。ギリシア語新約聖書では３回のみ使われる（マタ 26:73、ヨハ 4:42; 8:43）。これらの使用例の中で、話し手の出身地を識別する「なまり」の意味で用いられているのはマタ 26:73 のみである。
[99] ［原文］καὶ μετὰ μικρὸν πάλιν οἱ παρεστῶτες ἔλεγον τῷ Πέτρῳ, Ἀληθῶς ἐξ αὐτῶν εἶ, καὶ γὰρ Γαλιλαῖος εἶ.

同一の著者の手によるものである。ところが，ルカによる福音書は「ヘブライ語」をはじめとする言語の呼称が用いられないのに対し，使徒言行録には「ヘブライ語」の呼称が3回，「彼らの言葉」という表現が1回登場する。

その土地は彼らの言葉で（τῇ ἰδίᾳ διαλέκτῳ αὐτῶν）『アケルダマ』，つまり，『血の土地』と呼ばれるようになりました[100]。　　　　　（使 1:19）

［パウロは］ヘブライ語で（τῇ Ἑβραΐδι διαλέκτῳ）話し始めた[101]。
　　　　　　　　　　　　　　　　　　　　　　　　　　（使 21:40）

［人々は］パウロがヘブライ語で（τῇ Ἑβραΐδι διαλέκτῳ）語りかけるのを聞いて[102]　　　　　　　　　　　　　　　　　　　　　　（使 22:2）

私にヘブライ語で（τῇ Ἑβραΐδι διαλέκτῳ）語りかける声を聞きました[103]。
　　　　　　　　　　　　　　　　　　　　　　　　　　（使 26:14）

共観福音書の中でも，ルカによる福音書は現地語の音写を避ける傾向がある。たとえば，マタイによる福音書，マルコによる福音書は「ゴルゴタ」（Γολγοθᾶ）という音写[104]と「されこうべ」（κρανίον）という翻訳とを併記するのに対し（マタ 27:33，マコ 15:22），ルカは翻訳の「されこうべ」（κρανίον）のみを記す（ルカ 23:33）。そのことを踏まえると，同じ著者を持つ使徒言行録において，1回

---

[100] ［原文］[...] ὥστε κληθῆναι τὸ χωρίον ἐκεῖνο τῇ ἰδίᾳ διαλέκτῳ αὐτῶν Ἀκελδαμάχ, τοῦτ' ἔστιν Χωρίον Αἵματος.
[101] ［原文］προσεφώνησεν τῇ Ἑβραΐδι διαλέκτῳ λέγων.
[102] ［原文］ἀκούσαντες δὲ ὅτι τῇ Ἑβραΐδι διαλέκτῳ προσεφώνει αὐτοῖς
[103] ［原文］ἤκουσα φωνὴν λέγουσαν πρός με τῇ Ἑβραΐδι διαλέκτῳ.
[104] ネストレ＆アーラントのギリシア語新約聖書第28版（Nestle, et al. 2012）に従うなら，マタイによる福音書のΓολγοθᾶは不変化名詞であるのに対し，マルコによる福音書はΓολγοθᾶνのように，音写から派生した第1変化名詞ということになる。

のみではあれ「アケルダマ」(Ἀκελδαμάχ) という音写が記されるのは異質な印象を受ける。しかも「彼らの言葉で」(τῇ ἰδίᾳ διαλέκτῳ αὐτῶν) という表現も，ルカによる福音書には無い異質なものである。

とは言え，使徒言行録には「〜の言葉で」という表現が他に3回使われ，すべて「ヘブライ語で」(τῇ Ἑβραΐδι διαλέκτῳ) となっている。こちらは具体的な音写を伴わず，ただ物語内でそのように「語りかけた」という描写の一部である。使徒言行録における「〜の言葉で」の表現は，すべて，διάλεκτος「地方語，方言」を使う形で一貫している。

「アケルダマ」に関する「彼らの言葉で」という表現については，「彼ら」が「エルサレムに住むすべての人」(使 1:19) を指しているため，「エルサレムの言語（方言）」が意図されていたのは明らかだ。そして，もしヘブライ語が意図されていたのなら，他の3箇所と同様に「ヘブライ語で」(τῇ Ἑβραΐδι διαλέκτῳ) と記されていただろうから，おそらくヘブライ語は意図されていない。

3.2.3. ヨハネによる福音書

ヨハネによる福音書の成立年代は1世紀末と考えられているが，おそらくそれ以前の段階の文書が徐々に拡張される形で編纂されたものと思われる。ギリシア語新約聖書に含まれる4福音書（マタイ，マルコ，ルカ，ヨハネ）の中で，「ヘブライ語」という呼称を用いるのはヨハネによる福音書のみである。

  ヘブライ語で（Ἑβραϊστὶ）「ベトザタ」と呼ばれる池[105]　　（ヨハ 5:2）

  ヘブライ語で（Ἑβραϊστὶ）ガバタ，すなわち「敷石」という場所[106]
               （ヨハ 19:13）

---

[105] ［原文］κολυμβήθρα ἡ ἐπιλεγομένη Ἑβραϊστὶ Βηθζαθά
[106] ［原文］τόπον λεγόμενον Λιθόστρωτον, Ἑβραϊστὶ δὲ Γαββαθα

いわゆる「されこうべの場所」、すなわちヘブライ語で（Ἑβραϊστί）ゴルゴタという所[107]　　　　　　　　　　　　　　　　（ヨハ 19:17）

それは，ヘブライ語（Ἑβραϊστί），ラテン語，ギリシア語で書かれていた[108]　　　　　　　　　　　　　　　　　　　　　（ヨハ 19:20）

ヘブライ語で（Ἑβραϊστί），「ラボニ」と言った。「先生」という意味である[109]　　　　　　　　　　　　　　　　　　　　（ヨハ 20:16）

ヨハネによる福音書では，すべてが「ヘブライ語で」（Ἑβραϊστί）という副詞である。かつ，十字架に掛けられた罪状書き（ヨハ 19:20）以外はすべて具体的な音写を伴うものである。

3.2.4. ヨハネの黙示録

ヨハネの黙示録は 1 世紀末に書かれたものと考えられている。ヨハネによる福音書の著者・編者とは別人の手によるものであろうが，にもかかわらず，「ヘブライ語」という呼称の使い方に関しては福音書との共通点が見られる。

その名は，ヘブライ語で（Ἑβραϊστί）アバドンと言い，ギリシア語ではアポリオンと言う[110]。　　　　　　　　　　　　　　（黙 9:11）

ヘブライ語で（Ἑβραϊστί）「ハルマゲドン」と呼ばれる所[111]　（黙 16:16）

---

[107]　［原文］τὸν λεγόμενον Κρανίου Τόπον, ὃ λέγεται Ἑβραϊστὶ Γολγοθα
[108]　［原文］καὶ ἦν γεγραμμένον Ἑβραϊστί, Ῥωμαϊστί, Ἑλληνιστί.
[109]　［原文］λέγει αὐτῷ Ἑβραϊστί, Ραββουνι, ὃ λέγεται Διδάσκαλε.
[110]　［原文］ὄνομα αὐτῷ Ἑβραϊστὶ Ἀβαδδών, καὶ ἐν τῇ Ἑλληνικῇ ὄνομα ἔχει Ἀπολλύων.
[111]　［原文］τὸν τόπον τὸν καλούμενον Ἑβραϊστὶ Ἁρμαγεδών

ヨハネの黙示録でも「ヘブライ語で」('Εβραϊστί) という副詞が具体的な音写を伴って用いられている。「アバドン」('Αβαδδών, 黙 9:11) はヘブライ語旧約聖書において「滅びの国」(אֲבַדּוֹן) として確認しうる（ヨブ 26:6; 28:22; 31:12, 詩 88:12, 箴 15:11）[112]。

「ハルマゲドン」('Αρμαγεδών) はしばしば 'Αρ + μαγεδών と分解される。ギリシア語七十人訳で「メギド」(מְגִדּוֹ) の地名が Μαγεδδω, Μαγεδδων, Μαγεδων のように現れるため，「メギドの山」(הַר מְגִדּוֹ)，「メギドの町」(עָרֵי מְגִדּוֹ) などと解釈しうる。あるいは，ヘブライ語旧約聖書のゼカリヤ書には「メギド平野」(בִּקְעַת מְגִדּוֹן) として，ヌンの付いたヘブライ語形が現れるが，ギリシア語七十人訳はこれを「切り倒された者の野」(πεδίῳ ἐκκοπτομένου) のように，おそらく語根 גדד の関連語と考えている。もしこれに倣うなら，「ハルマゲドン」は「切り倒された者の山，滅ぼされた者の山」とも解釈しうる[113]。

3.3. 小　結

ギリシア語新約聖書において「ヘブライ語」を表すのは副詞 'Εβραϊστί（ヨハネによる福音書，ヨハネの黙示録），名詞 'Εβραΐς（使徒言行録）の 2 語である。ここで，前節（ギリシア語旧約外典・偽典）における形容詞 'Εβραϊκός（アリステアスの書簡），副詞 'Εβραϊστί（シラ書），名詞 'Εβραΐς（第 4 マカバイ記）の分布と合わせてみたい。

辞書形	言語表現	文書
'Εβραϊκός	'Εβραϊκοῖς γράμμασιν, 'Εβραϊκοῖς φωνῇ	アリステアスの書簡
'Εβραϊστί	'Εβραϊστί	シラ書，ヨハネによる福音書，ヨハネの黙示録

---

[112] エステル記では「滅び」(אֲבַדָּן, エス 8:6) (אֲבַדָּן, エス 9:5) という語も使われている。

[113] LaRondelle (1989: 71–72), Day (1994: 315–326), Jauhiainen (2005: 383–387) を参照。加えて，主の日における「イスラエルの山々」の戦い（エゼ 38–39 章）との関連も指摘されるが，こちらの「山々」は複数形。

ṣəbarāyəṣṭ	(ba)ṣəbarāyəṣṭ	ヨベル書
πάτριος	τῇ πατρίῳ φωνῇ	第2マカバイ記
Ἑβραΐς	τῇ Ἑβραΐδι φωνῇ	第4マカバイ記
	τῇ Ἑβραΐδι διαλέκτῳ	使徒言行録

　少数の事例からの一般化は慎むべきであるが，前節および本節で扱った文書に限って言えば，各文書内で一貫した言語表現が選択されている。そして「ヘブライ語」という呼称は，その初期段階において形容詞（Ἑβραϊκός）として現れ，副詞（Ἑβραϊστί）が広まり，さらにその後に名詞（Ἑβραΐς）が使われ出したという順序を見てとることができるように思われる。また，第2・第4マカバイ記の τῇ X φωνῇ という表現は，使徒言行録（次節で検討する）における τῇ Ἑβραΐδι διαλέκτῳ と類似した句構造を持つが，このような表現は比較的後になって生まれたものと推測できる。

4. ヨセフスの著作に見られる「ヘブライ語」

4.1.「ヘブライ語」に関する呼称の一覧

　ユダヤ人ヨセフスは1世紀末に『ユダヤ戦記』（*Bellum judaicum*），『ユダヤ古代誌』（*Antiquitates judaicae*），『アピオン駁論』（*Contra Apionem*）などを著したが，それらのうち，『ユダヤ戦記』と『ユダヤ古代誌』に「ヘブライ語」および関連呼称が散見される。それを
　表4のように整理した。「何語と呼ばれているか」を示すのが言語呼称の列であり，「その言語で何と言ったか，書かれたか」を示すのが言語表現の列である。言語呼称については様々な表現が存在するが，ひとまず辞書形のみを記載した。具体的な表現については個々の事例分析を参照されたい。

第2章 ギリシア語七十人訳以後の文字資料における「ヘブライ語」の証言　77

またギリシア語新約聖書では，言語表現に対応するギリシア語表現（つまり「翻訳」）が付記される場合があるので，「ギリシア語表現」の列を設けた。なお，本章の目的は言語呼称を伴い，その「言語活動の場」を明らかにしうるような事例の検討であるため，言語呼称を伴わない言語表現については（たとえ「翻訳」が付記されていたとしても）検討の対象外とする。言語呼称を伴わずに「翻訳」を伴う言語表現を含めた包括的調査は今後の課題としたい。

表4　ヨセフスの著作に見られる「ヘブライ語」および関連呼称

箇所	言語呼称	言語表現	言語使用者	ギリシア語表現
B.J. Pr. 1 §3	Ἑλλάς, Ἑβραϊκός	-	ヨセフス	-
B.J. 6.2:1 §96	ἑβραΐζων	-	ヨセフス	-
B.J. 6.10:1 §438	πάτριος	-	父祖	-
A.J. Pr. 2 §5	Ἑβραϊκός	-	-	-
A.J. 1.1:1 §33	Ἑβραῖοι	σάββατα	ヘブライ人	ἀνάπαυσιν
A.J. 1.1:2 §33, 36	Ἑβραῖοι	Ἄδαμος, ἔσσα, Εὕα	ヘブライ人	πυρρόν, γυνή, πάντων μητέρα
A.J. 1.20:2 §333	Ἑβραῖοι	Ἰσραήλ	-	ἀντιστάτην ἀγγέλῳ θεοῦ
A.J. 3.10:6 §252	Ἑβραῖοι	ἀσαρθά	ヘブライ人	πεντηκοστή
A.J. 3.12:3 §282	Ἑβραῖοι	ἰώβηλος	ヘブライ人	πεντηκοστός
A.J. 10.1.2 §8	ἑβραϊστὶ, συριστὶ	-	ヘブライ人, シリア人	-
A.J. 12.2:1, 4 §15, 36	Σύριος, Ἑβραϊκός	-	シリア人, ユダヤ人	-

『ユダヤ戦記』よりも『ユダヤ古代誌』に「ヘブライ語」の呼称が多いのは，後者がトーラーの再話を含むものであることが主原因であろう。しかもその

際，ヨセフスは比較的一貫して「ヘブライ人の」('Εβραῖοι) という形容詞を用いる。ただし，「ヘブライ語」の呼称となる語句の構造は多様であることは後述する。

それぞれの箇所を確認していこう。

4.2.「言語活動の場」の分析

4.2.1.『ユダヤ戦記』

「父祖の言葉」

『ユダヤ戦記』は初めに6巻が書かれ，後に1巻が加えられて全7巻となった。ヨセフス自身の証言によれば，もとは「父祖の言葉」で書いたものをギリシア語に訳したという。

> 私はローマ帝国のために，ギリシャ語（Ἑλλάδι γλώσσῃ）に訳すことを己に課した。それは以前，私が父祖の言葉（τῇ πατρίῳ [γλώσσῃ]）で編み，内陸の異邦人に送ったものである[114]。　　　　　　（B.J. Pr. 1 §3）

「父祖の言葉」（τῇ πατρίῳ [γλώσσῃ]）は第2マカバイ記の τῇ πατρίῳ φωνῇ とほぼ同じ言語表現である。ヨセフスと同時代に編まれたと推定される第4マカバイ記は，これを「ヘブライ語」（τῇ Ἑβραΐδι φωνῇ）に置き換える。第2・第4マカバイ記に見られる用語法をヨセフスが知っていたなら，「父祖の言葉」とはヘブライ語のことであり，かつ，そのヘブライ語とは「トーラーの言語」に連なるものになる。それはまた，書き言葉としてのヘブライ語を意味する。

「父祖の言葉」はまた，父祖の時代の出来事を思い出す時に用いられる。

---

[114] ［原文］προυθέμην ἐγὼ τοῖς κατὰ τὴν Ῥωμαίων ἡγεμονίαν Ἑλλάδι γλώσσῃ μεταβαλὼν ἃ τοῖς ἄνω βαρβάροις τῇ πατρίῳ συντάξας ἀνέπεμψα πρότερον ἀφηγήσασθαι.

最初に［エルサレムを］建設したのはカナン人の支配者であり，父祖の言葉で（τῇ πατρίῳ γλώσσῃ）正義の王（= מַלְכִּי־צֶדֶק）と呼ばれた。彼はまさしくそうであったからである。これにより，彼は神の祭司として最初の者となり，最初の聖所を建て，以前はサレムと呼ばれたその町をエルサレムと呼んだ[115]。　　　　　　　　　　（B.J. 6.10:1 §438）

これは，ローマ軍によってエルサレムが荒廃した様子を描いた文脈において語られる。エルサレムはその歴史の中で何度も荒廃したが，最初にこの町を建設したのは「カナン人の支配者」であり，ユダヤ人ではなかった。にもかかわらず，その者は「父祖の言葉」で「正義の王＝メルキゼデク」と呼ばれたのである（創 14:18）。この「父祖の言葉」とは明確に「トーラーの言語」，聖書ヘブライ語を指している。

文脈は次のように続く。「父祖の言葉」が正しさを証明したにもかかわらず，「ユダヤ人の」（Ἰουδαίων）王ダビデは「カナンの人々を」（τῶν Χαναναίων λαὸν）追放し，自分の民を移住させた。477 年と 6 か月後，エルサレムは「バビロニア人によって」（ἐξ ὑπὸ Βαβυλωνίων）破壊される（B.J. 6.10:1 §439–442）。そしてダビデから 1179 年後，エルサレムの最初の建設からは 2177 年後に，神が遣わした（cf. B.J. 6.2:1 §100）ローマ人によってエルサレムは破壊され，エルサレムの「解放」が成就したのである。

ヨセフスは自分が「ヘブライ人である」（B.J. Pr. 1 §3）ことの根拠を，エルサレムへの忠誠にではなく，「父祖の言葉」に連なる者であるという自負に置いていたように思われる。そうであるなら，「父祖の言葉」とは「トーラーの言語」以外には考えられない。したがって，ヨセフスの「父祖の言葉」と，第 2・第 4 マカバイ記に見られる「父祖の言葉」とを区別する理由はない。

---

[115] ［原文］ὁ δὲ πρῶτος κτίσας ἦν Χαναναίων δυνάστης ὁ τῇ πατρίῳ γλώσσῃ κληθεὶς βασιλεὺς δίκαιος· ἦν γὰρ δὴ τοιοῦτος. διὰ τοῦτο ἱεράσατό τε τῷ θεῷ πρῶτος καὶ τὸ ἱερὸν πρῶτος δειμάμενος Ἱεροσόλυμα τὴν πόλιν προσηγόρευσεν Σόλυμα καλουμένην πρότερον.

「ヘブライ語」

　一方では、ヨセフスがユダヤ人に向かってカエサルの言葉を伝える場面において、彼は「父祖の言葉」にではなく「ヘブライ語にして」宣言する[116]。「ヘブライ語にして」(ἑβραΐζων) は動詞「ヘブライ語にする」(ἑβραΐζω) の分詞に由来する副詞である。

> ヨセフスは、ヨハネだけでなく多数が聞こえる場所に立ち、カエサルが彼に与えた責任をヘブライ語にして（ἑβραΐζων）宣言した[117]。
>
> (B.J. 6.2:1 §96)

　ヨセフスがユダヤ人に対し「父祖の言葉」を使用しなかった理由は明らかにされない[118]。

4.2.2.『ユダヤ古代誌』

　『ユダヤ古代誌』は全20巻で構成され、第11巻までがおよそヘブライ語旧約聖書の再話に対応する。実際、ヨセフスは著述にあたり「ヘブライの文字資料」を用いたと語る。ここで用いられているのは形容詞の Ἑβραϊκῶν である。

---

[116] Grintz (1960: 44) はこの「ヘブライ語」が民衆に向けられたものであることから、文学サークル (the literary circles) や教養層 (the learned) の言語ではなく、エルサレムの日常語 (the vernacular) であったと主張する。そして「父祖の言葉」についても同じ「ヘブライ語」であると述べる。だが「父祖の言葉」が「トーラーの言語」を指すならば、それは本質的に書き言葉なのであり、日常語としての話し言葉とは区別されなければならない。

[117] ［原文］καὶ ὁ Ἰώσηπος, ὡς ἂν εἴη μὴ τῷ Ἰωάννῃ μόνον ἀλλὰ καὶ τοῖς πολλοῖς ἐν ἐπηκόῳ, τά τε τοῦ Καίσαρος διήγγελλεν ἑβραΐζων,

[118] 前節を含めたった3例から結論を引き出すことは不可能であるが、可能性を挙げるだけならば、次のような憶測はできよう。(1)「父祖の言葉」は書き言葉であり、「ヘブライ語にする」は話し言葉である。(2) ヨセフスは自身を「父祖の言葉＝トーラーの言語」に連なる者と考えており、ユダヤ人の「ヘブライ語」にではなかった。(3)「父祖の言葉」はヘブライ語であるが、ヨセフスがここで言う「ヘブライ語」はアラム語を指していた。あるいは (4) 事例の少なさによる偶然の偏りに過ぎない。

ヘブライの文字資料（Ἑβραϊκῶν γραμμάτων）から翻訳された古代の歴史全体と国家秩序を収録しようとしているからである[119]。（A.J. Pr. 2 §5）

天地創造

神は6日で天地の創造を終え，7日目に休息した（創 2:2–3）。ヨセフスの記述によれば，この日を「ヘブライ人の方言で」σάββατα と言う。

> [……]安息日（σάββατα = שַׁבָּת）これはヘブライ人の方言で（τὴν Ἑβραίων διάλεκτον）安息を意味する[120]。　　　　　　　　（A.J. 1.1:1 §33）

ここでヨセフスの挙げた音形 σάββατα については3つの可能性がある。

(1) ヘブライ語の שַׁבָּת をアラム語共同体が借用し[121]，アラム語の限定接尾辞 -a を付加した שַׁבְּתָא を反映したもの。

(2) ヘブライ語の שַׁבָּת を，ギリシア語表現の中で使用するにあたり，ギリシア語の第1変化接尾辞 -α を付加したもの。後述するように，ヨセフスはヘブライ語の固有名詞をギリシア語表現の中で使用する際，一貫してギリシア語の接尾辞を付加し，格を明示する傾向がある。

(3) 語末子音，または語末の子音連続を避けるための語末母音添加（-C# → -Ca#，-CC# → -CCa#）。

以上の3つの可能性は択一的なものではない。仮に，アラム語の限定接尾辞 -a に由来するものであったとしても，それをギリシア語表現の中に取り込む際，ギリシア語の第1変化接尾辞 -α として再分析するということも考えられ

---

[119] ［原文］μέλλει γὰρ περιέξειν ἅπασαν τὴν παρ᾽ ἡμῖν ἀρχαιολογίαν καὶ διάταξιν τοῦ πολιτεύματος ἐκ τῶν Ἑβραϊκῶν μεθηρμηνευμένην γραμμάτων.
[120] ［原文］[…] σάββατα, δηλοῖ δὲ ἀνάπαυσιν κατὰ τὴν Ἑβραίων διάλεκτον τοὔνομα.
[121] アラム語の「安息」は一般に נח であるため，ヘブライ語からの借用を考える必要がある。Grinz (1960: 42–43) を参照。

る。また逆に，ギリシア語の第 1 変化接尾辞 -α を，アラム語の限定接尾辞 -a として再分析する可能性も否定できない。ギリシア語共同体とアラム語共同体が重なり合い，どちらも優勢であるような「言語活動の場」においては，両者に由来するものが同じ機能を担うものとして互いに借用・共有されることも自然であったはずである。

人の創造

ヨセフスによれば，最初の者「アダム」の呼称は「ヘブライ人の言葉」で「赤い」(אָדֹם / אָדָם) に由来するという。これは創世記が記す由来「大地」(אֲדָמָה) とは異なる。また，女のことを「ヘブライ人の方言で」εσσα と言う。

> この男はアダム (Ἄδαμος) と呼ばれた。それはヘブライ人の言葉で (κατὰ γλῶτταν τὴν Ἑβραίων) 赤 (=אָדֹם / אָדָם) を意味する。[……] アダムは彼女が連れて来られた時，彼女が彼自身から造られたのを認めた。ヘブライ人の方言で (καθ' Ἑβραίων διάλεκτον) 女は εσσα (=אִשָּׁה) と呼ばれるが，この女自身の名は Εὔα (=חַוָּה) であった。それはすべての母を意味する[122]。　　　　　　　　　　　　　　　　　　　　(A.J. 1.1:2 §33, 36)

固有名詞の「アダム」にギリシア語の第 2 変化接尾辞 -ος が付加されていることに注意されたい。前述のように，ヨセフスはヘブライ語の固有名詞をギリシア語表現の中で使用する際，格を明示するために一貫してギリシア語の接尾辞を付加する傾向がある。

なお，エバ (Εὔα) の読みはヘブライ語発音の音写ではなく，おそらくヘブライ文字 חוה をギリシア文字 EYA へと一対一に翻字したものと思われる。

---

[122] [原文] ὁ δ' ἄνθρωπος οὗτος Ἄδαμος ἐκλήθη· σημαίνει δὲ τοῦτο κατὰ γλῶτταν τὴν Ἑβραίων πυρρόν. [...] καὶ ὁ Ἄδαμος προσαχθεῖσαν αὐτὴν ἐγνώρισεν ἐξ αὐτοῦ γενομένην. ἔσσα δὲ καθ' Ἑβραίων διάλεκτον καλεῖται γυνή, τὸ δ' ἐκείνης ὄνομα τῆς γυναικὸς Εὔα ἦν· σημαίνει δὲ τοῦτο πάντων μητέρα.

ヤコブ物語

ヤコブ物語（創 32:29）の再話であるが，「イスラエル」の呼称の由来 כִּי־שָׂרִיתָ עִם־אֱלֹהִים「神と闘ったからだ」を，ヨセフスは「ヘブライ人の言葉」で「神の天使の敵対者」を意味すると記す[123]。

> 彼［神］は彼［ヤコブ］にイスラエルと（Ἰσραῆλον）名乗るよう命じた。これはヘブライ人の言葉で（τὴν Ἑβραίων γλῶτταν）神の天使の敵対者を意味する[124]。　　　　　　　　　　　　　　(A.J. 1.20:2 §333)

祭日の規定

ヘブライ人は五旬節（特に「終わりの集会」）を ἀσαρθὰ と呼ぶという。

> ［……］五旬祭，これをヘブライ人は（Ἑβραῖοι）ἀσαρθὰ（= עֲצָרָה / עֲצֶרֶת）と呼ぶ[125]。　　　　　　　　　　　　　　(A.J. 3.10:6 §252)

ここには「安息日」の呼称と同じ問題がある。すなわち，ἀσαρθὰ の音形は עֲצֶרֶת (*ʕaṣart) に接尾辞 -a が付加されたものである。この接尾辞がアラム語の限定接尾辞であるのか，ギリシア語の第1変化接尾辞であるのか，その他の語末母音添加であるのか，明確に区別するのは困難である。同様の問題は「過越祭」（πάσχα = פֶּסַח，A.J. 3.10:5 §249 etc.）にもある。

いずれにしても，ヨセフスはこれを「ヘブライ人」の発音であると記す。注目したいのは，עֲצֶרֶת と פֶּסַח はどちらもセゴル型の名詞であるが，ヨセフスの音形は語末の -a によって，セゴル挿入（*CVCC# → CVᵉCɛC#）を反映しない本来の語幹を保持しているという点である。聖書ヘブライ語の朗誦伝統

---

[123] 「神の使い」についてはホセア書（ホセ 2:5）を参照。
[124] ［原文］ἐκέλευσέ τε καλεῖν αὐτὸν Ἰσραῆλον, σημαίνει δὲ τοῦτο κατὰ τὴν Ἑβραίων γλῶτταν τὸν ἀντιστάτην ἀγγέλῳ θεοῦ.
[125] ［原文］[...] τῇ πεντηκοστῇ, ἣν Ἑβραῖοι ἀσαρθὰ καλοῦσι.

において，セゴル挿入は3世紀になってもあまり浸透していなかった[126]。

また，ヨセフスは「ヘブライ人から」ヨベルと呼ばれる祭がある（レビ記25, 27章）とも記している。

> これらは50年ごとであり，50年目はヘブライ人から（ὑπὸ Ἑβραίων）ヨベル（ἰώβηλος）の祭と呼ばれている[127]。　　　　　　（A.J. 3.12:3 §282）

士師時代

士師記に登場する「アドニ・ベゼク」（士 1:4–7）の呼称の由来について，ヨセフスは「ヘブライ人の方言で」の意味を説明する。

> ゼベク人の王，アドニゼベク［……］この名はゼベク人の主人を意味する。ἀδωνὶ（= אֲדֹנִי）はヘブライ人の方言で（τῇ Ἑβραίων διαλέκτῳ）主人のことである[128]。　　　　　　　　　　　　　　　　　　　（A.J. 5.2:2 §121）

王国時代

ヒゼキヤ王の治世，アッシリア軍によってエルサレムが包囲される事件が起きた。アッシリアの高官ラプシャケ（ラブ・シャケ）と，ユダ王国の宮廷長エリアケム（エルヤキム）の対話は，ヨセフスによって比較的忠実に再話されている（王下 18:26, 28 // イザ 36:11, 13）。

> だがラプシャケがこれらをヘブライ語で（ἑβραϊστὶ）言った時，彼は流暢

---

[126] 3世紀前半のオリゲネスによる『ヘクサプラ』第2欄には，ギリシア文字によるヘブライ語旧約聖書の音訳が記載されている。それによると，たとえば「王」（מֶלֶךְ）がなお μαλχ であるなど，セゴル挿入が完全には浸透していなかった様子が見て取れる。

[127] ［原文］ ταῦτα πεντήκοντα μέν ἐστιν ἔτη τὰ πάντα, καλεῖται δὲ ὑπὸ Ἑβραίων ὁ πεντηκοστὸς ἐνιαυτὸς ἰώβηλος.

[128] ［原文］[...] τῷ βασιλεῖ τῶν Ζεβεκηνῶν Ἀδωνιζεβέκῳ [...] τὸ δὲ ὄνομα τοῦτο σημαίνει Ζεβεκηνῶν κύριος· ἀδωνὶ γὰρ τῇ Ἑβραίων διαλέκτῳ κύριος γίνεται.

第2章　ギリシア語七十人訳以後の文字資料における「ヘブライ語」の証言　　　85

な言葉を持っていたので，エリアケムは民衆に聞こえてしまわないかと恐れ，彼にシリア語で（συριστὶ）話すよう願った[129]。

(A.J. 10.1.2 §8)

ここでは副詞の ἑβραϊστὶ, συριστὶ が用いられている。なお，ヘブライ語旧約聖書ではエリアケムが「アラム語」で話すよう願ったのに対し，ヨセフスは「シリア語」と記しているが，この問題については別章で検討したい。

アリステアスの書簡

ヨセフスは，アリステアスの書簡によるギリシア語七十人訳の成立譚を再話する中で，登場人物の口を借りながら，「シリア人の文字」と「ヘブライの文字」の類似性について言及する。ここでは「ヘブライの」は形容詞 Ἑβραϊκοῖς が使われている。

［ユダヤ人の書物に］書かれた文字（ὁ χαρακτὴρ αὐτῶν）はシリア人の文字資料（τῶν Συρίων γραμμάτων）と類似しており，発音した際の音（τὴν φωνὴν）も同じようであるが，彼ら［ユダヤ人］に特有のものである。［……］それらはヘブライ語の文字と（χαρακτῆρσιν Ἑβραϊκοῖς），かの民族の発音で（φωνῇ τῇ ἐθνικῇ）書かれたもので，私たちには不明である[130]。

(A.J. 12.2:1, 4 §15, 36)

もしヨセフスの言うシリア文字を「アラム文字」と解釈した場合，アラム体とは異なるヘブライ文字とはフェニキア体ということになる。だが，アリステアスの書簡の成立年代と推定される前3–2世紀はヘブライ文字がアラム体への移行を完了した時期であり，また，ヨセフス自身にフェニキア体への興

---

[129] ［原文］ ταῦτα δὲ τὸν Ῥαψάκην ἑβραϊστὶ λέγοντα, τῆς γὰρ γλώττης εἶχεν ἐμπείρως, ὁ Ἐλιάκειμος φοβούμενος, μὴ τὸ πλῆθος ἐπακοῦσαν εἰς ταραχὴν ἐμπέσῃ, συριστὶ φράζειν ἠξίου.

[130] ［原文］ δοκεῖ μὲν γὰρ εἶναι τῇ ἰδιότητι τῶν Συρίων γραμμάτων ἐμφερὴς ὁ χαρακτὴρ αὐτῶν καὶ τὴν φωνὴν ὁμοίαν αὐτοῖς ἀπηχεῖν, ἰδιότροπον δὲ αὐτὴν εἶναι συμβέβηκεν. [...] χαρακτῆρσιν γὰρ Ἑβραϊκοῖς γεγραμμένα καὶ φωνῇ τῇ ἐθνικῇ ἐστιν ἡμῖν ἀσαφῆ.

味があったとも考えにくい。おそらく文字通り、ヘブライ文字（アラム体）とシリア文字とが対比されていると読み取るべきであるが、もしそうであるなら、ヨセフスの記述はシリア文字に言及する最古の証言の一つとなりうる。

4.3. 小　結

『ユダヤ戦記』には「父祖の言葉」という象徴表現が2例と、動詞「ヘブライ語にする」(ἑβραΐζω) の分詞に由来する副詞が1例、出現する。「父祖の言語」は第2・第4マカバイ記と同様に「トーラーの言語」を指していたと読み取ることができる。

『ユダヤ古代誌』に「父祖の言葉」は出現しない。「ヘブライ人の」という民族の呼称によって言語を指す例が大半を占める。形容詞 Ἑβραϊκός、副詞 ἑβραϊστὶ の使用例は少なく、名詞 Ἑβραΐς の例は見られない[131]。そして比較的一貫した「ヘブライ語で」の言語表現を選択していた旧約外典・偽典、ギリシア語新約聖書の各文書とは正反対に、語句構造に統一性が見られず、すべての例が1回ずつ出現するという雑然さを示す。

辞書形	言語表現	出現回数
Ἑβραῖοι	Ἑβραῖοι [...] καλοῦσι, ὑπὸ Ἑβραίων, τῇ Ἑβραίων διαλέκτῳ, τὴν Ἑβραίων γλῶτταν, κατὰ γλῶτταν τὴν Ἑβραίων, καθ' Ἑβραίων διάλεκτον, κατὰ τὴν Ἑβραίων διάλεκτον	7
Ἑβραϊκός	Ἑβραϊκοῖς, Ἑβραϊκῶν γραμμάτων	2
ἑβραϊστὶ	ἑβραϊστὶ	1

使徒言行録や第4マカバイ記に見られた τῇ Ἑβραΐδι διαλέκτῳ / φωνῇ のような

---

[131] ギリシア語に関しては名詞 Ἑλλάς（Ἑλλάδι γλώσσῃ）を使用している（*B.J.* Pr. 1 §3）。

語句構造も用いられていない。ただし τῇ Ἑβραίων διαλέκτῳ のように、Ἑβραῖοι を利用したものなら存在する。

本節では「ヘブライ語」の呼称に関する表現のみを収集したが、収集対象をすべての言語の呼称に広げた場合も同じであるかは今後の課題としたい。

5. クムラン文書とミシュナ

5.1. 「ヘブライ語」に関する呼称の一覧

前2世紀以後のギリシア語の文書において「ヘブライ語」の呼称、および関連表現の発達を確認しうるのに対し、ヘブライ語やアラム語の文書においてはなお、「ヘブライ語」の呼称あるいは関連呼称をほとんど見付けることができない。クムラン文書を始めとするユダ砂漠出土文書に、ミシュナを加えても、ある程度現実の言語を指す呼称として認められるものは表5のものに限られている。

表に関してであるが、「何語と呼ばれているか」を示すのが言語呼称の列であり、「その言語で何と言ったか、書かれたか」を示すのが言語表現の列である。言語呼称については様々な表現が存在するが、ひとまず辞書形のみを記載した。具体的な表現については個々の事例分析を参照されたい。また、その使用者が文脈上明らかな場合は「言語使用者」の列にその名を加えている。

表5 クムラン文書とミシュナに見られる「ヘブライ語」および関連呼称

箇所	言語呼称	言語表現	言語使用者
4Q464 *frag.* 3 *col.* 1	לשון הקודש	-	もろもろの民
m. Soṭah 7:1–2	לשון הקודש	-	トーラー朗読者

| m. Yad. 4:5 | תרגום, עברית, עברי, אשורית | - | （ダニエル書，エズラ記） |

「聖なる言語」（לשון הקודש）という象徴表現はラビ文書の中によく見られるが，この時代にはわずかな例しか見当たらない。またミシュナにおいて，「ヘブライ語」を指すעברית の使用が初めて確認される。

それぞれの箇所を確認していこう。

5.2.「言語活動の場」の分析

5.2.1. クムラン文書（4Q464）

1947年以後，ユダ砂漠で発見された膨大な文書は，大部分が前3世紀から1世紀中に位置付けられる。それらの中にも，明確に言語を指す「ヘブライ語」という表現（עברית, לשון עברי etc.）を見出すことはできない。

ただし，クムラン文書には「聖なる言語」（לשון הקודש）の使用が1例のみ見られる[132]。

［……］僕［……］一つに［……］混乱し［……］アブラハムに［……］永遠に。それは彼が［……］聖なる言語（לשון הקודש）を読んだ［……私は授ける］もろもろの民に清い唇を（＝ゼカ3:9）[133]。

(4Q464 *frag. 3 col. 1*)

破損があるものの，末尾はゼカリヤ書の「私はもろもろの民に清い唇を授ける」（ゼカ3:9）の引用であることが見て取れる。もろもろの民は「皆，主の名を呼び，一つになって主に仕えるようになる」（ゼカ3:10）ので，「聖なる

---

[132] Martíne and Tigchelaar (1998: 942–943) を参照。
[133] ［原文］קרא[..ה הואה כיא עולם עד]...[ר}ה{לאברהם]...[נבלת]...[ש באחד]...[עבד]...[ים]...
...[אהפך] אל עמים שפה ברורה לשון הקודש

言語」とは主の日が到来する時に与えられる「清い唇」ないし「清い言語」と同義であり，「主に仕える」ための言語である，と読み取ることができる。

前半は破損が激しいものの，「混乱」「アブラハム」「永遠に」を強引に繋ぎ合わせれば，バベル事件の後，アブラハムに「聖なる言語」が与えられたことを記していた可能性があろう。もしこの推測が正しければ，ヨベル書12章において，アブラハムに「創造の言語」としてのヘブライ語が与えられたという内容と軌を一にしていたことになる。

だが，ヘブライ語共同体の人々が，自分たちの言語をそのまま「聖なる言語」と見なしていたのではないだろう。「聖なる言語」とは「清められた舌（言語）」（לשון הטוהר，4Q400 *frag.* 3 *col.* 1:2)，「祝福の舌（言語）」（לשון ברך，11Q17 *col.* 4:10）と同義であり，これらと対比されるのは「冒瀆の舌（言語）」（לשון גדופים，1QS 4:11，4Q501 *frag.* 1:6），「偽りの舌（言語）」（לשון שקרמה，4Q501 *frag.* 1:4）である。この לשון「舌，言語」に関して，2つの解釈がありうるだろう。

(1)「聖なる言語」は「清められた舌」から出るヘブライ語であり，「冒瀆の舌」から出るヘブライ語は「聖なる言語」ではない。

(2)「聖なる言語」と「冒瀆の言語」は何らかの現実の言語差・位相差を反映している。たとえば，Ch. ラビンはクムラン宗団のセクト的性格から，「聖なる言語」としての聖書ヘブライ語を汚さないよう，当時の話し言葉ヘブライ語（ミシュナのヘブライ語に近い）を避けていたと主張する。結果として，彼らは（過度な）アーカイズムによって，可能な限り自分たちのヘブライ語を聖書ヘブライ語に近づけようとするか，あるいは，ヘブライ語とは完全に区別されるアラム語を使用したと考えられる[134]。

---

[134] Rabin (1957: 68–69; 1965: 160–161; 1988: 1015, 1019) を参照。かつラビンは，ファリサイ派はクムラン宗団のようなセクト主義から自分たちを区別するために聖書ヘブライ語の使用を放棄し，

以上の 2 つの解釈は必ずしも排他的ではない。(1) は象徴表現を象徴世界の中にどう位置付けるのかであり，(2) は象徴表現を現実世界にどう投影させるかである。ラビンの主張は象徴表現と現実世界とをどう結び付けるかの話であり，個人の言語活動に委ねられる領域である。クムラン宗団に属していた個々人による象徴表現の解釈の総体を，現代において把握するのは困難を極める。

5.2.2. ミシュナ

「聖なる言語」

1 例であるがクムラン文書で確認された「聖なる言語」という呼称は，200 年頃に編纂されたミシュナでは 3 例を確認しうる（m. Soṭah 7:2; 9:1, m. Yebam. 12:6）。たとえば次のような文脈に出現する。

> 以下はあらゆる言語で（בכל לשון）言われる。姦淫容疑の妻のパラシャ（民 5:19–22），十分の一の宣誓（申 26:13–15），十八祈禱，食後の感謝，証言の宣誓，保証の宣誓。以下は聖なる言語で（בלשון הקודש）言われる。初物の朗読（申 26:5–10），ハリツァの朗読（申 25:7, 9），祝福と呪いの朗読（申 27:15–26），祭司らの祝福の朗読（民 6:24–26），大祭司の祝福の朗読，王のパラシャの朗読（申 17:14–20），働いたことのない雌牛の首を折るパラシャの朗読（申 21:7），戦の油注ぎで兵に語る時の朗読（申 20:2–7）[135]。　　　　　　　　　　　　　　　　　　（m. Soṭah 7:1–2）

トーラーに書かれている祈禱文，宣誓文等を口にする際，どのような言語で

ミシュナのヘブライ語で教えを説くようになったとも主張する。ラビンの主張に反対するものは Poirier (2007: 71–72)。

[135] ［原文］לו נאמרין בכל לשון, פרשת סוטה, וידוי מעשר, וקרית שמע, ותפילה, וברכת המזון, ושבועת מקרא ביכורים, וחליצה, ברכות וקללות, ברכות העדות, ושבועת הפיקדון. ואלו נאמרין בלשון הקודש כוהנים, וברכת כוהן גדול, ופרשת המלך, ופרשת עגלה ערופה, ומשוח מלחמה בשעה שהוא מדבר אל העם.

も許されるものと、「聖なる言語」でしか許されないものがある。この場合の「聖なる言語」とは明らかに「トーラーの言語」であり、聖書ヘブライ語を指している。だが、この箇所はトーラーの朗読の場、ないし公的な場における定型表現のことを述べており、日常的な話し言葉として聖書ヘブライ語が使用されていたと証言しているのではない。むしろ、「あらゆる言語」で個人的な祈禱や宣誓が許される程度には、ユダヤ人共同体の多言語化が進んでいた様子を表している。そうした多言語状況下において、「聖なる言語」を公的活動の中心に据えることによって「聖なる言語」共同体を維持しようとしたのが、ソタ篇のこの箇所であると思われる。

「ヘブライ語」

ミシュナのヤダイム篇において、次に引用するように、「ヘブライ語」に対応しうる呼称を2例確認しうる。

> エズラ記とダニエル書の中のタルグム語 (תרגום) は手を汚す。タルグム語がヘブライ語 (עברית) で書かれた場合、あるいはヘブライ語がタルグム語で書かれた場合、ヘブライ文字 (כתב עברי) は手を汚さない。アッシリア体 (אשורית) で、皮の上にインクで書かれたものでなければ、永遠に［手を］汚さない[136]。　　　　　　　　　　(m. Yad. 4:5)

この箇所では、エズラ記とダニエル書のアラム語部分を指して תרגום と呼んでいる。かつそれは、聖性を問題にしなければ「ヘブライ語」に代えて書くことができるものである。つまり、この תרגום は言語に対する呼称である（それゆえ「タルグム語」と訳す）。

「ヘブライ語」と「タルグム語」はどちらもヘブライ文字で書かれるものである。かつ、写本の聖性を保証するのなら、ヘブライ文字は「アッシリア

---

[136] ［原文］תרגום שבעזרא ושבדנייאל, מטמא את הידיים. תרגום שכתבו עברית, ועברית שכתבו תרגום אינו מטמא את הידיים. לעולם אינו מטמא, עד שיכתבנו אשורית, על העור ובדיו, וכתב עברי.

体」でなければならない。「アッシリア体」は私たちの考えるアラム体である。「タルグム語」は「ヘブライ文字で書かれた（私たちの考える）アラム語」であり，「タルグム語」で書かれた文書も「タルグム」と呼ばれる。だが「ヘブライ語」で書かれた文書が「ヘブライ」と呼ばれることはない。「タルグム語」は，最初に「タルグム」と呼ばれる文書実体があり，その実体から抽出された言語知識に対して付けられた呼称である。

5.3. 小　結

「聖なる言語」(לשון הקודש)という象徴表現は後のラビ文書の中によく見られるが，クムラン文書とミシュナにおける出現数の少なさ（それぞれ1例，3例）という事実から，ちょうどこの頃（タンナイム時代？）にその象徴表現が使用され始めたのではないかと推測できる。

「ヘブライ語」を指しての עברית の使用例もミシュナで初めて確認された。このことから，「ヘブライ語」という呼称はもともとギリシア語圏の人々から与えられた「外称」として始まったのではないか，と推測することが許されよう。ユダヤ人共同体の中で，ギリシア語共同体に属するユダヤ人はそれを「内称」として受容したが，ヘブライ語共同体，アラム語共同体の人々に受容されるには更なる時間が必要であった。ミシュナの事例は，受容が始まりかけた時期を反映しているように思われる。

6. 結　論

明確に言語を指して「ヘブライ語」と呼ぶ例は，ギリシア語七十人訳以後の文字資料で初めて確認される。アリステアスの書簡では形容詞 Ἑβραϊκός を言語と文字に適用する例が見られる。シラ書では明確に「ヘブライ語」を指す副詞 Ἑβραϊστί を初めて確認でき，ヨハネによる福音書，ヨハネの黙示録で

第2章　ギリシア語七十人訳以後の文字資料における「ヘブライ語」の証言　　　93

はこれが一貫して用いられる。また、第2マカバイ記では「父祖の言葉で」（τῇ πατρίῳ φωνῇ）の例を初めて確認できるが、第4マカバイ記はそれを「ヘブライ語で」（τῇ Ἑβραΐδι φωνῇ）に修正しており、類似した表現が使徒言行録の「ヘブライ語で」（τῇ Ἑβραΐδι διαλέκτῳ）に見られた。これらの出現分布から、「ヘブライ語」という呼称は初期段階において形容詞（Ἑβραϊκός）として現れ、副詞（Ἑβραϊστί）が広まり、その後に名詞（Ἑβραΐς）が使われ出したと考えて良いと思われる。なおゲエズ語のものになるが、ヨベル書には「ヘブライ語」と「創造の言語」が明確に同じものを指す例が見られた。

　一方、ヨセフスは各書ごとに「ヘブライ語」を指す表現が異なっている。『ユダヤ戦記』で用いられていた「父祖の言葉」という象徴表現や、「ヘブライ語に（翻訳）しながら」を意味するἑβραΐζων は、『ユダヤ古代誌』ではまったく使われていない。『ユダヤ古代誌』では「ヘブライ人（の）」（Ἑβραῖοι）を言語や文字に適用する例が半数を占め、形容詞（Ἑβραϊκός）や副詞（Ἑβραϊστί）を用いる表現は少なく、語句構造も統一性が無い。また名詞（Ἑβραΐς）は使われていない。

　ヘブライ語やアラム語の文書において「ヘブライ語」および関連呼称を確認しうるのは、ギリシア語の文書に比べだいぶ遅い。クムラン文書（4Q464）において初めて「聖なる言語」（לשון הקודש）が見られ、ミシュナ（m. Soṭah, m. Yebam.）にも確認できるが、どちらもごく少数である。またミシュナにおいて、明確に言語を指して「ヘブライ語」（עברית）と呼称する例を1例確認できた。これらの出現分布から「ヘブライ語」という呼称はもともとギリシア語圏の人々から与えられた「外称」として始まったのではないか、と考えて良いと思われる。

第 3 章
「アラム語，シリア語，カルデア語」の
呼称をめぐる諸問題

1. はじめに

1.1. 研究目的

　ギリシア語七十人訳は，ヘブライ語旧約聖書の「アラム」(אֲרָם) の大半を「シリア」(Συρία) ないし「シリア人」(Σύρος) と訳出している[137]。また，「アラム人」(אֲרַמִּי) は「シリア人」(Σύρος)[138] のように，また「アラム語」(אֲרָמִית)

---

[137] ヘブライ語旧約聖書に出現する 130 例の אֲרָם のうち，ギリシア語七十人訳では 86 例が Συρία ないし Σύρος と訳出されている。例外的なものは，「メソポタミアから」(Ἐκ Μεσοποταμίας)（民 23:7），「エドムの地で」(ἐν γῇ Εδωμ)（王上 11:25），「アッシリアの」(τῶν Ἀσσυρίων)（エレ 35:11），および訳出されないもの (士 10:6, サム下 8:12–13, 王上 20:1, 王下 13:22, 代上 1:17, イザ 7:4, エゼ 27:16)。なお，人名としてのアラム(創 10:22–23, 代上 2:23; 7:34)，アラン(創 36:28)，ラム（代上 2:9–10），国名としてのアラム（イザ 7:1–2, 5, 8) には Αραμ を当てている。

[138] ヘブライ語旧約聖書に出現する 12 例の אֲרַמִּי は，ギリシア語七十人訳ではすべて Σύρος と訳出されている。なお，代下 22:5 に出現する הָרַמִּים 「ラム人」は הָאֲרַמִּים の音声的スペリングと考えられるため，「アラム人」に含めて良いと思われるが，ギリシア語七十人訳では「ラム人」自体が訳出されていない。

は「シリア語」(Συριστί) のように，それぞれ訳出されている[139]。

　ギリシア語七十人訳が「アラム」の語を知らないわけではない。たとえば創世記の系図に登場するセムの子アラム（創 10:22–23）は，「シリア」に置き換えられることなく，ヘブライ語の音形を反映した Αραμ のように訳出されている。

　なぜギリシア語七十人訳において，このような事態が生じたのであろうか。「ヘブライ語」の呼称をめぐる諸問題を検討する上で，ヘブライ語旧約聖書の一部を構成する「アラム語」の諸問題を避けて通ることはできない。

　さらに，アラム語は「カルデア語」と呼ばれた時期もあった。アラム語は，実際にその言語を使用している共同体の外部から様々な呼称（すなわち「外称」）を与えられ，しかも第 2 部で詳しく検討するように，その「外称」がキリスト教世界における何らかの思惑を反映することも多かった。

　そこで本章はひとまず「アラム語，シリア語，カルデア語」の呼称に関し，ギリシア語七十人訳においてなぜ「アラム語」と「シリア語」の交替が生じたのか，また，なぜこの時は「カルデア語」に交替しなかったのかを明らかにする。

1.2. 研究方法

　本章は「アラム語」と「シリア語」の呼称について現在まで判明している事実を調査し，それがどのようにギリシア語七十人訳に流れ込んだかを検討する。また後述するように，「カルデア語」という呼称はユダヤ人に特有のものであり，後にキリスト教教父にその呼称が受け継がれる。本章はその端緒となった 2 人の人物，フィロンとヒエロニュムスに着目する。

---

[139] ヘブライ語旧約聖書に出現する 4 例の אֲרָמִית（王上 18:26，イザ 36:11，エズ 4:7×2）のうち，エズ 4:7 における אֲרָמִית の繰り返しが，ギリシア語七十人訳では省略されて一つの Συριστί になっている。

2.「アラム語」と「シリア語」

2.1. ギリシア語圏とアッシリア勢力圏

そもそもアラムを「シリア」と呼ぶ習慣は、ギリシア語七十人訳に限定されたものではなかった。

小アジアを始めとするギリシア語圏に暮らす人々と、シリア地方に暮らす人々との濃密な交流が始まったのは前7世紀であったと考えられる。この時期からギリシア語の碑文にΣυρίαの呼称が現れるからである[140]。前7世紀という時期はまた、シリア・カナン地方がアッシリア軍の侵攻を受け、その勢力圏に置かれた時期でもあった。そのためギリシア語圏の人々は、アッシリアの勢力圏に暮らす人々のことを「アッシリア人」または「シリア人」と呼んだものと思われる。

ただし「アッシリア」という呼称と、「シリア」という呼称の関係は明らかではない。両者の音形は類似しているものの、(1) 一方から他方が派生したのか、それとも両者は異なる由来を持つのか、(2) もともと同じものを指していたのか、使い分けがあったのかなどの問題に対しては、今のところ研究者の合意を得た提案は無い[141]。いずれにせよ、ギリシア語圏の人々は「アッシリア」と「シリア」を交替可能な呼称として使用していたようである。

前5世紀のヘロドトスによれば、兵士の装備を同じくするパフラゴニア人 (Παφλαγόνες)、リグリア人 (Λίγυες)、マティエニア人 (Ματιηνοί)、マリアンディニア人 (Μαριανδυνοί)、シリア人 (Σύριοι) の中で、最後に挙げたシリ

---

[140] Helms (1980: 304)、Frye (1992: 282) を参照。
[141] Nöldeke (1871b: 115)、Frye (1992: 281) を参照。

ア人はペルシア人から「カッパドキア人」と呼ばれていたという[142]。したがって，遅くとも前5世紀までには，シリア人はカッパドキアを始めとする小アジアへと進出し，前述の諸民族と肩を並べる程度に大きな共同体を形成していたことが窺える。

2.2. 国際共通語としての「シリア語」

　古期アラム語の文字資料は，極めて限られたものであるが，現在のシリア，レバノン，イラク北部，ヨルダン中部などから発見されている。アラム語共同体はメソポタミア地方の比較的広い範囲に分布，ないしは点在していたと考えられる[143]。

　前7世紀にこれらのアラム語共同体がアッシリアの勢力圏に置かれると，アラム語はその勢力圏における行政語，司法語として使用されるようになる。その結果，アラム語はアッシリアの勢力圏における国際共通語（リンガ・フランカ）を獲得するに至った。

　おそらくこれが理由で，ギリシア語圏の人々は「アッシリア人＝シリア人の使用する言語」のことを「シリア語」と呼ぶようになったと思われる。そしてアッシリア滅亡後も，「シリア語」はバビロニアおよびペルシアの行政語，司法語，国際共通語としての地位を保持し続けた。すると，以前は「アッシリアの勢力圏に暮らす人々」が「シリア人」であったのに対し，「シリア語を使用する人々」が「シリア人」であるという再定義がなされた。言わば「シリア人」という呼称の対象が，政治共同体に属する者から，言語共同体に属する者へと入れ替わったのである。

　前述したヘロドトスによる「カッパドキア人」と呼ばれた人々も，カッパドキアで「シリア語を使用する人々」の意であり，その地では「シリア人」と呼ばれていたものと思われる。

---

[142] "οἱ δὲ Σύριοι οὗτοι ὑπὸ Περσέων Καππαδόκαι καλέονται"（*Hist.* 7.72）

[143] Hetzron (1998: 114–115) を参照．

2.3.「シリア語」をめぐる外称と内称

 もちろん「シリア人」「シリア語」と言っても実態は様々であった。たとえばエデッサに住む「シリア人」はその町を「ウルハイ」(*urhay*) と呼び[144]，自分たちの言語のことを「ウルハイ語」(*urhaya*) と呼んだ[145]。またウルハイ語を含め，類似の言語を総称して「アラマイ語（アラム語）」(*aramaya*)，もしくはメソポタミアを意味する *bet nahrayn* から「ナハライ語」(*naharaya*) と呼んだ[146]。これらはそれぞれの言語共同体による内称である。

 これらの言語共同体において，自分たちの言語を指して「シリア語」という呼称を用いた事例は見当たらない。それゆえ「シリア語」という呼称は，ギリシア語圏の人々による極めて大雑把な外称であったと考えることができよう。ギリシア語圏の人々に「ウルハイ語」「アラム語」「ナハライ語」といった呼称が知られていた形跡は無い[147]。

 こうしたギリシア語圏の状況とは対照的に，ヘブライ語旧約聖書にはダマスカスのアラム，ツォバ（ベト・レホブ＝ナハライム？）のアラム[148]，トブのアラム，マアカのアラムなどが描かれる（サム下 8:3–8; 10:6–8, 代上 18:3–8; 19:6–7, 詩 60:2）。つまりヘブライ語共同体は，ユーフラテス川上流の地方を総称してアラム（אֲרָם）と呼ぶことを知っており，しかも，そこに存在する様々な国々の（おそらく）内称によって彼らを呼んでいた。これらの語彙の中に「アッシリア」(אַשּׁוּר) ないし「アッシリア人」(אַשּׁוּרִי) を加えるこ

---

[144] Harrak (1992) を参照。

[145] Pocock (1806: 345)，Butts (2019: 222) を参照。

[146] Butts (2019: 222) を参照。

[147] Nöldeke (1971a: 460; 1871b: 115)，Frye (1992: 282) を参照。

[148] サムエル記と歴代誌の並行箇所において，前者は「ベト・レホブのアラム，ツォバのアラム，マアカの王，トブの兵士」（サム下 10:6）の順に，後者は「ナハライムのアラム，マアカのアラム，ツォバ」（代上 19:6）の順に出現する。サムエル記の別の箇所には「ツォバの王，レホブの子ハダドエゼル」（サム下 8:3）と記されることから，「ベト・レホブ」（レホブ王家）とツォバとを同一視している。歴代誌はそれを「ナハライムのアラム」に置き換える。

とができよう[149]。

　だが，聖書ヘブライ語やクムランのヘブライ語の語彙に「シリア人」(סורי)は含まれていない[150]。ヘブライ語共同体は「アラム」と「アッシリア」を区別することは知っていたが，「シリア」の呼称を知らなかった。

　ギリシア語圏の人々は「シリア語を使用する人々」のことを「シリア人」と呼び，ヘブライ語旧約聖書が「アラム」と総称した地域を「シリア」と呼んでいた。その言語習慣がギリシア語七十人訳にも反映され，「アラム」が「シリア」と訳出されることになったのである。

2.4.「シリア」と「アッシリア」の呼称の分離

　ギリシア語圏の人々にとって「シリア」と「アッシリア」は同義語であった。ところが，ある時点から，ギリシア語圏の人々はレヴァント（東地中海地方）の「シリア」と，それより東の「メソポタミア」とを区別し始める。その時期を同定することは困難であるが，遅くともローマがシリア属州の境界線を引いた時（前1世紀），すでに一般化していたその区別を利用したものと思われる。

　その結果，シリア属州の境界線の内側（西側）の人々は，シリア属州の住人である「シリア人」であり，「シリア語」を使用する人々と再定義された。

---

[149] ヘブライ語旧約聖書に אשור は151例，אשורי は1例のみ（サム下2:9）出現する。後者は「ギルアド，アシュル人，イズレエル，エフライム，ベニヤミンなど全イスラエル」という文脈で出現するため，これらの民族と並んでカナン地方に住む人々を指している。

[150] ヘロドトスによれば，前7世紀のファラオ・ネコが「シリア人をマグドロスで打ち破り，シリア人の大都市カデュティスを手に入れた」(Σύροισι πεζῇ ὁ Νεκῶς συμβαλὼν ἐν Μαγδώλῳ ἐνίκησε, μετὰ δὲ τὴν μάχην Κάδυτιν πόλιν τῆς Συρίης ἐοῦσαν μεγάλην εἷλε) (Hist. 2.159)。「マグドロス」はエジプトの地名であり，ヘブライ語旧約聖書では מגדל（出14:2, 民33:7, エレ44:1; 46:14, エゼ29:10; 30:6)，アマルナ文書ではURU ma-ag-da-li₂.KI (EA 234:29)として現れる。また「カデュティス」はガザのことである (Koehler and Baumgartner 1994–2000: 2.808)。しかし，ヘロドトスの記述が列王記におけるヨシヤ王の出来事を指すならば（王下23: 29, 代下35:20–24），「マグドロス」は「メギド」(מגדו, Μαγεδδώ) に読み替えられることになる。もしこの読み替えが正しければ，ヘロドトスはイスラエル人ないしユダヤ人を「シリア人」と呼んだことになる。Th. ネルデケによれば，カナン地方に向けられたギリシア語圏の人々の関心は，もっぱら沿岸部の大都市に集中しており，カナン地方の人々を大雑把に「シリア人」と呼ぶこと自体は不思議なことではないという (Nöldeke 1871a: 451–452)。

それに対し，境界線の外側（東側）の「メソポタミア人」は（様々な呼称が用いられたが，総じて）「アッシリア語」を使用する人々である，と考えられた。それまで同一視されていた「シリア」と「アッシリア」との間に使い分けが生じたのである[151]。

また「ウルハイ語」，つまりエデッサに暮らす「シリア人」の言語が書き言葉の文体を確立し，私たちの考える「キリスト者古典シリア語」（Christian Classical Syriac）の形を生んだ。このことから，4世紀頃までには「キリスト者であるシリア人」が使用する言語のことを「シリア語」と呼ぶようにもなった[152]。また逆に，「シリア語」を使用するキリスト者を指して「シリア人」と呼ぶようにもなったのである。すると，もともと外称であった「シリア」という呼称を，シリア語共同体が自分たちを指す内称として受容し，民族を越えた「キリスト者」として連帯するための宗教的アイデンティティとして用い始めるようになった。

2.5. ラビ文書における「シリア」と「アラム」の呼称の使い分け

Th. ネルデケは，シリア地方のキリスト者を指して「キリスト者」と呼ぶ言語慣習が広まったのはユダヤ人の影響が大きいと結論付けている[153]。

前述したように，聖書ヘブライ語やクムラン・ヘブライ語の語彙には「シリア」の呼称が含まれていない。しかし，アモライムの時代までにはギリシア語圏の言語習慣に従い，シリア・メソポタミア地方を総称して「シリア」（סוּרְיָא）と呼ぶようになり (m. Abod. Zar. 1:8, m. Ḥal. 4:11, m. Šeb. 6:2, etc.)，また，キリスト者のことを סוּרְיָאנִי と呼ぶようになった。

またゲオニムの時代には，ユーフラテス川上流の地方に住む人々の総称で

---

[151] Frye (1992: 282–283) を参照。

[152] このことから，19世紀に至るまで「キリスト者古典シリア語」はオリエント西側の代表的言語と考えられていた。しかし，キリスト者古典シリア語とメソポタミアのアラム語との共通特徴を指摘したA. ガイガー，Th. ネルデケ以後，キリスト者古典シリア語は東アラム諸語に属すると考えられるようになった (Geiger 1864; Nöldeke 1867)。

[153] Nöldeke (1871b: 115–116), Eskult and Eskhult (2013: 327 n. 42) を参照。

あった「アラム」(אֲרָם) の代わりに「シリア人」(סוּרְסִי) を用いるようになり (b. Pesaḥ. 61a, b. Soṭah 49b, j. Soṭah 7:2, etc.)、אֲרָמִי/אֲרָמָי「アラム人」を「異教徒」の意味で用いるようになった (m. Sanh. 9:6, b. Ber. 8b, j. Meg. 1.9, etc.)。なお、「異教徒」の呼称として「アラム人」を使用するのはシリア語ペシッタにも見られる[154]。

以上を整理すると、シリア・メソポタミア地方 (סוּרְיָא) に住む「シリア人」(סוּרְסִי) には、「キリスト者のシリア人」(סוּרְיָאנִי) とそれ以外の異教徒 (אֲרָמִי/אֲרָמָי) が存在していた、ということになる。これらはユダヤ人による外称であり、そのように呼ばれた人々の内称ではない。

2.6. 小　結

前7世紀にアッシリアがオリエント地方を手中に収めると、ギリシア語圏の人々はアッシリアの勢力圏に住む人々を総じて「アッシリア人」または「シリア人」と呼称した（ただし「アッシリア」と「シリア」の呼称の関連性については未解決である）。外部から「シリア人」と呼ばれた人々は、自身を指す呼称を持っており、たとえばエデッサの「シリア人」はその町を「ウルハイ」と呼び、町の言語を「ウルハイ語」と呼んでいた。また、「ウルハイ語」に類似した言語を総称して「アラム語」と呼んだ。ギリシア語圏の人々が用いる外称と、内部の人々が用いる内称との間に大きな断絶が存在した。一方、ヘブライ語旧約聖書の証言によれば、ユダヤ人は「アラム語」の地方の人々を総称して「アラム」と呼び、そこに様々な国があることを知っていた。逆にヘブライ語旧約聖書やクムラン文書は「シリア」の呼称を知らない。ギリシア語七十人訳が「アラム」をもっぱら「シリア」に訳し替えているのは、ギリシア語圏の言語慣習によるものである。

ところが、遅くとも前1世紀までには、レヴァントを指す「シリア」の呼称と、メソポタミアを指す「アッシリア」の呼称が分離した。さらに「シリ

---

[154] シリア語ペシッタでは、ユダヤ人ないしキリスト者と対比される「（異教徒としての）ギリシア人」(Ἕλλην) を「アラム人」(ʔarmāye) と訳出している（使16:1; 19:10）。また「異邦人のように」(ἐθνικῶς) も「アラム人のように」(ʔarmāyīṯ) と訳出している（ガラ2:14）。

ア人」という呼称が「キリスト者」を指す内称として受容され始めた。ラビ文書では，かつて「アラム」(אֲרָם)と呼んでいた一帯を「シリア」(סוּרְיָא)と呼ぶようになり，さらにそれを「キリスト者」を指すものとして用い始めた。一方，「アラム人」は「異教徒」を指すものとして用いられるようになった。

3.「アラム語」と「カルデア語」

3.1.「カルデア語」

今日では，アラム語の同義語としての「カルデア語」という呼称を目にする機会は減ったが，たとえば，今日でも参照されるゲゼニウスの辞典『旧約聖書のヘブライ語・カルデア語辞典』(*Gesenius' Hebrew and Chaldee Lexicon to the Old Testament Scriptures*)の書名に名残を留めている（Gesenius 1846）。

「カルデア語」という呼称は，（私たちの考える）聖書アラム語やタルグムのアラム語，その他ユダヤ人の著作に見られるアラム語を指すものとして，ギリシア語圏・ラテン語圏で用いられ続けた。しかし Th. ネルデケによれば，ユダヤ人自身がアラム語の著作に対して「カルデア語」という呼称を用いた例は無い[155]。

第2部 3.1節で検討するが，「カルデア」の地はペルシア語，メディア語，アルメニア語，クルド語などの使用者を抱える多言語地域であった。18世紀末になり，「カルデア語」の呼称は L. シュレーツァーによって否定され，「アラム語またはバビロニア語」へと修正される[156]。同論文でシュレーツァーは「セム語」という呼称をも提唱した。

---

[155] Nöldeke (1971b: 129) を参照。

[156] Schlözer (1781) を参照。今日では「バビロニア語」もアッカド諸語に属する言語への呼称として用いられ，アラム諸語に対しては用いられない。

3.2. フィロンと「カルデア語」

　ネルデケの主張に対し，ユダヤ人フィロン（Philo of Alexandria, d. 50）が「カルデア語」という呼称を用いている，と反論することができよう。そこで，フィロンの著作における「カルデア語」の意味について確認しておきたい。
　まず，フィロンは『モーセの生涯について』で次のように述べている。

> かの諸法は古代にカルデア語で（γλώσσῃ Χαλδαϊκῇ）書かれ，長らくその方言（τὴν διάλεκτον）を変えることがなかった——その美しさが他の人々に向けられるまでは[157]。　　　　　　　　　　　（Mos. 2.26）

この箇所はアリステアスの書簡の再話であるが，フィロンによれば，トーラーは「カルデア語」で書かれ，長らく翻訳されることなく保持されたという。だが，ユダヤ人以外の人々がその「美しさ」，卓越性に気付き始め，統治者らはこれをギリシア語へ翻訳したいと考えるようになった。かくして，フィラデルフォスとも呼ばれたプトレマイオス2世がユダヤの大祭司と王に使者を送り，ユダヤから派遣された翻訳者らは見事なギリシア語訳を成し遂げたという。
　こうして完成したギリシア語七十人訳について，フィロンは次のように述べる。

> もしカルデア人がギリシア語を（τὴν Ἑλληνικὴν γλῶτταν），もしギリシア人がカルデア人の［言語］（τὴν Χαλδαίων）を学び，両方の書物を——カルデア語（τῇ Χαλδαϊκῇ）と翻訳とを——照らし合わせるなら，それらが姉妹のようであることに，あるいは実体（＝意味）と名称（＝語）において一つの同じものであることに驚き，称えるだろう。［単なる］翻訳ではなく，祭司や預言者に相対するのである——それらと連れ添うことが

---

[157] ［原文］τὸ παλαιὸν ἐγράφησαν οἱ νόμοι γλώσσῃ Χαλδαϊκῇ καὶ μέχρι πολλοῦ διέμειναν ἐν ὁμοίῳ τὴν διάλεκτον οὐ μεταβάλλοντες, ἕως μήπω τὸ κάλλος εἰς τοὺς ἄλλους ἀνθρώπους αὐτῶν.

許され,モーセの無垢な精神を尊ぶ人々にとっては[158]。　(*Mos.* 2.40)

このように,フィロンにとっての「カルデア語」とは「トーラーの言語」のことである。フィロンがここでアラム語によるトーラーのタルグムを「モーセの無垢な精神」と称賛するとは考えにくいので[159],聖書ヘブライ語を意図していると読み取るのが妥当であろう。

3.2.1. フィロンにおける「カルデア」の意味

フィロンの著作に見られる「カルデア(の人々)」(Χαλδαῖοι)という呼称を網羅的に調査した Ch.-K. ウォンによれば,その意味は 3 通りに分類されるという(Wong 1992: 1–2)[160]。

(1) 占星術の研究,およびそれを実践する人々の呼称。
(2) メソポタミア南東部の地名,およびそこに住む人々の呼称。
(3) 聖書の原語としてのヘブライ語,あるいはヘブライ人の呼称。

また(3)に関して,フィロンの寓話的聖書注解のジャンルでは一切用いられないことを,ウォンは指摘する。その理由について,フィロンは初期の著作においては「カルデア人」を「ヘブライ人」の意味で用いていたが,何らかの理由で,後にそれを避けるようになったのではないかと推測する。当時

---

[158] [原文] ἐάν τε Χαλδαῖοι τὴν Ἑλληνικὴν γλῶτταν ἐάν τε Ἕλληνες τὴν Χαλδαίων ἀναδιδαχθῶσι καὶ ἀμφοτέραις ταῖς γραφαῖς ἐντύχωσι, τῇ τε Χαλδαϊκῇ καὶ τῇ ἑρμηνευθείσῃ, καθάπερ ἀδελφὰς μᾶλλον δ' ὡς μίαν καὶ τὴν αὐτὴν ἔν τε τοῖς πράγμασι καὶ τοῖς ὀνόμασι τεθήπασι καὶ προσκυνοῦσιν, οὐχ ἑρμηνέας ἐκείνους ἀλλ' ἱεροφάντας καὶ προφήτας προσαγορεύοντες, οἷς ἐξεγένετο συνδραμεῖν λογισμοῖς εἰλικρινέσι τῷ Μωυσέως καθαρωτάτῳ πνεύματι.

[159] もしトーラーに対するアラム語タルグムを想定するなら,2 世紀以後の作であるオンケロスのタルグムではありえない。

[160] なお,J.-G. カーンはフィロンを取り巻く言語状況を "the Ancients' state of confusion" と評し,「私たちが慣れている言語学的基準は,フィロンの時代にも普遍的に受け入れられるわけではなかったと認めざるをえない」と述べる(Khan 1996: 51–52)。

のギリシア語圏・ラテン語圏において，ギリシア語 Χαλδαική，ラテン語 Chaldeans はもっぱら「占星術師，魔術師」の意味で用いられ[161]，特にローマでは反社会的な人々に対する呼称にもなっていた。それゆえ，アレクサンドリアにおける反ユダヤ主義の高まりを懸念したフィロンは，「カルデア人」を「ヘブライ人」の意味で用いることを止めたのだろう，とウォンは主張する[162]。

だがウォンの主張を認めたとしても，なぜフィロンが初期の著作で「カルデア人」と「ヘブライ人」とを同一視したのか，という問題は残る。そこで「カルデア」と「ヘブライ」とが混在する箇所を見てみたい。

モーセは生まれがカルデア人で，［……］[163]　　　　　（*Mos.* 1.5）

［王女はその子が］ヘブライ人に属することを知り，［……］[164]
　　　　　　　　　　　　　　　　　　　　　　　　　　（*Mos.* 1.15）

［……］数学，地理，楽理（τήν τε ῥυθμικὴν καὶ ἁρμονικὴν καὶ μετρικὴν θεωρίαν），音楽，合奏（τὴν σύμπασαν διά τε χρήσεως ὀργάνων），エジプト人の固有の芸術と表現の理論——彼らは教養があり，文字の原理も教えた。ヒエログリフと呼ばれ，動物を象り，神々の栄誉を称えるものである。その他の体系的な教育はギリシア人が教え，近隣諸国からの［人々］はアッシリアの読み書きと，カルデアの（Χαλδαικὴν）天文知識を［教え

---

[161] ヘブライ語旧約聖書において，すでに「魔術師（חַרְטֻמִּים），祈禱師（אַשָּׁפִים），呪術師（מְכַשְּׁפִים），カルデア人（כַּשְׂדִּים）」をグループ化し（ダニ 2:2），かつそれらを「カルデア人」としてまとめる（ダニ 2:4）という例が見られる。

[162] Wong (1992: 10–13) を参照。

[163] ［原文］Μωυσῆς γένος μέν ἐστι Χαλδαῖος, [...]

[164] ［原文］γνοῦσαν δ' ὅτι τῶν Ἑβραίων ἐστὶ [...]

た］¹⁶⁵。(*Mos.* 1.23)

まずモーセは「生まれがカルデア人」とされ (1.5)、次にそのモーセが「ヘブライ人に属する」と述べられており (1.15)、「カルデア人」と「ヘブライ人」が同一視されているように見える。それに対し、モーセの教師が列挙される時に (1.23)、「アッシリアの読み書き」と「カルデアの天文知識」が対になっているため、この「カルデア」は地方名であって「ヘブライ人」を指すものではない。

フィロンにとって、モーセは「カルデア人」であると同時に「ヘブライ人」である。しかし、モーセに天文知識を教えた「カルデア人」は「ヘブライ人」ではない。フィロンにとって、「カルデア人」であることと「ヘブライ人」であることとは矛盾するものではなく、むしろ両方の属性が一人の人物に与えられることも可能であったようである。前述したウォンの意味分類に従うなら、占星術師のように博識でありながら (= (1))、ヘブライ人である (= (3))というあり方も可能であった。モーセはそのような人物であった、とフィロンは語る。

以上より、フィロンにおける「カルデア」の使用は「ヘブライ人、ヘブライ語」を指すことがある一方、アラム地方またはアラム語を指して「カルデア人、カルデア語」と呼ぶ事例は見当たらないと言わざるを得ない。

3.3. ヒエロニュムスと「カルデア語」

フィロンのようにヘブライ語を指してではなく、アラム語を指して「カルデア語」と呼ぶ例は、ヒエロニュムス（Eusebius Sophronius Hieronymus, d. 420）

---

¹⁶⁵ ［原文］[...] ἀριθμοὺς μὲν οὖν καὶ γεωμετρίαν τήν τε ῥυθμικὴν καὶ ἁρμονικὴν καὶ μετρικὴν θεωρίαν καὶ μουσικὴν τὴν σύμπασαν διά τε χρήσεως ὀργάνων καὶ λόγων τῶν ἐν ταῖς τέχναις καὶ διεξόδοις τοπικωτέραις Αἰγυπτίων οἱ λόγιοι ἄροισαν καὶ προσέτι τὴν διὰ συμβόλων φιλοσοφίαν, ἣν ἐν τοῖς λεγομένοις ἱεροῖς γράμμασιν ἐπιδεικνύντι καὶ διὰ τῆς τῶν ζῴων ἀποδοχῆς, ἃ καὶ θεῶν τιμαῖς γεραίρουσι. τὴν δ' ἄλλην ἐγκύκλιον παιδείαν Ἕλληνες ἐδίδασκον, οἱ δ' ἐκ τῶν πλησιοχώρων τά τε Ἀσσύρια γράμματα καὶ τὴν τῶν οὐρανίων Χαλδαϊκὴν ἐπιστήμην.

が初出である蓋然性が大きい。

　ラテン語ウルガタにおけるダニエル書序文において，彼は次のように記している。

> 知っておかなければいけないのは，特にダニエル書とエズラ記は，確かにヘブライ文字で（hebraicis litteris）書かれているが，実はカルデア語で（chaldaico sermone）書かれたということ（＝ダニ 2:4–7:28，エズ 4:8–6:18; 7:12–26），エレミヤ書の一節（＝エレ 10:11）もそうであること，そしてヨブ記もまたアラビア語と（arabica lingua）[166] 非常に多くの結びつきを持っているということである[167]。　　　（訳は加藤（2018: 279）による）

ヒエロニュムスは，（私たちの考える）聖書アラム語の部分を「カルデア語」と呼んでいる。ヘブライ語旧約聖書の中で「カルデア語」と訳しうる語句が現れるのは，イスラエル人の若者が「カルデア人の文字と言語」（סֵפֶר וּלְשׁוֹן כַּשְׂדִּים）[168] の教育を受けた（ダニ 1:5）という箇所のみである。そのカルデア人は，王に対して「アラム語で」（אֲרָמִית）挨拶をするが（ダニ 2:4）[169]，ギリシア語七十人訳では「シリア語で」（Συριστί）とされている。このことから「アラム語＝シリア語＝カルデア語」の同一視が始まったと考えられる

---

[166] ヒエロニュムスの言う「アラビア語」は，古典アラビア語とは異なる初期アラビア諸語のいずれかを指すものと思われる。さらに，この「アラビア語」の中にもアラム語が含まれる可能性がある。A. コーエンによれば，タルムードやミドラシュにおいて「アラビア語」として言及される 14 語の中には，アラム語と思われるものが含まれている。このことは，アラビアに住んでいたユダヤ人が（おそらく地方語の色彩を帯びた）アラム語を（も）使用していた可能性を示す（Cohen 1912: 222–225, Rabin 1976: 1010–1011）。

[167] ［原文］Sciendum quippe Danihelem maxime et Ezram hebraicis quidem litteris, sed chaldaico sermone conscriptos, et unam Hieremiae pericopen, Iob quoque cum arabica lingua habere plurimam societatem.

[168] ギリシア語七十人訳では γράμματα καὶ γλῶσσαν Χαλδαίων。

[169] 史実として，バビロニア（カルデア）の行政語・司法語には，アッシリアの習慣を継承してアラム語が使用されたため，「カルデア人の言語」にアラム語が含まれることは事実である。もっとも，東セム諸語（アッカド語）に属するバビロニア語も書き言葉としては存続し，楔形文字も使用されていた。ダニエル書（ダニ 1:4）における王宮教育がどちらを意図しているかは曖昧である。

が[170]，なぜヒエロニュムスがここで「シリア語」ではなく「カルデア語」と呼んだのか，という疑問は残る。

この疑問に対し，『ペラギウス主義者を駁する対話』(Adversus Pelagianos dialogi) の中の一文がヒントになりうる。

> ヘブライ人による福音書は，シリア語でもあるカルデア語で (Chaldaico quidem Syroque sermone)，しかしヘブライ語の文字で (Hebraicis litteris) 書かれており，今日に至るまでナザレ派に使われている。それには「使徒らによる」[福音書]，もしくは大多数が呼ぶところの「マタイによる」[福音書] があり，カエサリアの図書館にも蔵書がある。[……][171]
> (Pelag. 3:2)

「ヘブライ人による福音書」は現存していないが，教父の引用によって断片的に内容が知られている。それは「シリア語でもあるカルデア語で」書かれているが，文字は「ヘブライ文字」であるという。

ヒエロニュムスにとって，ダニエル書やエズラ記の一部と，「ヘブライ人による福音書」との共通点は何よりも「ヘブライ文字で書かれている」ということであったようだ。そのことに読者の注意を促すのは，その部分が「ヘブライ語で書かれているのではない」からである。

また，ヒエロニュムスにとって「シリア語」と「カルデア語」とは同じものであった。だが，『ペラギウス主義者を駁する対話』では「シリア語でもあるカルデア語」のように「カルデア語」の方を前面に出している。

おそらくヒエロニュムスは，「ヘブライ文字で書かれたシリア語（アラム語）」と，「シリア文字で書かれたシリア語（アラム語）」を区別している。そして

---

[170] 同様の推測は Eskhult and Eskult (2013: 327 n. 42) を参照。

[171] [原文] In Evangelio juxta Hebraeos, quod Chaldaico quidem Syroque sermone, sed Hebraicis litteris scriptum est, quo utuntur usque hodie Nazareni, secundum Apostolos, sive ut plerique autumant, juxta Matthaeum, quod et in Caesariensi habetur bibliotheca, [...]

前者の「ヘブライ文字で書かれたシリア語（アラム語）」のことを「カルデア語」と呼んだのだと思われる。ヒエロニュムスは「シリア語」と「カルデア語」との間に言語的な差異は無いと考えているが，実際上の問題として，シリア文字を使用する共同体と，ヘブライ文字を使用する共同体は異なるものである。それゆえ，使用される文字によって言語の呼称を変えるというのは，ヒエロニュムスにとっては自然なことであったかもしれない。

なお，ヒエロニュムスの用いた「シリア語でもあるカルデア語」（Chaldaico quidem Syroque sermone）は，「シロ・カルデア語」（Syro-Chaldaic）のように形を変え，18世紀に至るまで「アラム語」の言い換えとして使われ続けることになる。それゆえ，E. カウチは「シロ・カルデア語」の初出例をヒエロニュムスに帰している[172]。「シロ・カルデア語」をめぐる諸問題に関しては第2部で取り扱う。

3.4. 小　結

「カルデア語」と呼称される言語の実態は不明である。フィロンは明らかに「聖書のヘブライ語」を指して「カルデア語」と呼んでいる。「カルデア語」を「アラム語（シリア語）」と同定したのはヒエロニュムスと考えられるが，文脈を見る限り，「ヘブライ文字で書かれたアラム語（シリア語）」のことを，「シリア文字で書かれたシリア語」と区別して「カルデア語」と呼んでいたように思われる。

4. 結　論

「アラム語，シリア語，カルデア語」はしばしば同一言語を指す呼称とされるが，呼称が多様化した経緯はそれぞれ異なっている。

---

[172] Kautzsch (1887: 113) を参照。

前7世紀にアッシリアがオリエント地方を手中に収めると，ギリシア語圏の人々はアッシリアの勢力圏に住む人々を総じて「アッシリア人」または「シリア人」と呼称した。しかし「シリア人」と呼ばれた人々は，それぞれに自分たちを指す呼称を持っており，また類似した言語を使用する人々を総称して「アラム」と呼んでいた。ヘブライ語旧約聖書は「アラム」の呼称を知っているが，「シリア」の呼称を知らない。ギリシア語七十人訳はギリシア語圏の言語慣習に従い，「アラム」をもっぱら「シリア」に訳し替えた。

　一方では，遅くとも前1世紀までには，レヴァントを指す「シリア」の呼称と，メソポタミアを指す「アッシリア」の呼称が分離し，さらに「シリア人」という呼称が「キリスト者」を指す内称として受容され始めた。ラビ文書では，ヘブライ語旧約聖書が「アラム」と呼んでいた一帯をギリシア語七十人訳と同様「シリア」と呼ぶようになり，さらに「シリア人」を「キリスト者」を指すものとして用い始めた。逆に「アラム人」は「異教徒」を指すものとして用いられるようになる。

　「カルデア語」と呼称される言語の実態は不明である。フィロンは明らかに「聖書のヘブライ語」を指して「カルデア語」と呼んでいる。「カルデア語」を「アラム語（シリア語）」と同定したのはヒエロニュムスと考えられるが，文脈を見る限り，「ヘブライ文字で書かれたアラム語（シリア語）」のことを，「シリア文字で書かれたシリア語」と区別して「カルデア語」と呼んでいたように思われる。今日では「カルデア」の地でペルシア語，メディア語，アルメニア語，クルド語などが使用されていたことが分かっており，「カルデア語」という呼称は誤ったものとして否定されている。

（補足）現代カルデア諸語

　従来の「カルデア語」とは別に，今日的な言語分類における「カルデア諸語」の使用も増加しつつある。

　シリア・メソポタミア地方のイスラーム化の後，アラム語を使用する人々（大部分がキリスト者とユダヤ人）がアラビア語，トルコ語，クルド語，アゼルバイジャン語，ペルシア語などを使用する人々と接触し，新たな話し言葉としての現代アラム諸語（Neo-Aramaic）が形成されるに至った。よく知られているのが，(1) アンティレバノンにおける 3 つのキリスト者共同体(Maʕalūla, Baʕxa, Ǧubb ʕadīn)，(2) トルコ南東部の Ṭūr ʕabdīn におけるシリア正教徒が使用する Ṭūrōyō と呼ばれる方言群，(3) クルディスタンとアゼルバイジャンにおけるキリスト者（アッシリア教会[173]，カルデア教会[174]）およびユダヤ人共同体の方言群，(4) イラク南部における現代マンダ語である[175]。

　特に (3) の方言群の中で，キリスト者共同体が使用するものを現代シリア語（Neo-Syriac）と呼び，そのキリスト者共同体のうち，アッシリア教会とカルデア教会に属する人々の方言群をそれぞれ現代アッシリア諸語，現代カルデア諸語と呼ぶこともある。

　この地方のキリスト者共同体はネストリオス派と呼ばれるものであるが，19 世紀に至るまで共同体の存在はヨーロッパにほとんど知られていなかった。唯一，ローマ教会の一部だけが接触ルートを有していたという。

　こうした状況に変化が訪れたのは 1820 年のことである。バグダードのイギリス東インド会社の弁務官であり，アッシリア学者でもあった C. J. リッチ（Claudius James Rich, d. 1821）がニネヴェに関する報告書を記し[176]，その中

---

[173] アティーヤ (2014: 329–330, 334) を参照。
[174] カルデア教会（カルデア帰一教会，カルデア典礼カトリック教会）は 19 世紀半ばに，いわゆるネストリオス派教会からローマ教会に帰属したものである。この「カルデア」の呼称は宗教的な意味合いよりも民族的な意味合いが強く，かつ「カトリックのネストリオス派」という矛盾した用語を避けるために導入されたという（アティーヤ 2014: 390）。
[175] Hetzron (1997: 334–377), Lipiński (2001: 72–74), Goldenberg (2013: 12–14), を参照。
[176] Rich (1836) を参照。序文によれば，リッチ自身は報告書を提出した翌年に亡くなり，彼の妻が「クルディスタンの旅行記」としてまとめたものが 1836 年に公刊された。

で「アッシリア」の人々の居住分布と宗教形態，および言語（クルディスタンの「シリア語」諸方言[177]）を紹介した。リッチの報告書によって，ヨーロッパではネストリオス派の諸教会が俄かに脚光を浴び，考古学調査団やプロテスタント宣教団が次々とこの地方を訪れた[178]。そして，それらの諸教会の言語は「生きていたシリア語（アラム語）」として，「イエスや使徒らが使用していたものと同じである」などと言われるようにもなったのである[179]。

---

[177] リッチは「アラム語」（Aramaic）という呼称を一切用いていない。

[178] 最初の考古学調査団はレイヤード（Austen Henry Layard, d. 1894）によって提唱され，その成果が 1849 年に公刊された（Layard 1849）。またネストリオス派は伝統的にイコンや十字架磔像を持たず，聖母崇敬も持たなかったことから「東方のプロテスタント」（Karimi 1975: 9，アティーヤ 2014: 381）としてプロテスタント宣教師らが殺到する事態となった。

[179] Karimi (1975: 9), Baum and Winkler (2003: 124), アティーヤ（2014: 381），Woźniak-Bobińska (2020: 166) を参照。ただし，Karimi (1975: 9) が Rich (1836) からとして引用する "who still conversed in a language similar to that spoken by Jesus and whose peculiar form of Christianity called for study and sympathy" の一文は，Rich (1836) には見当たらない。アティーヤ（2014: 381）も「彼は英語圏の人々にアッシリア人が今もイエスや使徒たちが語っていたと同じ言語を話しているという驚くべき事実を明らかにし」と記しているが，Rich (1836) に該当する文言は見当たらない。

第3章 「アラム語，シリア語，カルデア語」の呼称をめぐる諸問題

（補足）ギリシア語新約聖書に見られる「ヘブライ語」に関する呼称の完全なリスト

箇所	言語呼称	言語表現	言語使用者	ギリシア語表現
マタ 1:23	-	Ἐμμανουήλ	トーラー	Μεθ' ἡμῶν ὁ θεός
マタ 4:18, 10:2 (& 10:4, 13:55, 16:16, 16:17, 17:25, 26:6, 27:32)	-	Σίμων	（人名）	Πέτρος
マタ 26:73	λαλιά	-	ペトロ	-
マタ 27:6 cf. マコ 7:11	-	κορβανᾶς	祭司長	
マタ 27:33	-	Γολγοθᾶ	（地名）	Κρανίου Τόπος
マタ 27:46	-	Ηλι ηλι λεμα σαβαχθανι	イエス	Θεέ μου θεέ μου, ἱνατί με ἐγκατέλιπες
マコ 3:17	-	Βοανηργές	（人名）	Υἱοὶ Βροντῆς
マコ 5:41	-	Ταλιθα κουμ	イエス	Τὸ κοράσιον, σοὶ λέγω, ἔγειρε
マコ 7:11	-	κορβᾶν	ファリサイ派	Δῶρον
マコ 7:34	-	ἐφφαθά	イエス	Διανοίχθητι
マコ 10:46	-	Βαρτιμαῖος	（人名）	ὁ υἱὸς Τιμαίου
マコ 10:51 cf. ヨハ 20:16	-	ραββουνί	盲人バルティマイ	-
マコ 14:36	-	ἀββά	イエス	ὁ πατήρ
マコ 15:22	-	Γολγοθᾶ	（地名）	Κρανίου Τόπος
マコ 15:34	-	Ελωι ελωι λεμα σαβαχθανι	イエス	Ὁ θεός μου ὁ θεός μου, εἰς τί ἐγκατέλιπές με

ヨハ 1:38 (& 1:49, 3:2, 3:26, 4:31, 6:25, 9:2, 11:8)	-	ῥαββί	洗礼者ヨハネの弟子	Διδάσκαλε
ヨハ 1:41 (& 4:25)	-	Μεσσίας	アンデレ	Χριστός
ヨハ 1:42	-	Κηφᾶς	イエス	Πέτρος
ヨハ 5:2	Ἑβραϊστί	Βηθζαθά	(地名)	-
ヨハ 9:7 (& 9:11)	-	Σιλωάμ	(地名)	Ἀπεσταλμένος
ヨハ 21:2 (& 1:40, 1:41, 1:42, 6:8, 6:68, 6:71, 13:2, 13:6, 13:9, 13:24, 13:26, 13:36, 18:10, 18:15, 18:25, 20:2, 20:6, 21:3, 21:7, 21:11, 21:15, 21:15, 21:16, 21:17)	-	Σίμων	イエス	Πέτρος
ヨハ 21:2 (& 11:16, 14:5, 20:24, 20:26, 20:27, 20:28)	-	Θωμᾶς	(人名)	Δίδυμος
ヨハ 19:13	Ἑβραϊστί	Γαββαθά	(地名)	Λιθόστρωτον
ヨハ 19:17	Ἑβραϊστί	Γολγοθᾶ	(地名)	Κρανίου Τόπον
ヨハ 20:16	Ἑβραϊστί	ῥαββουνί	マグダラのマリア	Διδάσκαλε
使 1:19	διάλεκτος	Ἀκελδαμάχ	(地名)	Χωρίον Αἵματος
使 1:23, 15:22	-	Βαρσαββᾶς	(人名)	Ἰοῦστος, καὶ Μαθθίαν

第3章 「アラム語,シリア語,カルデア語」の呼称をめぐる諸問題

使 4:36 (& 9:27, 11:22, 11:30, 12:25, 13:1, 13:2, 13:7, 13:43, 13:46, 13:50, 14:12, 14:14, 14:20, 15:2, 15:2, 15:12, 15:22, 15:25, 15:35, 15:36, 15:37, 15:39)	-	Βαρναβᾶς	(人名)		υἱὸς παρακλήσεως
使 9:36, 9:40	-	Ταβιθά	(人名)		Δορκάς
ロマ 8:15	-	ἀββά	パウロ他		ὁ πατήρ
ガラ 4:6	-	ἀββά	御子の霊		ὁ πατήρ
ヘブ 7:1-2 (& 5:6, 5:10, 6:20, 7:10, 7:11, 7:15, 7:17)	-	Μελχισέδεκ			βασιλεὺς Σαλήμ, βασιλεὺς εἰρήνης
黙 9:11	Ἑβραϊστὶ, Ἑλληνικῇ	Ἀβαδδών	(ばったの名)		Ἀπολλύων
黙 16:16	Ἑβραϊστὶ	Ἁρμαγεδών	(地名)		-

第 2 部
「イエスの言語」をめぐる言説史とその諸問題

第 1 章
「創造の言語」

1. はじめに

1.1. 研究目的

　「イエスの言語」をめぐる言説史は，「イエスの時代におけるユダヤ人の言語」をめぐる言説史を抜きにしては論じることができない。イエスは間違いなくユダヤ人共同体の構成員として，その言語共同体における言語活動の様々な慣習に従って，言語を使用していたはずだからである。

　すると「ユダヤ人共同体を何と見るか」によって，「イエスの言語をどう評価するか」も変わる。たとえば，イエスを「ユダヤ人共同体を完成させようとした者」と捉えるなら，イエスの言語は「ユダヤ人共同体（イスラエル）の完成」に関わるものとされる。逆にイエスを「ユダヤ人共同体を乗り越えようとした者」と捉えるなら，イエスの言語は「ユダヤ人共同体を乗り越えるための言語」と見なされうる。「イエスの言語」をめぐる言説は，しばしば「イエスをどう解釈するか」という神学的理解と並行関係にある。

　本章はそのことを「創造の言語」，あるいは「神の言語」，あるいは「アダ

ムの言語」との関連で確認する。「バベルの塔の事件以前の全地の言語」は何であったかといった問いは，ユダヤ人共同体のみならず，非ユダヤ人を多く抱えるキリスト者共同体において大きな関心を引いた。またキリスト者共同体の中でも，ギリシア・ラテン教父の言語観と，シリア教父の言語観には違いが見られる。本章はそのことを「創造の言語」および「イエスの言語」との関連で読み解く。

1.2. 研究方法

イエスの生きた1世紀の前後から中世を対象とし，ユダヤ人共同体の文書，ギリシア・ラテン教父の文書，シリア教父の文書の中から，「創造の言語」あるいはバベルの塔の事件以前の「原初の言語」を指す具体的な呼称が記されているものを収集し，それぞれの内容と文脈を比較検討する。

2.「創造の言語」＝ヘブライ語？

2.1. ユダヤ人共同体の中の「原初の言語」

2.1.1. ヨベル書

ヨベル書（ゲエズ語版）[180]はヘブライ語（ṣəbarāyəst）を「創造の言語」（ləssān fəṭrat）と呼ぶ。そのヘブライ語はバベルの塔の事件の後，人の子らの口から取り上げられたという（Jub. 12:25）。さらに遡るなら，最初の者アダムと動物たちは「一つの唇，一つの舌」（kanfāra 1 waləsān 1）で互いに話していたが，アダムがエデンの園を追放された時に動物たちから言葉が（すなわちヘブラ

---

[180] ヨベル書は遅くともヨハネ・ヒルカノス1世の時代（前2世紀末）までに，ヘブライ語で書かれたと考えられている。程なくしてギリシア語に翻訳され，さらにゲエズ語（エチオピア），ラテン語などに翻訳されたが，完全な形で現存するのはゲエズ語版のみである。

イ語が）失われていた（*Jub.* 3:28）。

　物語には明言されていないが，創造の初めの時から，アダムがエデンの園を追放されるまで，アダムと動物たちはヘブライ語，つまり「創造の言語」で意思疎通を行なっていたことが前提とされている[181]。だが，アダムがエデンの園を追放された時，動物たちから「創造の言語」が失われた（*Jub.* 3:28）。そしてアダムの子孫，人の子らがバベルの塔の事件を起こした時，人々からも「創造の言語」が失われた。ただし，神は人の子らに互いに理解することのできない言語を与え，地上に散らした。それゆえ，地上は言語の通じない町で満ちたのである（*Jub.* 10:22–26）。

　さて，アブラハムがカナン地方へ向かおうと決心した時のことである。神はアブラハムの耳と唇を開き，ヘブライ語すなわち「創造の言語」でアブラハムと語り合った。

> 私は彼［アブラハム］の口を開き，彼の耳と唇を開き，彼とヘブライ語で（*ba=ʕəbarāyəst*），［すなわち］創造の言葉で（*ba=ləsān fəṭrat*）話し始めた[182]。　　　　　　　　　　　　　　　　　　　　　　（*Jub.* 12:26）

アブラハムは6か月の雨季の間，ヘブライ語で書かれた「父祖の書物」（*maṣḥafat ʔabawihu*）を学び（*Jub.* 12:26），その後，ハランの地に残る父テラと別れてカナン地方へ出発した。

　したがって，アブラハムは地上から失われたヘブライ語＝「創造の言語」を再び与えられた者であり，「創造の言語」を身に着けてカナンに赴くのである。

---

[181] "It seems implied in the text that the common original language of men and animals was Hebrew" (Charles 1902: 27–28 n. 28)

[182] ［原文］ *wafatāḥək ʔaddəhu wakanāfarihu wafatāḥək ʔazanihu waʔanzaku ʔətnāggar məslēhu baʕəbarāyəst baləsān fəṭrat.*

2.1.2. 偽ヨナタンのタルグム

偽ヨナタンのタルグム（エルサレムのタルグム）もまた，バベルの塔の事件前に人々が使用していたのは「聖なる言語」(לישן קודשה) であったと付記する。「聖なる言語」とは，クムラン文書（4Q464），ミシュナ（m. Soṭah）において「ヘブライ語」ないし「トーラーの言語」を指すものである[183]。

> 全地には一つの言語 (לישן חד)，一つの言葉 (ממלל חד)，一つの法廷 (עיטא חדא) があった。彼らは聖なる言語 (לישן קודשה) ——それによって，主（ヤハ）により世が初めに創造された——で会話をしていた[184]。
>
> (Tg. Ps.-J. 11:1)

だがバベルの塔の事件の際，神は 70 人の天使を遣わし，地上を 70 言語 (שיבעין לישנין) に分けたので，それぞれの文字法 (רושם כתביה) も同様になった。ヨベル書と異なり，「聖なる言語」がその後どうなったかは特に記されていない。

2.1.3. バビロニアのタルムード

「創造の言語」がヘブライ語であるという見方は，ラビ文書の中で必ずしも一貫したものではない。前述の偽ヨナタンのタルグム（エルサレムのタルグム）は，神が創造のために使用し，バベルの塔の事件以前に全地で使用されていたのは「聖なる言語」であると記していた。これはヘブライ語を指していると思われる。ところが，バビロニアのタルムード（サンヘドリン篇）には次のような箇所もある。

---

[183] 偽ヨナタンのタルグムの中に，明確に言語を指して「ヘブライ語」(עבריה/ת) と呼称する事例は見当たらない。

[184] ［原文］והוה כל ארעא לישן חד וממלל חד ועיטא חדא בלישן קודשה הוו ממללין דאיתבריא ביה עלמא מן שירוריא

ラビ・イェフダ曰く，ラヴ曰く，最初の者アダムはアラム語（ארמי）を話した。「神よ，あなたの計らいは，私にはいかに貴いことか」（＝詩編139:17）と言われているように[185]。

（*b. Sanh.* 38b，ただし詩編は聖書協会共同訳）

詩編139編は，人は母の胎内で形作られる前から，神の計らいの内にあると歌うものである。その17節において，「計らい」（רֵעַ）と「貴い」（יקר）はアラム語からの借用とされる[186]。それゆえ，最初の者アダムもまた形作られる前から神に対してアラム語を話していた，という。

このような解釈がバビロニアという背景に基づくものであるのか，あるいは，偽ヨナタンのタルグムにおける「聖なる言語」も実はアラム語を指す可能性があるのかについては，本研究の目的を越えるために取り扱わない。ただ，ヘブライ語に「創造の言語」という象徴性を与え，キリストがその回復を成し遂げたという救済のストーリーを描くエウセビオスに比べ，サンヘドリン篇は本文の事象解釈に基づく（冷静な）ものであり，「アラム語」にいかなる象徴性も与えようとはしていない。

2.2. キリスト者共同体の中の「創造の言語」

2.2.1. オリゲネス

オリゲネス（Origen, d. 254）は『民数記講解』（*Homiliae in Numeros*）の中で「神の言語」をヘブライ語とし，それが最初の者アダムに与えられたと述べる。

> 初めにアダムを通して与えられた言語は——私たちの考えではヘブライ語であったが——人間性の一部の中に残り，決して天使や支配者の割り

---

[185] ［原文］ואמר רב יהודה אמר רב אדם הראשון בלשון ארמי ספר שנאמר ולי מה יקרו רעיך אל
[186] Koehler and Baumgartner (1994–2000: 2.431; 3.1256) を参照。

当てにはならず，神の割り当てとして残り続けた[187]。

(*Hom. Num.* 11.4:4)

また『ケルソス駁論』(*Contra Celsum*) の中では「アダムの言語＝ヘブライ語」を「神的言語」とも呼ぶ。

> 地上のすべての人々は一つの神的言語 (διαλέκτῳ θείᾳ) を使用していた。彼らが互いに一致する限り神的言語の使用は保持され，彼らが光の者，「永遠の光」出身の者であろうとする限り，彼らが「東方から」移動することはなかった。[……] だが，彼らは自身を「東方から」の者であることに違和感を覚えて出発し，「シンアルの地の平野」を見つけ [……] そこに定住した。[……] 原初の言語 (ἀρχῆς διάλεκτον) を保持し続けていた人々は「東方から」移動せずに東方に，そして東方の言語 (τῇ ἀνατολικῇ διαλέκτῳ) に留まった。そしで彼らだけが主の分け前，「ヤコブ」と呼ばれる主の民となり，「彼の相続の割り当てはイスラエル」(＝申 32:9，ギリシア語七十人訳) となった[188]。
>
> (*Cels.* 5.30–31)

「神的言語」は「原初の言語」とも呼ばれている。またオリゲネスは，バベルの塔の事件で人々が散らされる前には，オリエント地方すなわち「東方」

---

[187] ギリシア語本文を入手できなかったため，C. A. ハルによる英語訳 (Origin 2009) を参照した。"But the language that had been given at the beginning through Adam—in our opinion it was Hebrew—remained in that part of humanity that never became the portion of any angel or ruler, but which continued to remain God's portion."

[188] ［原文］Νοείσθωσαν τοίνυν πάντες οἱ ἐπὶ γῆς μιᾷ τινι διαλέκτῳ θείᾳ χρώμενοι, καὶ ὅσον γε συμφωνοῦσι πρὸς ἀλλήλους τηρείσθωσαν ἐν τῇ θείᾳ διαλέκτῳ· καὶ ἔστωσαν ἀκίνητοι «τῶν ἀνατολῶν», ἐς ὅσον εἰσὶ τὰ τοῦ φωτὸς καὶ τοῦ ἀπὸ «φωτὸς ἀϊδίου» ἀπαυγάσματος φρονοῦντες. [...] Καὶ οὗτοι, ἐπὰν κινήσωσιν «ἀπὸ τῶν ἀνατολῶν» ἑαυτοῖς ἀλλότρια «ἀνατολῶν» φρονοῦντες, εὑρισκέτωσαν «πεδίον ἐν γῇ Σενναάρ», [...] καὶ κατοικείτωσαν ἐκεῖ. [...] καὶ τοὺς τὴν ἐξ ἀρχῆς διάλεκτον τετηρηκότας, τῷ μὴ κεκινηκέναι «ἀπ' ἀνατολῶν» μένοντας ἐν τῇ ἀνατολῇ καὶ τῇ ἀνατολικῇ διαλέκτῳ· καὶ [...] τούτους μόνους γεγονέναι μερίδα κυρίου καὶ λαὸν αὐτοῦ τὸν καλούμενον «Ἰακώβ», γεγονέναι δὲ καὶ «σχοίνισμα κληρονομίας αὐτοῦ Ἰσραήλ» [...]

（日の上る方）でその言語が使用されていたことから「東方の言語」とも呼んでいる。

　だが人々が光の中に住むことを止め、シンアルの地に居を定めた時、人々は散らされ、言語も散らされた。ただし東方に残った人々、すなわちアブラハムの一族は「東方の言語」を保持し、それによって「神の割り当て」であり続けた。それがヤコブの民、イスラエルの民であり、それゆえ、イスラエルは「神の言語」であるヘブライ語を使用していたのだという。

　それゆえオリゲネスにとって、ヘブライ語は「神の言語」に直結するものであり、それは「イスラエルの言語」と同じものである。

2.2.2. ヒエロニュムス

　ヒエロニュムス（Eusebius Sophronius Hieronymus, d. 420）は『箴言注解』（*Commentatiorumin Sophoniam libri*）の中で、ヘブライ語を「すべての言語の母」と呼ぶ。

> 私たちは知るべきである。ヘブライ語ではラテン語自体は［一つの］言語であり、それゆえ私たちによってヘブライ語であるかのように置かれたということを。ヘブライ語（linguam Hebraicam）はすべての言語の母であることを[189]。　　　　　　　　　　　　（*Comm. Soph.* 3:54）

同じように、『書簡群』（*Epistolae*）の中では人が口にするすべてのことの始まりも「ヘブライ語」であると述べる。

> 言葉（oris）、普通会話（communis eloquii）、私たちが口にするすべてのことの始まりはヘブライ語（Hebraeam linguam）――これによって旧約聖書が記された――であり、普遍的な古典作品によって受け継がれてきた。実際、塔の建設――神が咎めた――に言語の多種性（linguarum diuersitas）

---

[189] ［原文］[...] sciamus in Hebraeo ipsum Latinum esse sermonem, et propterea a nobis ita ut in Hebraeo erat, positum: ut nosse possimus linguam Hebraicam omnium linguarum esse matricem [...]

が帰された後，言葉の多様性（sermonis uarietas）がすべての国に拡散された。それゆえ，言葉（oris）の炎も始まりも2つの聖書に見られる。そのことは主ご自身が教えているので，神の周囲に立てば驚くようなことではない[190]。　　　　　　　　　　　　　　　　　　　　　　(*Epist.* 18:6)

ヘブライ語がすべての「言葉」の始まりであったと同時に，「言葉」が多種化・多様化したこともまた「2つの聖書」，つまり旧約聖書と新約聖書に描かれているという。旧約聖書ではバベルの塔の事件がそれであり，これによって多様な言語が全地に散らされた。また新約聖書ではペンテコステの事件がそれであり，この時「炎のような舌」（使2:3）により，その場にいた人々が世界各地の言語で話し始めたとされる。これら2つの事件による言語の多種化・多様化のことを，ヒエロニュムスは「炎（incendium）も始まり（initium）も」と表現している。

2.2.3. 偽クレメンス文書

　クレメンス作を称する偽書（3世紀）の『認知』（*Recognitiones*）に，次のような記述が見られる。

> 第15世代（＝エベルの子ペレグ，創 10:24–25 // 代上 1:18–19，創 11:14–17）の時，人間は初めて偶像を立て，それを崇めた。その時までは，神が人間に与えたヘブライ語だけが使用されていた。第16世代に人の子らは，その先祖に割り当てられたオリエント地方から移住し，自分たちの名で［土地を］割り当てた。第17世代のニムロド1世はバビロニアを統治し，都市を建設し，そこからペルシア人の所に移住し，彼らに火を

---

[190] ［原文］initium oris et communis eloquii et hoc omne, quod loquimur, Hebraeam linguam, qua uetus testamentum scriptum est, uniuersa antiquitas tradidit. postquam uero in fabricatione turris per offensam dei linguarum diuersitas adtributa est, tunc sermonis uarietas in omnes dispersa est nationes. igitur et incendium et initium oris in duobus animaduertitur testamentis, quae circa deum stare non mirum est, cum per ea dominus ipse discatur.

崇めることを教えた[191]。　　　　　　　　　（*Recognitiones* 30:5-7）

この記述によると，セムの子孫であるエベル（創 10:24-25 // 代上 1:18-19，創 11:14-17）の時代にはヘブライ語が使用されていた。だが，エベルの子ペレグの時代に偶像崇拝が忍び込み，この時からヘブライ語以外の言語が使用され始めたという。バベルの塔の事件の顛末を先取りしており，地上の言語の多様性は偶像崇拝のもたらした帰結であったと述べている。

2.2.4. エウセビオス

オリゲネスやヒエロニュムスは「創造の言語」をヘブライ語と述べる一方，「イエスの言語」については特に言及していない。それに対し，ヘブライ語を「イエスの言語」との関係で論じている可能性があるのはエウセビオス（Eusebius of Caesarea, d. 339）である。

エウセビオスは『福音の論証』（*Demonstratio evangelica*）の中で，「古代のヘブライ人である神の民」の生き方は長らく人々から失われていたが，キリストがそれを甦らせたと論じる。

> ［……］古代のヘブライ人である神の民の（τῶν πάλαι θεοφιλῶν Ἑβραίων）生き方——人々から長らく失われていた——を甦らせ，それを少数［の人々］にでも適当［な人々］にでもなく，全世界に広めた唯一の人物であった［……］[192]
> 　　　　　　　　　　　　　　　　　　　（*Dem. ev.* 3.3）

エウセビオスにとって「真のヘブライ人の民族性」（the true Hebrew ethnos）

---

[191] ［原文］Quinta decima generatione, primo omnium homines idolum statuentes adoraverunt, et usque ad illud tempus divinitus humano generi data Hebraeorum lingua tenuit monarchiam. Sexta decima generatione moverunt ab oriente filii hominum, et venientes ad terras patrum suorum, unusquisque sortis suae locum proprii vocabuli appellatione signavit. Septima decima generatione apud Babyloniam Nebroth primus regnavit, urbemque construxit et inde migravit ad Persas eosque ignem colere docuit. (Rufinus 2021: 61–62)

[192] ［原文］[...] τὸν γοῦν βίον τῶν πάλαι θεοφιλῶν Ἑβραίων ἤδη πως ἐξ ἀνθρώπων ἀπολωλότα μόνος ἀνανεωσάμενος οὐκ εἰς βραχεῖς καὶ μετρίους, ἀλλ' εἰς ὅλον ἐφαπλῶσαι ἰὸν κόσμον [...]

を保持した「ヘブライ人の残りの者」(a remnant of Hebrews) はごく僅かであった。モーセによる出エジプトの後、トーラーの権威の下に「ユダヤ人の民族性」(the Jewish ethnos) へと変質したからである[193]。だが、そのようにして失われていた「ヘブライ人の民族性」——エウセビオス自身の表現によれば「ヘブライ人の生き方」——を回復させたのがキリストであった。それゆえ、キリストに従う者たちは「ヘブライ人の民族性」を相続するのである、という[194]。

　民族的アイデンティティを構成する基本要素の一つは言語である。それゆえ、「キリストが『ヘブライ人の民族性』を回復させた」とエウセビオスが述べた時、「キリストが『ヘブライ語』を回復させた」ことを含意している可能性を考えることができよう[195]。類似例として挙げられるのはクムラン文書（4Q464）における「聖なる言語」である。当時のユダヤ人がヘブライ語を使用していたにしろ、別の言語（たとえばアラム語）を使用していたにしろ、「清められた舌」から出るのが真のヘブライ語、「聖なる言語」なのであり、主の日が到来する時にあらゆる民に与えられる。

　エウセビオスの「真のヘブライ人の生き方」の中に「真のヘブライ語」が含まれるならば、キリストは「主の日の到来」と共に「真のヘブライ語」を回復させ、その使用者となった、ということが彼の念頭にあった、と推測することができよう。

---

[193] A. P. ジョンソンの主張に従う（Johnson 2006: 21, 119–124)。
[194] Johnson (2006: 44–45, 227–233) を参照。
[195] Eskhult and Eskhult (20111: 316–317) を参照。

3.「創造の言語」＝アラム語？シリア語？

3.1. シリア人共同体の中の「創造の言語」

3.1.1.『宝の洞窟』
　18世紀にヴァティカン図書館から発見・公表されたシリア語の文書の一つに『宝の洞窟』（*me'arath gazzē*）と呼ばれるものがある。発見当初は4世紀のエフレム（Ephremthe Syrian, d. 373）の手によるものと考えられたが，現在は6世紀半ばから7世紀前半のものと考えられている[196]。成立年代の問題はあれど，この文書はエフレムの思想的立場をよく反映していると考えられている。

　「創造の言語」に関し，『宝の洞窟』は次のように記す。

> ペレグの時代に，ノアの子孫であるすべての民族と一族は集結し，東方から上ってきた。彼らはシンアル（*Sên'ar*）の地に平野を見つけ，そこに定住した。アダムの時代からこの時代に至るまで，彼らは一つの言語を話していた。すなわちシリア語（*SÛRYÂYÂ*）であり，アラム語（*ÂRÂMÂYÂ*）である。この言語はすべての言語の王である。古代の著述家たちは，ヘブライ語が最初［の言語］であると述べて誤りを犯し，この点で，自分の著作を無知な誤りと結びつけてしまった。そもそも，世に存在するすべての言語はシリア語に由来し，文書の中にあるすべての言語もそれ（＝シリア語）と結びついている。シリア人の書き方は，左手が右手に伸び，左手の子ら（＝異教徒？）は皆，神の右手に接近する。ギリシア人，

---
[196] Milka (1998: 322–323)， Minov (2017: 204–209) を参照。

ローマ人，ヘブライ人の場合には，右手が左手に伸ばされる［ヘブライ語とシリア語は右から左に書かれるが，ギリシア語とラテン語は左から右に書かれる］[197]。
(*Cav. Tr.* ch. 24)

バベルの塔の事件以前，すべての人々が使用していた「一つの言語，同じ言葉」とはヘブライ語ではなく，アラム語とも呼ばれるシリア語であったという。シリア語こそ「すべての言語の女王」であったのだが，古代の著述家らは無知のゆえに間違いを犯し，それを「ヘブライ語」と書いてしまった。また，すべての言語はシリア語という根から生じたものであるが，シリア語の書物は「左手の子ら」（＝異教徒）が神の右手に向かって伸び，右から左へと書かれる。それに対し，ギリシア語，ラテン語の書物は（ここにヘブライ語の書物も含まれるようだが）右手が左手に伸び，左から右へと書かれるのだという。

この箇所には様々な問題が含まれているが，本研究の目的に沿って次の 2 つの主張に注目したい。

(1) シリア語とアラム語は同一言語である。
(2) 「原初の言語」はシリア語であり，すべての言語はシリア語から発した。

---

[197] Budge (1929) の英訳に基づく。"And in the days of Peleg all the tribes and families of the children of Noah gathered together, and went up from the East. And they found a plain in the land of Sên'ar (*Shinar*?), and they all sat down there; and from Adam until this time they were all of one speech and one language. They all spake this language, that is to say, *SÛRYÂYÂ* (Syrian), which is *ÂRÂMÂYÂ* (Aramean), and this language is the king of all languages. Now, ancient writers have erred in that they said that Hebrew was the first [language], and in this matter they have mingled an ignorant mistake with their writing. For all the languages there are in the world are derived from Syrian, and all the languages in books are mingled with it. In the writing of the Syrians the left hand stretcheth out to the right hand, and all the children of the left hand (i.e. the heathen) draw nigh to the right hand of God; now with the Greeks, and Romans, and the Hebrews, the right hand stretcheth out to the left. [Both Hebrew and Syriac are written from right to left, but Greek and Latin from left to right.]"

特に（2）に関しては，ヘブライ語を「すべての言語の母」と述べたヒエロニュムスと好対照を成す。M. ルビンに従えば，『宝の洞窟』の言語観はシリアの初期キリスト者に概ね共通しているという[198]。シリア語＝アラム語は，神が最初の者アダムと交わりを持つための「原初の言語」であり，「創造の言語」であった。

3.2. シリア人共同体の中の「啓示の言語」

3.2.1. シリア教父にとってのヘブライ語

シリア教父の聖書解釈の伝統によれば，「原初の言語」であるシリア語は，セムの子孫エベル（創 10:21, 25）の時代まではすべての人々に受け継がれたが，言語が全地に散らされて以降アブラハムに手渡された。そしてアブラハムがユーフラテス川を渡った時（'abar），彼は「ヘブライ人」（'ebroyo）と呼ばれるようになったという[199]。

M. ルビンはここで，バベルの塔の事件後に生じた 70 言語（または 72 言語）の中に「ヘブライ語」が挙げられていないことに着目する[200]。つまり，ヘブライ語は新たに生じた言語とは見なされていないのである。また，アブラハムが「ヘブライ人」と呼ばれたのはユーフラテス川を渡った（'abar）からであり，アブラハムがヘブライ語を使用したからではない。アブラハムが「ヘブライ人」と呼ばれるようになったため，アブラハムの使用していた言語が「ヘブライ語」と呼ばれるようになった，という順序である。このことを踏まえると，シリア教父にとってのヘブライ語とは，アブラハムに手渡された「原初の言語」であるシリア語と，アブラハムがユーフラテス川を渡ってから混ざった言語要素（カナン語）との混合言語（a mixture of the Syriac originally spoken by Abraham, and Canaanite—the language spoken in the land of Canaan）と考えられていただろう，とルビンは述べる。

---

[198] Rubin (1998: 322–328), Ruzer (2014: 188) を参照。
[199] Rubin (1998: 323) を参照。
[200] Rubin (1998: 324–325) を参照。

実際，8世紀のテオドール（Theodore Bar Koni），9世紀のイショダド（Ishoʿdad of Merv），13世紀のバル・ヘブラエウス（Bar Hebraeus, d. 1286）らによれば，神がユダヤ人に特別な啓示をしなければならなかったのは，ユダヤ人が「創造の言語」の習得能力に欠けていたからだという[201]。神がイスラエルを選び，「啓示の言語」としてヘブライ語を使用したこと，それ自体が，力の無い者に寄り添う「神のへりくだり」を含意する。このように，「イスラエルの選び」と「神のへりくだり」とを象徴するものが，シリア教父にとってのヘブライ語であったと思われる。

4. 検　討

「創造の言語」に加え，シリア教父に見られた「啓示の言語」の視点にとって各文書を整理したのが表6である。

表6　「創造の言語」と「啓示の言語」

	創造の言語	啓示の言語
ヨベル書	ヘブライ語	ヘブライ語
偽ヨナタンのタルグム	ヘブライ語	ヘブライ語
バビロニアのタルムード（b. Sanh. 38b）	アラム語	-
オリゲネス	ヘブライ語	ヘブライ語
ヒエロニュムス	ヘブライ語	-

---

[201] Rubin (1998: 325), Ruzer (2014: 188) を参照。

偽クレメンス文書 （*Recognitiones* 1.30）	ヘブライ語	-
エウセビオス	ヘブライ語	ヘブライ語
『宝の洞窟』	シリア語＝アラム語	ヘブライ語
その他のシリア教父	シリア語＝アラム語	ヘブライ語

　ヨベル書では，地上で失われていた「創造の言語」，ヘブライ語はアブラハムに再び与えられた。すなわち，アブラハムに啓示された言語はヘブライ語であった。オリゲネスもまた，「創造の言語」であるヘブライ語はアブラハムの一族に与えられたものであり，イスラエルに啓示された言語であると考えていた。さらにエウセビオスによれば，「創造の言語」であるヘブライ語は，ユダヤ人ではなく「真のヘブライ人」に残されたものであり，キリストが「真のヘブライ人」としての生き方（おそらくヘブライ語を含む）を回復させた。それゆえ「啓示の言語」をヘブライ語と考えていたと解釈しうる。
　偽ヨナタンのタルグムでは，「聖なる言語」と呼ばれるものが「創造の言語」とされているが，「聖なる言語」とは「トーラーの言語」として後のイスラエルに啓示されるものである。
　少数の事例からの過度な一般化は慎むべきであるが，全体としては次のようなことを主張することが許されよう。ギリシア・ラテン教父の言語観では，「創造の言語」はヘブライ語であると考えられていた。ただし，その場合の「ヘブライ語」とは，ユダヤ人に与えられた民族語と同じであると考える立場もあれば（オリゲネス，ヒエロニュムス），キリストによって回復された「真のヘブライの生き方」に倣う者たち，すなわちキリスト者に与えられるものだと考える立場も存在する。いずれにしても，ヘブライ語は「選ばれた民」に与えられたものと考えられた。
　シリア教父の言語観は，ギリシア・ラテン教父とはまったく異なっている。彼らにとっての「創造の言語」とはシリア語であった。そしてシリア語が変

質したもの，つまり「創造の言語」に不純物の持ち込まれたものがヘブライ語であったという。このような見方は，裏を返せば，シリア教父がシリア語とヘブライ語との構造的な類似性を自覚していたことの証左でもある[202]。しかし彼らは，シリア語とヘブライ語に神学的な差異を設けることで，自分たちの言語共同体を定義した。つまり，一方では民族語としての「ヘブライ語」を使用するユダヤ人共同体と，自分たちとを区別した。また一方では，「ヘブライ語」が「創造の言語」であると述べるギリシア・ラテン教父のように，誤った知識を共有している神学的共同体から自分たちを区別したのである[203]。

また，シリア教父にとってのヘブライ語，「啓示の言語」とは，神がイスラエルのために「変質した言語」を使用するほどへりくだった，という神の憐れみを象徴するものであった。それに対し，ギリシア・ラテン教父に見られる「啓示の言語」とはアブラハム，モーセ，イエスによって回復された「創造の言語」であり，つまりヘブライ語（聖なる言語）である。神学的意義の違いはあれど，どちらの教父も「啓示の言語」をヘブライ語と見なす点では共通している。

それゆえ，イエスが使用したであろう「啓示の言語」に関しては，ギリシア・ラテン教父もシリア教父も，ヘブライ語であると見なしていたと推測することができよう。イエスの言語が「シリア語＝アラム語」であったとする見方は，明示的であれ暗示的であれ，この時代の文書には見当たらないのである[204]。

---

[202] 今日的な言語分類に従えば，シリア語とヘブライ語はレヴァントのセム諸語（北西セム諸語）に属する。シリア語はアラム諸語の中でも東セム諸語，ヘブライ語はカナン諸語に属する（もっぱら南カナン諸語だが，北カナン諸語とも共通点が見られる）。

[203] 同様の見方については Rubin (1998: 333) を参照。

[204] ［すなわち］ "Syriac is never explicitly pictured as part of the setting for Jesus' preaching nor as the original language of the Gospels" (Ruzer 2014: 205)。

5. 結　論

　ギリシア・ラテン教父の言語観では，「創造の言語」はヘブライ語であると考えられていた。ただし，その場合の「ヘブライ語」とは，ユダヤ人に与えられた民族語と同じであると考える立場もあれば（オリゲネス，ヒエロニュムス），キリストによって回復された「真のヘブライの生き方」に倣う者たち，すなわちキリスト者に与えられるものだと考える立場も存在する（エウセビオス）。いずれにしても，ヘブライ語は「選ばれた民」に与えられたものと考えられた。

　それに対し，シリア教父にとっての「創造の言語」とはシリア語であった。そしてシリア語が変質したもの，つまり「創造の言語」に不純物の持ち込まれたものがヘブライ語であった。そのようなヘブライ語によって，神がイスラエルに自己を啓示したのは，ひとえに「神のへりくだり」を表すものに他ならなかった。

　この時代の議論には，イエス自身の言語についての問いや関心が見られない。イエスが「創造の言語」を回復させた者だと主張するエウセビオスに対し，シリア教父はイエスが「啓示の言語」つまりヘブライ語を使用していたことを暗黙の前提としているように思われる。

第 2 章
ヘブライ語，カルデア語，シリア語

1. はじめに

1.1. 研究目的

　古代には「創造の言語」をめぐって，ユダヤ人的言語観，ギリシア教父的言語観，シリア教父的言語観の違いが見られた。イエス自身の言語についての問いや関心は見られず，「創造」と「啓示」の神学的枠組みに対して「ヘブライ語」か「シリア語」のどちらを割り振るかという論争が存在した。

　しかし，ルネサンスを経て人文主義の時代に入ると，そこに「ヘブライ語史観」の枠組みが加わる。すなわち，バビロン捕囚以後のユダヤ人はヘブライ語を忘れ，「タルグムの言語」を使用するようになったという「言語史観」である。すると「タルグムの言語」とは何であるのかについての論争が生じ，「タルグムの言語」に対して様々な呼称が与えられた。今日では用いられない「カルデア語」「エルサレム語」「シロ・カルデア語」という呼称がそれである。今日，これらは「アラム語にかつて与えられた呼称」で片付けられて

しまいがちだが，実際にはそれぞれの学者の「言語史観」を反映し，これらの呼称が指す内容は少しずつ異なっている。

そこで本章は，人文主義の時代における「ヘブライ語」「カルデア語」「シリア語」「エルサレム語」「シロ・カルデア語」の呼称について，どのような意図のもとで用いられていたかを読み解く。

1.2. 研究方法

本章で扱うべき文献は膨大であり，すべてに目を通すことは不可能に近い。そこで，後代の文献で引用されることの多い次の学者を特に取り上げる。ダヴィド・キムヒ，エリアス・レヴィタ，J. A. ヴィトマンシュテッター，J. スカリゲル，G. アミラ，B. マイヤー，B. ウォルトン，V. E. レーシャー，J. G. カルプゾフ。彼らの論文を「タルグム語」（カルデア語，エルサレム語）をめぐる諸問題を扱うものと，「シリア語」（カルデア語，シロ・カルデア語）をめぐる諸問題を扱うものに分け，それぞれの議論を跡付ける。

2. オリエント語研究

2.1. ヘブライ語文法学の成立

「文法」のことをヘブライ語でדקדוקと言うが，これは「注意深く発音すること，正しく朗読すること」に由来する[205]。マソラ学者による朗誦記号は，それを付す側にとっても解釈する側にとっても，自分に内在する聖書ヘブライ語の知識の反省を常に促すものである。そして朗誦記号によって（言わば）外在化された聖書ヘブライ語の知識は「文法」として体系化され，「文法」自体を論じる「文法学」を生んだ。

ヘブライ語文法学成立の背景には，一方には8世紀から9世紀にかけて成

---

[205] Khan, et al. (2003: xix–xxii) を参照。

立したアラビア語文法学があった。北アフリカでは，イェフダ・イブン・クライシュ（Yehuda ibn Ḳuraish, d. 10 世紀初頭？）がアラビア語とヘブライ語とを比較し，両者は同じ起源を持つと結論付けた[206]。ドゥナシュ・イブン・ラブラート（Dunash ibn Labraṭ / Donash ben Labraṭ, d. 10 世紀末？）やイェフダ・ベン・ハイユージ（Yehuda ben David Ḥayyuj, d. 1000，後にモロッコへ移住）はアラビア語文法学の成果をヘブライ語に応用し，特にベン・ハイユージはヘブライ語の「語根」仮説を完成させた人物として知られる[207]。また，ヘブライ語文法学成立のもう一方の背景には，8 世紀後半に生じたカライ派への牽制があった。カライ派はタルムード主義に反発し，ヘブライ語聖書への復帰を唱導したが，彼らの解釈法は本文のヘブライ語を極めて象徴的に扱うものであった。スラのサアディア・ベン・ヨセフ（Saadiah ben Yoseph / Saadiah Gaon, d. 942）はヘブライ語聖書をアラビア語に翻訳するために数々の研究を残した人物であるが，彼のヘブライ語研究のもう一つの理由はカライ派の聖書解釈に対抗するためであったとされる[208]。したがってヘブライ語文法学は，共同体の外部に向けてはアラビア語文法学との交流を深め，共同体の内側に向けてはカライ派の言語観に対抗するという形で，学術分野としての自己を確立していった。

聖書ヘブライ語の文法と語彙の総体的記述は，スペインのイブン・ジャナーハ（Jonah ibn Janāḥ, d. 1055）によって初めて達成された。またスペイン，南フランス，イギリス，エジプト，パレスティナ，インドまで巡歴したというイブン・エズラ（Abraham ibn Ezra, d. 1167）によって，ヘブライ語文法学がヨーロッパ各地に伝えられた。イブン・エズラと共に，ヨーロッパのヘブライ語文法学に大きな影響を与えたのは「キムヒ一族」として知られるヨセフ・キムヒ（Yoseph Ḳimḥi, d. 1170）および息子のモーゼス・キムヒ（Moses Ḳimḥi, d. 1190），ダヴィド・キムヒ（David Ḳimḥi, d. 1235）である。ヨセフ・

---

[206] 亀井ほか (1996: 1216–1218) を参照。
[207] 高橋 (2005) を参照。
[208] 亀井ほか (1996: 1217) を参照。

第 2 章　ヘブライ語，カルデア語，シリア語

キムヒは聖書ヘブライ語の母音を，5つの短母音（$i\,e\,a\,o\,u$）と5つの長母音（$\bar{i}\,\bar{e}\,\bar{a}\,\bar{o}\,\hat{u}$）に整理した最初の人物として知られる[209]。また，モーゼス・キムヒのヘブライ語入門書（מַהֲלָךְ שְׁבִילֵי הַדַּעַת）はエリアス・レヴィタ（次節を参照）の注釈付きでラテン語に翻訳され，ダヴィド・キムヒによる文法書（סֵפֶר מִכְלוֹל）と語彙書（סֵפֶר הַשּׁוֹרָשִׁים）もまたヨーロッパで何度も重版されるに至った。

2.2. オリエント語研究の広まり

十字軍の遠征と，それに伴うヨーロッパとオリエントの人的交流の活性化は，イタリアの文芸復興（ルネサンス）を開花させた。またそこを源とし，古典的文献の再発見を通してその文学的・思想的遺産を新たな時代につなげようとする運動，すなわち人文主義が生じた。それはギリシア，ローマの古典にとどまらず，シリア語やアラビア語，そしてユダヤ人の言語に代表される「オリエント諸語」への関心を呼び起こした。

ユダヤ人やアラブ人の理解のために，また彼らへの宣教のために，オリエント諸語の研究が急務となった。そのためヴィエンヌ公会議（1311–1312 年）は，アヴィニョン，パリ，オックスフォード，ボローニャ，サラマンカの各大学に，ギリシア語，ヘブライ語，シリア語，アラビア語の教授職を設置すると宣言した。もっとも，アラビア語の教授職が実現することは無く[210]，15世紀になるまでオリエント諸語の研究に関する目立った進展は見られない。

15世紀後半になると，W. G. ガンスフォルト（Wessel Harmensz Gansfort, d. 1489），G. ピコ・デラ・ミランドラ（Giovanni Pico della Mirandola, d. 1494）がヘブライ語とアラビア語で書かれた伝承の研究を行い，オリエント諸語の研究に再び火が着く。そして16世紀に入ると，キリスト者によるヘブライ語文法書が次々に公刊された。その背景にあったのは宗教改革であったが，それ以前からすでに，1506年にはJ. ロイヒリン（Johann Reuchlin, d. 1522）がダ

---

[209] 亀井ほか (1996: 1218) を参照。
[210] Schmidt (1923: 3)，Irwin (2007: 47–48) を参照。

ヴィド・キムヒの文法書をベースとしたヘブライ語文法書を完成させ、また
ロイヒリンと親しかった K. ペリカヌス（Konrad Pellikan, d. 1556）も 1504 年
に自身の文法記述を公表している。フランスでも 1508 年、フランソワ・ティ
サール（François Tissard, d. 1508）がヘブライ語文法書を公刊した[211]。

これらに加えて、1508 年にはユダヤ人エリアス・レヴィタ（Elias Levita /
Eliyahu ben Asher ha-Levi, d. 1549）がモーゼス・キムヒのヘブライ語入門書
（מַהֲלַךְ שְׁבִילֵי הַדַּעַת）を注釈付きで校訂し、それを 1531 年、弟子の S. ミュン
スター（Sebastian Münster, d. 1552）がラテン語に翻訳して公刊した[212]。ミュ
ンスターは他にもレヴィタの著作を多数ラテン語に翻訳している。こうした
学術活動によって、ユダヤ人共同体で発展したヘブライ語文法学の知識が
ヨーロッパにおけるオリエント語研究（the study of Oriental languages）として
開花した。

3.「カルデア語」と「エルサレム語」

3.1.「ヘブライ語史」の誕生

　ヘブライ語文法学の成立は、ラビ文書に対する新たな解釈法を生み出した。
すなわち、ラビ文書を「言語資料」と見なし、その記述を基に「ヘブライ語
史」を再構するという視点を加えたのである。

3.1.1. ダヴィド・キムヒ

　ダヴィド・キムヒはヘブライ語文法書（סֵפֶר מִכְלוֹל）の中で次のように述べ
る。

---

[211] Reuchlin (1506), Pellicanus (1504), Tissard (1508) を参照。また Schmidt (1923: 3)、亀井ほ
か (1996: 1218) も参照
[212] Münster (1531) を参照。

私たちの父祖の捕囚の日以来，彼らはかの地にいなかった。それらの諸国民の間にいた。[父祖は]彼らの言語（לשונם）を学び，聖なる言語（לשון הקדש）を忘れ，ついにその子らも，その子らの子らも，今日まで異国の言語（לשון נכרית），異質な言葉（שפה זרה）を話すのを常とした。それぞれの言語（לשונו）を，それぞれの国で。それぞれの捕囚の，それぞれの場所にしたがって。ケダルとエドムにおいて。あらゆる民族で。私たちの手には，私たちのところで書き残されたものしかない。24 の書物，ミシュナの言葉（דברי המשנה）の中のいくつかの語。それゆえ私たちは注意深くあらねばならない。私たちの手にあるその言語（הלשון）からその文のとおりに発音するように，また，それを台無しにしないように，また，そのよう［書かれているの］ではない言葉（דברים）を話さないように[213]。　　　　　　　　　　（Buxtorf［1662: 158］に基づく）

「聖なる言語」（לשון הקדש）とは「トーラーの言語」を指す[214]。すなわちヘブライ語である。バビロン捕囚の時代を経て，ユダヤ人はヘブライ語を忘れ，それぞれの地方の言葉を使うようになった（ネヘ 13:23–24）。それゆえ，ヘブライ語の注意深い学習が大切なのだと言う。すなわち正確な発音で朗読するよう努め，また，間違った発音によって意味を取り違えたり，その内容を汚さないように注意しなければならない[215]。

　ここでダヴィド・キムヒは，バビロン捕囚以後，ユダヤ人がヘブライ語を「忘れた」と明言している。彼以前のラビ文書においては，「なぜユダヤ人がアラム語を使用するのか」をめぐる議論は存在しても，「ユダヤ人がヘブライ語を忘れた」と明言する箇所は見当たらないように思われる。ギリシア・ラ

---

[213] ［原文］ ומיום גלו אבותינו בארץ לא להם: בין הגוים ההם: וילמדו לשונם וישכחו לשון הקדש עד הרגילו בניהם ובני בניהם עד היום לדבר לשון נכריה ושפה זרה איש ללשונו בארצותם: לפי מקומות גלותם: בקדר ואדום: וכל לאום ולאום: לא נמצא בידינו רקמה שנשאר כתב אצלנו: עשרים וארבעה ספרים ומלים מעטים מדברי המשנה ועל כן צריכין אנו להזהר על מה שיש בידנו מן הלשון להגיגו כמשפטו ושלא להשחיתו ולדבר בו דברים אשר לא כן:

[214] マイモニデスの *Sefer Shemot* 30:3 も参照。

[215] タルムードにおける議論は *b. Erub.* 53a–53b, *b. Meg.* 24b, *b. Ned.* 66b, *b. B. Qam.* 82:b–83a, *j. Soṭah* 29a–29b を参照。

テン教父やシリア教父にも「ユダヤ人がヘブライ語を忘れた」という主張は見られなかった（第1章を参照。なおシリア教父の言語観では，ユダヤ人は「シリア語」を忘れた人々であった）。

第二神殿が完成した時，「律法の書をはっきりと（מְפוֹרָשׁ）朗読」した（ネヘ 8:8）という箇所を，バビロニアのタルムード（ネダリム篇）は「タルグム」の先駆けと見なした（b. Ned. 37b:5）。ダヴィド・キムヒの視点はさらに解釈の歩を進め，「タルグム」が必要となるならば，もはや「聖なる言語」の知識，ヘブライ語の知識が失われていたのだ，という言語史的背景の説明へと至る。ヘブライ語文法学が成立したことによって，「ヘブライ人の歴史」とは別に，「ヘブライ語の歴史」への関心が生まれたことを示している。

3.1.2. エリアス・レヴィタ

エリアス・レヴィタは1541年に「カルデア語」の語彙書（מְתוּרְגְּמָן）を公刊した。その序文に書かれたことは，その後の時代における「ユダヤ人の言語」に関する議論で何度も引用された[216]。

> ナフマンの子ラビ・シェムエルが創世記ラッバの注解で曰く。アラム語（לשון ארמית）をあなたの目に軽く扱ってはならない。それはトーラー，諸預言者，諸書において言及されている[217]。［……］トーラーでは「エガル・サハドタ」（יגר שהדותא, 創 31:47）。諸預言者では「このようにあなたがたは彼らに言え」（כדנה תאמרון להום, エレ 10:11）。諸書では「カルデア人たちは王にアラム語（ארמית）で言った」（וידברו הכשדים למלך ארמית, ダニ 2:4）。これは［アラム言葉が］どの言葉（כל שאר הלשונות）よりも聖なる言語（לשון הקודש）に近いことによる。また指導的な賢者はこう記した。アラム語（לשון ארמית）は私たちが歪めた聖なる言葉

---

[216] Levita (1541) を参照。また，英語による簡潔な要約は Eskhult and Eskhult (2013: 320–321) を参照。
[217] Gen. Rab. 74:14, j. Soṭah 7:3 を参照。ただし前者は「ペルシア語を」（פרסי），後者は「シリア語を」（סורסי）となっている。

(לשון הקודש) であり，歪める前はまことの聖なる言語 (לשון הקודש) がアラムで使われていた[218]。

レヴィタによれば，そもそもアラム語はまことの「聖なる言語」，すなわち「トーラーの言語」と同じものであった。しかし，アラム語は歪められて「聖なる言語」ではなくなったのだという。このような言語史観は，シリア語が歪められてヘブライ語になったというシリア教父のものとは正反対である（第1章）。

では，アラム語が歪められたのはいつ頃のことであったのか。

> その歪んだ言語 (הלשון המשובש) があったのは父祖の時代ではないか。エガル・サハドタの証は，私が見るに，アブラハムがそこから去ってすぐに歪んだことを語っている。疑いなく，彼とその父祖は聖なる言語 (לשון הקדש) を話していたからである——アダムからノアまで，口から口へ受け継いだように。重要なのは［一人の］ノアの子の名であった。彼はエベル・ハ・ナハルにおり，エベルの子らの——あるいは誉れ高きナフマンの子ラビ・モシェの解釈にしたがい，エベル・ハ・ナハルの子らと言いたい——すべての父と言われた。彼とその子らの多くが死ぬと，アブラハムはそこから出た。彼らすべては異教崇拝者になった。そのとき，言語 (הלשון) が歪み，アラム語 (לשון ארמי) が生じた——セムの末子であったアラムの名によるものである。すなわち「セムの子孫はエラム，アシュル，アルパクシャド，ルド，アラム」（創 10:22）。おそらく，［アラム］はどの者よりも日々を永らえた。それゆえ，その言葉 (הלשון) は彼の名によりアラム語 (לשון ארמי) と呼ばれた。アブラハムがカナンの地に入ったとき，彼とその種族はカナン語 (שפת כנען) を話していた——

---

[218] ［原文］ גרסינן בבראשית רבא אמר רבי שמואל בר נחמני אל תהי לשון ארמית קלה בעיניך שמעינו בתורה ובנביאים ובכתובים [...] בתורה: יגר שהדותא: בנביאים ברנא תימרון להון בכתובים: וידברו הכשדים למלך ארמית. וזה לפי שהוא קרוב ללשון הקודש מכל שאר הלשונות: וכן כתב החכם רא״ע לשון ארמית הוא לשון הקודש שנשתבש משמע שקודם שנשתבשו היו מדברים בארם לשון הקודש ממש:

それはまことの聖なる言語（לשון הקדש）であった。イスラエルがエジプトにいたときでも，それを捨てなかった。誉れ高き私たちのラビらが言ったように，イスラエルはエジプトでも3つのものを変えなかった。彼らの名前と，彼らの着るものと，彼らの言語（לשונם）である[219]。

そもそも「聖なる言語」＝ヘブライ語が歪んだのはバビロン捕囚の時代ではなく，父祖アブラハムの時代にまでさかのぼるという。「エベルの子孫」（創 10:24–25; 11:14–12）＝ヘブライ人であり，また，アラムの地に住んでいたアブラハムは異教崇拝者であった（ヨシュ 24:2）。つまりアブラハムの時代，アラムの地の「聖なる言語」はすでに歪み始めていたのである。しかし，カナンへ移住したアブラハムはまことの「聖なる言語」であるカナン語を使うようになり[220]，イスラエル人はエジプトの奴隷になってもなお，それを捨てることがなかったという。

そのようにして，彼らがイスラエルの地にいた時はアラム語（לשון ארמי）を知らなかった。ただし，宮廷で王に仕える者が個人的に知っていることはあった——ラブ・シャケの言葉（דברי רבשקה）に見られるように（王下 18:26，イザ 36:11）。［だが］彼らがその地で捕囚され，バビロンに来た時，すべての者が［聖なる］言語（הלשון）を忘れた。すべてはネヘミヤ記に記されたとおりである（ネヘ 13:24）。賢者やトーラーを

---

[219] ［原文］ והלא בזמן האבות היה זה הלשון המשובש: והראיה יגר שהדותא: נראה לי לומר שנשתבש תכף אחד שיצא אברהם משם: כי בלי ספק היה הוא ואבותיו מדברים בלשון הקדש כאשר קבלו מאדם עד נח איש מפי איש: והעקר היה שם בן נח שהיה בעבר הנהר שנאמר עליו הוא היה אבי כל בני עבר: רוצה לומר בני עבר הנהר כמו שפירש הרבי משה בר נחמן זכרונו לברכה: וכשמת הוא ורוב בניו ויצא משם אברהם היו כלם עובדי עבודה זרה אז נשתבש הלשון ונקרא לשון ארמי על שם אדם שהוא היה הבן האחרון של שם שנאמר בני שם עילם ואשור וארפכשד ולוד וארם: ומסתמא הוא האריך ימים יותר מכולם: לכך נקרא הלשון על שמו לשון ארמי: וכשבא אברהם לארץ כנען היה הוא וזרעו מדברים שפת כנען שהיא לשון הקדש ממש: ואף כשהיו ישראל במצרים לא עזבוהו כמו שאמרו רבותינו זכרונם לברכה שלשה דברים לא שנו ישראל במצרים שמותם: ומלבושם: ולשונם:

[220] ヘブライ語旧約聖書の中で「カナン語」を肯定的に使用する例は，イザ 19:18 を参照。

知る者もバビロニア語（לשון בבלי）の学びが重要となった。その地でバビロンのタルムード（התלמוד הבבלי）も編纂された。また第二神殿時代にはバビロニア語（לשון בבלי）に10の方言（עשר לשונם）があった。ヨナタン・ベン・ウジエルはこれを見て，彼らのために諸預言者を8つ翻訳し，改宗者オンケロスは彼らのためにトーラーを翻訳した。しかし，諸書は長い間，後述するようにエルサレムのタルグムの言語（לשון תרגום ירושלמי）に翻訳されなかった[221]。

王国時代のイスラエル人は，外交に携わる上層階級を別としてアラム語を知らなかった。しかしバビロン捕囚以後，イスラエル人は「聖なる言語＝ヘブライ語」を忘れてしまい，トーラーを学ぶ賢者でさえも「バビロニア語」[222]を学ぶような状況になったという。このような言語史観はダヴィド・キムヒと軌を一にしている。

また，その時代の「バビロニア語」には「10の方言」があったという。こうした言語状況の中で「ヨナタンのタルグム」と「オンケロスのタルグム」が作られた。つまりレヴィタによれば，タルグムが作られたのは，ヘブライ語が失われたからという理由だけでなく，「バビロニア語」を使用する人々の間でも互いの意思疎通が容易でなかったからだという。そのため，「バビロニア語」を書き言葉として標準化する必要に迫られ，その成果がタルグムだったのである。

　　ゲマラによって私たちには明らかだ——ヨナタンはオンケロスのだいぶ前に存在した。ヨナタンはヒレルの弟子の一人であり，［ヒレルは］神殿

---

[221] ［原文］ וכזכשהיו בארץ ישראל ולא היו יודעי לשון ארמי כי אם יחידים העומדים בחצר המלך : והראיה מדברי רבשקה : וכשגלו מעל אדמתם ובאו לבבל שכחו הלשון מכל וכל ככתוב בספר נחמיה : ואף החכמים ויודעי התורה עקר למודם היה בלשון בבלי : גם בו חבר התלמוד הבבלי : ואף בזמן בית שני היה שני עשר לשונו לשון בבלי : וכשראה זה יונתן בן עוזיאל תרגם להם שמנה נביאים ואונקלוס הגר תרגם להם התורה : אבל הכתובים לא היו מתורגמים עד אחר זמן רב בלשון תרגום ירושלמי כמו שאבאר אחר כך.

[222] 本章における「バビロニア語」は，タルグムを記した言語のことを指しており，現代セム語学におけるアッカド諸語とは無関係であることに注意されたい。

崩壊のおよそ 100 年前に存在したからだ。[……] オンケロスのタルグムの言語（לשון של תרגום אונקלוס）と，ヨナタンのタルグムの言語（לשון של תרגום יונתן）の間に違いはないと知れ。どちらもバビロニア語（לשון בבלי）であり，ダニエル書とエズラ記の翻訳（התרגום）と同じである[223]。

レヴィタによれば，「ヨナタンのタルグム」は神殿崩壊（70 年）のおよそ 100 年前，つまり前 1 世紀に作られた可能性があるという。また，オンケロスがローマのティトゥス帝ないしハドリアヌス帝の甥であったという伝承は，少なくとも彼が 1 世紀後半から 2 世紀前半の人物である（と想定されている）ことを示している。「ヨナタンのタルグム」と「オンケロスのタルグム」の間にはおよそ 100 年の開きが認められるのである。それにもかかわらず，両者は同じ「バビロニア語」であるという。しかもそれは，ダニエル書，エズラ記の翻訳（タルグム）部分の言語とも同じである。

ところで，これらの文書に共通する「バビロニア語」とは「アラム語」の言い換えに過ぎないのだろうか。前述の箇所でレヴィタが「アラム語」という呼称を使わなかった理由は，次の箇所で明らかになる。

だが後述するように，エルサレムのタルグム（תרגום ירושלמי）には，それとバビロンのタルグム（תרגום הבבלי）との間に大きな違いがある。これは多くの言語（לשונות）で構成されていることによる——バビロニア語（בבלי），ギリシア語（יוני），ローマ語（רומי），ペルシア語（פרסי）。その中にはこれらの言語からの多くの［語］がある。私が見るに，この集成の始まりはそれら［の言語］がエルサレムの中心的人々を支配していた時代からであった。それゆえにエルサレムのタルグムの言語（הלשון תרגום ירושלמי）で読まれた。犠牲の時（＝神殿崩壊）からおよそ 300 年

---

[223]　［原文］ כי נתברר לנו בגמרא שינתן היה קודם אונקלוס זמן רב כי יונתן היה מתלמידי הלל שהיה כמו מאה שנה קודם הורבן הבית: [...] ודע שאין הפרש בלשון של תרגום אונקלוס ולשון של תרגום יונתן : כי שניהם לשון בבלי הם וכן התרגום של דניאל ועזרה :

第2章　ヘブライ語，カルデア語，シリア語　　　　　　　　　　147

後，ラビ・ヨハナンがエルサレムのタルムード（התלמוד ירושלמי）を編纂した．[……] 私の知る限り，エルサレムのタルグム（תרגום ירושלמי）はヨブ［記］，箴言，詩編しかなく，5つのメギロトはない[224]．

「エルサレムのタルグムの言語」は，「バビロニア語」とは大きく異なっていたのである．神殿崩壊以後，エルサレムは「バビロニア語，ギリシア語，ローマ語（ラテン語），ペルシア語」など多くの言語が飛び交う状況になり，その結果，「エルサレムのタルグムの言語」はこれらの言語からの外来語で溢れた．「エルサレムのタルグムの言語」も「バビロニア語」もアラム語と呼べるかもしれないが，レヴィタは両者を区別していることが読み取れる．

なお，レヴィタが「エルサレム語」（לשון ירושלמי）ではなく「エルサレムのタルグムの言語」（לשון תרגום ירושלמי）と述べているのは彼なりの用語法かもしれない．「バビロニア語」（לשון בבלי）はバビロンの人々が使用している（と考えられた）ものであったが，多種多様な言語が飛び交っていたエルサレムにおいては，「エルサレムのタルグムの言語」は多様な言語の一つに過ぎなかった．

以上に読み取れるレヴィタの言語分類法を次のように整理しておく．

［言語分類］
　└アラム語
　　　└バビロニア語（＝バビロニアのタルグムの言語）
　　　└エルサレムのタルグムの言語

---

[224] ［原文］　כמו שאבאר אחר כך אבל בתרגום ירושלמי יש הפרש גדול בינו ובין תרגום הבבלי : וזה לפי שהוא מורכב מן הרבה לשונות : בבלי ויוני : ורומי : ופרסי : ולזה נמצאו בו הרבה מלשונות האילו : ונראה לי כי התחלת זאת ההרכבה היתה מירם משלו אילו המלכיות בירושלים : ולכן נקרא זה הלשון תרגום ירושלמי : ובו חבר רבי יוחנן התלמוד ירושלמי בקירוב שלש מאות שנה אחר הקרבן : [...] והנה דעתי נוטה להאמין שתרגום ירושלמי אינו אלא על איוב : משלי : תלים : ולא על חמש מגלות :

3.2. タルグム語＝イエスの言語？

3.2.1. バルトロメウス・マイヤー

エルサレム語

　ヘブライ語とアラム語について，ダヴィド・キムヒやエリアス・レヴィタらによってもたらされた新しい言語史観，すなわち「バビロン捕囚以後，ユダヤ人はヘブライ語を忘れ，アラム語を使用するようになった」というストーリーに対し，16世紀内には反対意見を見出すことができない。しかし17世紀に入り，ライプツィヒのB. マイヤー（Bartholomaeus Mayerus / Mayer, d. 1631）がレヴィタに対して異論を唱えた。

　マイヤーはタルムードに見られる「ラビの言語の混沌さ」（chaos linguæ Rabbinicæ）を指摘する一方で，ヘブライ人がバビロン捕囚以後に母語（linguam maternam）を学ぶことなく，またユダヤ人の日常語（vernaculam）にすることもなかったとは考えにくいとも述べる[225]。つまり，バビロン捕囚後のユダヤ人の言語状況と，「混沌」に見えるほどのラビの言語状況との間には，これまで注目されたことのない中間段階が存在しうる。

> だが，純粋な本来のヘブライ語（linguam Ebræorums）は――それによって神聖な託宣が書かれたが――ユダヤ人にとってもはや日常語（vernaculam）ではなかった。それは真実であり，誰も疑う者はいない。ただし，その者が法廷の外にいれば別だ。ヘブライ語は（Ebræa lingua）突然変化したのではなく，徐々にシロ・カルデア語に（Syro-Chaldaicæ）感染し，時の経過と共に純粋なシリア語でも（Syram）カルデア語でも（Chaldaicæ）でもなく，ヘブライとアラムの一種の中間語に（mediam quandam linguam inter Ebræam & Aramæá）変化した。それはエルサレム語

---

[225] Mayer (1629: 80), Eskhult and Eskhult (2013: 321–322) を参照。

と（Hierosolymitanam）と呼ばれ，ユダヤの民衆がバビロン捕囚から帰還した時，カルデア語（Chaldaica），アンモン語（Ammonitica），モアブ語（Moabitica），ペルシア語（Persica），ギリシア語（Græca）の多くの語彙を自身の言葉と（linguæ suæ）混ぜ合わせたものである。特にアレクサンドロス大王の時代の後，様々な侵略によって，様々な国々がユダヤの国と言葉（Politia Judaica & lingua）を悪化させ始めた。そしてついに，キリストの受難より 42 年後，最終かつ決定的な最期を迎えたのである[226]。

（Mayer 1629: 80–81）

マイヤーの主張は明瞭である。ユダヤ人はバビロン捕囚から帰還した後，すぐにヘブライ語を忘れたのではなかった。「神聖な託宣」，つまり旧約聖書にはバビロン捕囚以後の出来事が書かれた文書も含まれているが，それらは「純粋な本来のヘブライ語」で記されている。

　だが，日常語も「純粋な本来のヘブライの言葉」であり続けたのではなかっただろう。ユダヤ人の日常語は「シロ・カルデア語」に変質した。それは「純粋な本来のヘブライ語」ではなく，「純粋なシリア語」でも「純粋なカルデア語」でもなく，ヘブライ語とアラム語の「中間語」であった。さらに，バビロン捕囚からの帰還以後ずっと「シロ・カルデア語」にはカルデア語，アンモン語，モアブ語，ペルシア語，ギリシア語などから多くの語彙が入り込んだ。このようにして形をなした言語を，マイヤーは「エルサレム語」と呼ぶ。これはレヴィタの「エルサレムのタルグムの言語」に対応するものであるが，マイヤーはこれをエルサレムの人々の「日常語」であったと見なす

---

[226]　［原文］[...] sed hoc dico, puram ac primigeniam iilam linguam Ebræorums quâ oracula divina exarata sunt, amplius Iudæis non suisse vernaculam. Id verum est, nec hac de re dubitare quis potest, nisi ab omni judicio sit alienus. Ac licet non subitò Ebræa lingua transmutata, sed lento quodam Syro-Chaldaicæ linguæ contagio infecta sit, progressu tamen temporis non quidem in purè Syram aut Chaldæam, sed in mediam quandam linguam inter Ebræam & Aramæá transformata est, quam *Hierosolymitanam* appellant, eò quod vulgus Judæorum reducum ex Babylonico exilio multa vocabula Chaldaica, Ammonitica, Moabitica, Persica & Græca linguæ suæ admisceret, præsertim post *Alexandri Magni* tempora, ubi ob varias irruptiones variatum gentium una cum Politia Judaica & lingua in pejus ruere cæpit, donec tandem extremam & fatalemsuam metam attingeret, annis à passione Christi quadraginta & duobus.

のである。こうして「ラビの言語の混沌さ」が生じた理由も説明できる。

マイヤーの言語分類は、論を進めるにつれて整理されていったと見受けられる。ユダヤ人の日常語であったという「シロ・カルデア語」のことを、マイヤーは「カルデオ・シリア語」(Chaldæo-Syram) と呼ぶようになる。また、ダニエル書やエズラ記の一部に見られる「純粋なカルデア語」のことを改めて「カルデオ・バビロニア語」(Chaldæo-Babylonicæ) と呼び、ヨナタンおよびエルサレムのタルグムに見られる「エルサレム語」を「カルデオ・タルグム語」(Chaldæo-Targumicæ) と呼んでいる[227]。つまりマイヤーの新たな用語法に従えば、「カルデア語」と呼ばれる大分類の下に3つの小分類が存在する。

［言語分類］
└カルデア語（アラム語？）
　　└カルデオ・シリア語（シロ・カルデア語）
　　└カルデオ・バビロニア語（純粋なカルデア語）
　　└カルデオ・タルグム語（エルサレム語）

また、マイヤーの想定する「言語活動の場」を整理してみよう。

［言語活動］
└預言者のみ
　　純粋な本来のヘブライ語
└日常語
　　カルデオ・バビロニア語（ダニエル書、エズラ記の一部に見られる言語）
　　カルデオ・シリア語（ユダヤ人の日常語）
　　カルデオ・タルグム語（ヨナタンおよびエルサレムのタルグムの言語）

---

[227] Mayer (1631: 184) を参照。

イエスの言語

　マイヤーは，ギリシア語新約聖書に見られる γολγοθα（マタ 27:33），γαββαθα（ヨハ 19:13）がシリア語ペシッタでそれぞれ *Gogultha*, *Gephiphtha* に対応し，語形の不一致が甚だしいことを指摘する[228]。したがって，ギリシア語新約聖書に現れるこれらの語形はシリア語のものではない。

　マイヤーの推測によれば，γολγοθα はオンケロスとヨナタンのタルグムに現れる גּוּלְגַּלְתָּא（出 16:16）に近く，また γαββαθα はヘブライ語の גָּבֹהַּ に由来する語形 גִּבְעָה が考えられる。また，ギリシア語新約聖書におけるギリシア文字表記の人名についても，Ιωσαφατ（マタ 1:8），Ιωσηφ（マタ 1:10），Ιωσιας（マタ 1:8），Ιωραμ（マタ 1:8）は，シリア語ペシッタでそれぞれ *Iauseph*, *Iusaphat*, *Iusia*, *Iuram* になる。つまり，（今日的な表現を用いるなら）シリア語にはヘブライ語の /o/ に相当する音が無いが，ギリシア語新約聖書のギリシア文字表記形には /o/ が存在する。また /o/ はタルグムの言語（カルデオ・タルグム語）にも認められる。

　したがって，ギリシア語新約聖書における（大分類としての）「カルデア語」の語形は，カルデオ・シリア語（シロ・カルデア語）のものではなく，カルデオ・タルグム語（エルサレム語）のものである。それゆえ，キリストの時代には「タルグムの言語」，すなわち「偽ヨナタン，およびその他のエルサレムのタルグム」（Pseudo-Jonathan & autor Targum Hierosolymitani）の言語であった蓋然性が大きい，とマイヤーは結論付ける[229]。

3.2.2. ブライアン・ウォルトン

ヘブライ語

　イギリス国教会の主教であり，『ロンドン・ポリグロット』の編者であった B. ウォルトン（Brian Walton, d. 1661）は，浩瀚な序文の中でマイヤーの主張

---

[228] Mayer (1629: 107–113) を参照。
[229] Mayer (1631: 184–185) を参照。

に異議を唱える。「ヘブライの言葉について」(*De lingua Hebraica*) と題された序文 III には 56 の記事が掲載されているが，24 番目の記事は「捕囚の 70 年後におけるカルデア語またはシリア語の変化」(Post 70. annorum Captivitatem mutatam in Chaldaicam sive Syriacam) である。この中で，ウォルトンはエリアス・レヴィタとダヴィド・キムヒの言語史観を紹介し，次にマイヤーの立場を述べる。

> しかし異論もある。［……］ヘブライ語（linguam Hebræcam）はペルシアとギリシアの帝国の期間の日常語（vernaculam）であり，ハスモン朝の時代以前にアラム語（Aramæam）へ後退することはなかった。捕囚後の預言者らがその預言をヘブライ語（lingua Hebraica）で記したからである。また，神の民が帰還した時，異国語（aliena liugua）を話さなかった可能性もある。それはオンケロスとヨナタン——キリスト前か，キリストの時代——以前には翻訳（Paraphrases）が存在しなかったことからも裏付けられると[230]。 （Walton 1655: 19）

その上で，ウォルトンはマイヤーの立場に対して次のように反論を試みる。

> ギリシア語（Gracorum）の支配下において，ヘブライ語（lingua Hebræa）がカルデア語（Chaldaicam）またはシリア語（Syriacam）に変化したという可能性は皆無である。ギリシア人はカルデア人よりも，勝利を通してその言語（linguam）を導入してきたからだ。それゆえ，［カルデア語への］変化はギリシア人によるものではなく，カルデアの主人によるもの

---

[230]［原文］Quod vero quidam objiciunt, [...] linguam Hebræcam vernaculam fuiffe durante Imperio Perlico & Græco, & non ante Assamonæorum tempora in Aramæam degenerasse, quia Prophetæ post Captivitatem prophetias suas lingua Hebraica conscripserint; & probabile non sir Deum populum reducem aliena liugua allocutum fuisse: quod ex hoc confirmant, quia Paraphrases nullæ suerint ante Onkelosum & Jonathanem, qui paulo ante Christum floruerunt, vel circa Christi tempora:

である[231]。　　　　　　　　　　　　　　（Walton 1655: 19）

　もしヘブライ語が使用されなくなったのがヘレニズム時代であったのなら，ユダヤ人は「カルデア語」でもシリア語でもなく，ギリシア語に移行していたはずである。だが実際のユダヤ人は「カルデア語」へ移行したのであるから，その移行時期はカルデアの時代，すなわちバビロン捕囚の時代であったとウォルトンは主張する。ただし，捕囚の時代にヘブライ語がすっかり忘れ去られたとも考えていない。

　　帰還後にすべてのユダヤ人の間で突然ヘブライ語（linguam Hebræam）が失われたとも思えない。［……］実際には，預言者の時代からの祭司やレビ人——民に教える立場であった——が聖なる言語（linguam sanctam）を保持したのみならず，祭司と同様に民の中の指導的立場にある者の多くが，［捕囚後の］すべての時代で古代語（linguam antiquam）を称えていた。［……］預言者らが最後の預言の大部分をヘブライ語（Hebraice）で記したのは驚くことではない（エズラ記とダニエル書のいくつかはカルデア語（Chaldaica）である）。聖書の他の部分がすべて同じ表現（idiomate）で記されているからである。［……］だが真実を言えば，祭司やレビ人は民に対して民衆語（lingua vulgari）で律法を説き，その後のシナゴーグにおいて公にすることを選んだのである。［……］[232]　　（Walton 1655: 19）

---

[231] ［原文］ Nullam enim probabilitatem habet, quod sub Græcorum imperio lingua Hebræa in Chaldaicam vel Syriacam mutata sit: Græci enim potius propriam linguam more victorum introduxissent, quam Chaldaicam. Necessario itaque hæc mutatio a Chaldæis dominis, non Græcis prosecta est:

[232] ［原文］ nec sentimus statim post reditum apud omnes Judæos amissam esse linguam Hebræam: [...] Imo certum est, quod non tantum út a Prophetarum temporibus Sacerdotes & Levitæ, qui plebem ex officio tenebantur instruere, linguam sanctam retinuere, sed & inter populum les pla multi ex primoribus, ut & sacerdotes, omnibus postea temporibus linguam antiquam coluerunt. [...] Non mirandum itaque, Prophetas ultimos prophetias suas Hebraice ex maxima parte (nam quædam sunt Chaldaica apud Esr. & Daniel.) conscripsisse: cum omnes reliqui libri sacri eodem idiomate conscripti suerint; [...] Si vero dicant; Sacerdotes & Levitas legem populo exposuisse lingua vulgari, postquam ipsam prælegissent publice in synagogis, [...]

捕囚後の預言者らがヘブライ語で預言を記したのは，聖書のほとんどが「聖なる言語＝ヘブライ語」で記されていたという表現（文体）の選択に関わる事柄に過ぎない。また，ユダヤ人の指導者らも「古代語＝ヘブライ語」を解し，宗教活動の場で使用していたという。だが，民衆は「古代語＝ヘブライ語」を解することができなかった。そのため，指導者らはシナゴーグにおいてトーラーを「民衆語＝カルデア語」で説くことにしたのである。

このように考えれば，前1世紀に至るまでヨナタンのタルグムが作成されなかった理由も説明しうる。ヘブライ語を解する指導者らが，民衆には口頭にて「カルデア語」で説明できるのなら，文書としてのタルグムは必要がない。文書としてのタルグムが必要になるのは，指導者らでさえヘブライ語の知識を失い始めた段階，ということになる。

ある言語共同体で使用されている言語が他の言語に入れ替わるとき，中間段階として，両方の言語が併存することが考えられる。マイヤーはその中間段階における言語併存を「預言者の言語」と「日常語」の位相差と想定したが，ウォルトンは「宗教語」と「民衆語」の位相差と想定する。

［マイヤー］（抜粋再掲）
　└預言者の言語
　　　純粋な本来のヘブライ語
　└日常語
　　　カルデオ・バビロニア語
　　　カルデオ・タルグム語
　　　カルデオ・シリア語

第 2 章　ヘブライ語，カルデア語，シリア語

[ウォルトン]
└宗教語
　　古代語＝ヘブライ語
└民衆語
　　カルデア語

したがって，マイヤーとウォルトンが想定する「言語活動の場」の構造はほとんど同じである。結局のところ，論点はヘブライ語が「古代語」であったかどうかに尽きる。この場合の「古代語」とは「誰の母語でもない」という暗黙の定義がなされている。マイヤーの考えでは，ヘブライ語は日常語でなくなってはいても，なおそれを母語とする預言者集団が存在していたため，ヘブライ語旧約聖書がヘブライ語で書かれることになった。一方，ウォルトンの考えでは，ヘブライ語を母語とする集団はもはや存在せず，後の学習によってのみ習得しうるものであった。それゆえ，ヘブライ語を母語とする集団が消失しても，社会が要請する限り，ヘブライ語は宗教語・学習語として場を占めることが可能なのである。

エルサレム語
　マイヤーの述べる「エルサレム語」(Hierosolymitana) については，ウォルトンは何を主張しているだろうか。「ヘブライ語について」(De lingua Syriaca) と題された序文 VIII において，ウォルトンはグレゴリー・アミラ（次章を参照）に従い，「カルデア語」(Chaldaica) と「シリア語」(Syriaca) を同じものであると見なす。

> それゆえ，カルデア語と (Chaldaicum) とシリア語が (Syriacam) が同じ言語 (eandem linguam) であり，両者ともバビロン捕囚の遙か前からその言語の名で (nomine linguani) 呼ばれたのは確かである。したがってシリア語 (Syriacam) は，彼らの帰還後にカルデア語と (Chaldææ) ヘブライ語と (Hebrææ) との混合で生じたものではなく，シリア語 (Syriacæ linguæ)

の名をユダヤ人らに帰するのも適切ではない。カルデア語（Chaldaicæ）またはシリア語（Syriacæ）の名は，バビロン人の言語にもユダヤ人の言語にも（Babyloniorum quam Judæorum linguæ）一般的に用いられたのである[233]。　　　　　　　　　　　　　　　　　　　　　　　　（Walton 1655: 87）

　マイヤーが主張したように，バビロン捕囚以後，ユダヤ人の間で「カルデア語とヘブライ語」が混淆してシリア語が生じたのではない。シリア語はユダヤ人の捕囚前から独立して存在しており，かつ，それは「カルデア語」と同じものであったという。言語として同じものが，各地域の使用者によって異なる名を与えられていたに過ぎない。したがって，捕囚後のユダヤ人が使用した言語は「シリア語」とも「カルデア語」とも呼ぶことができる。ウォルトンによれば，外来語で溢れた「エルサレム語」もまた「シリア語」であり「カルデア語」なのである。

　しかし，ユダヤ人らの言葉（lingua Judæorum）としてのカルデア語（Chaldaica）は，純粋なバビロニアのカルデア語（pura Chaldaica Babylonica）よりもヘブライ語（Hebraicæ）に類似していた。［……］その後，アラビア語（Arabicis），ギリシア語（Græcis），ローマ語（Romanis）などによる多くの外国の語彙が混合，混淆した。そのためエルサレムまたはユダヤの言葉（lingua Hierosolymitana sive Judaica）も拡大してカルデア語（Chaldaicæ）と呼ばれる[234]。　　　　　　　　　　（Walton 1655: 87）

---

[233]［原文］Verissimum itaque est Chaldaicum & Syriacam unam & eandem esse linguam, & utroque nomine linguani utramque appellatam fuisse, longe ante Chaldæorum captivitatem, ideoque Syriacam non ortam esse post ipsorum reditum ex mixtura Chaldææ & Hebrææ, nec Syriacæ nomen Judæorum linguæ propriam fuisse post raditum, sed Chaldaicæ vel Syriacæ nomen generaliter tam Babyloniorum quam Judæorum linguæ adhibitum fuisse.

[234]［原文］Erat tamen lingua reducum Judæorum licet Chaldaica tamen Hebraicæ similior quam pura

ウォルトンの用語法を整理しておこう。

[言語分類]
└シリア語＝カルデア語
　　└バビロニアのカルデア語
　　└バビロニアのユダヤ人のカルデア語
　　└エルサレムのユダヤ人のカルデア語
　　└シリア語

イエスの言語

ウォルトンは，イエスと使徒らは「シリア語」(lingua Syriaca) を母語とする者であったとする[235]。ただし前述したように，ウォルトンの「シリア語」は大分類にも小分類にも用いられる。この場合の「シリア語」とは，「オンケロスのタルグム，ヨナタンのタルグム」における「シリア語」，つまり「バビロニアのユダヤ人のカルデア語」であろう，と主張する。この点については次章で確認する。

3.2.3. エルンスト・レーシャー

ヘブライ語的特徴

18世紀に入り，V. E. レーシャー（Valentin Ernst Löscher, d. 1749）はマイヤーの立場を支持する。レーシャーはまず，ヨブ記におけるヨブと友人らの対話の大部分に見られるアラム語の影響を（magnam partem Aramæo）指摘する[236]。その事実にもかかわらず，「エガル・サハドタ」(יגר שהדותא)（創 31:47）のような「古いカルデア語」(Chaldaicam veterem) よりも，ヨブ記は「ヘブラ

Chaldaica Babylonica, [...] postea vocabulis multis Arabicis, Græcis, Romanis aliisque exoticis mixta & contaminata. Hinc etiam est quod Paraphrases lingua Hierosolymitana sive Judaica extentes vocantur Chaldaicæ.

[235] Walton (1655: 88), Eskhult and Eskhult (2013: 322–323) を参照。
[236] ヨブは「ウツの地」に住んでいたとされるが（ヨブ 1:1），ウツはアラムの子とされる（創 10:23）。

イ語的特徴」（Ebraismo）を持っている。つまり，ヘブライ人は歴史を通じて「ヘブライ語的特徴」を失う方向へ進んでいくという。

　このことを念頭に置き，ユダヤ人は捕囚後に「ヘブライ語的特徴」を完全に失い，「タルムードの表現」（Targumicum idioma）に見られるような「カルデア語」（Chaldaicum）を使用するようになったとレーシャーは述べる[237]。しかし，レーシャーはマイヤー同様，そのことは短期間に生じたものではないとする。

> また私はラビらのみに信を置くものではない。[……] バビロン捕囚の帰還後の2世代，ゾロバベル（＝ゼルバベル，エズ 3:2）とエズラ（エズ 7:1）の時代には，ユダヤ人の間でヘブライ語的特徴（Ebraismus）が保たれていたが，3世代およびそれ以降は状況が異なっていた。3つの派が日の下に現れたのである。カルデア語（Chaldaica），エルサレム語（Hierosolymitana），ギリシア語（Græca）［の者たち］である[238]。　　　（Löscher 1706: 72）

レーシャーによると，バビロン捕囚の帰還後の2世代まで，つまり第二神殿が完成するまでは「ヘブライ語的特徴」（Ebraismus）が保たれていたという。だが3世代の後，状況が一変する。ユダヤ人が3つのグループ，すなわち「カルデア語」を使用するグループ，「エルサレム語」を使用するグループ，「ギリシア語」を使用するグループに分かれてしまったのである。

　このうち，「カルデア語」を使用するグループとは，カルデア，ペルシア，メディア，メソポタミアにとどまり，パルティアの保護を受けて学究を続け，あるいは諸預言者の翻訳（ヨナタンのタルグム）を作成した人々である。彼

---

[237] Löscher (1706: 45) を参照。

[238] ［原文］Atque hic non habebo fidem Rabbinis solis, [...] Duobus post reditum e captivitate Babylonica seculis, seculo nempe Zorobabelis & Esræ, Ebraismus in gente Judæorum conservatus est, at tertio sequentibusque res aliter se habere cæpit. Tres velut factiones [...] cum in apricum prodiere, Chaldaica, Hierosolymitana & Græca.

らは「捕囚の間にアラム語，ヘブライ語，バビロニア語が混ざり合って生まれた方言」（dialectum in captivitate ex Aramææ, Ebrææ & Babylonicæ commixtione natam）を使用していたが，その言語はカルデアの名をとって「カルデア語」（Chaldaicæ），正確には「カルデア人のユダヤ人の方言」（[dialectum] Judæorum Chaldæorum）と呼ばれるという。この方言は神学論と神への賛美に用いられるがゆえに，最も純粋さが維持された（mansere purissimi）ものであるという[239]。

「エルサレム語」を使用するグループはパレスティナとシリアに住んでいた。彼らは「純粋なタルグム語ではない方言」（dialectoque [...] non pure Targumica），すなわち「西アラム語，またはシリア語」（Aramæorum occidentalium, sive Syrorum）を組み合わせた言葉を使用していた。それゆえ，それは「シロ・カルデア語，またはエルサレム語」（Syro-Chaldaica, sive Hierosolymitana）と呼ばれ，最も不純なもの（impurissima）は「ダマスコ語」（Damascena）とも呼ばれる[240]。

「ギリシア語」を使用するグループはローマ帝国内，特にエジプト，小アジア，フリギア，ポントス，ギリシア，イリリクム，シチリア，イタリアに住んでおり，人名も様々である。彼らは「ギリシア語」（Græcam lingvam）を受け入れ，それゆえ「ヘレニスト」（Hellenistæ）と呼ばれたという[241]。

ここまでのレーシャーの言語分類を整理しておこう。彼は「ユダヤ人の言語」について述べており，そこには「ユダヤ人のアラム語」とギリシア語が含まれる。ヘブライ語についてはまだ語られていない。

---

[239] Löscher (1706: 72–73) を参照。
[240] Löscher (1706: 73–74) を参照。
[241] Löscher (1706: 74–75) を参照。この点で，レーシャーはサルマシウスよりもハインシウスの立場を受け入れる（Löscher 1706: 74）。第4章も参照。

［言語分類］
└ユダヤ人の言語
　└ユダヤ人のアラム語
　　└ヘブライ語的特徴の強いアラム語（ヨブ記）
　　└ヘブライ語的特徴の弱いアラム語（創 31:47）
　　└ヘブライ語的特徴を失ったアラム語
　　　└カルデア語＝カルデア人のユダヤ人の方言
　　　　※（純粋な）タルグムの方言
　　　　※アラム語，ヘブライ語，バビロニア語の混淆語
　　└エルサレム語＝シロ・カルデア語
　　　　※純粋なタルグム語ではない方言
　　　　※西アラム語，シリア語の混淆語
　　　└ダマスコ語
└ユダヤ人のギリシア語

イエスの言語と「新ヘブライ語」

　前節に述べた言語分類を踏まえた上で，レーシャーは「キリストと使徒らの言葉」について述べる[242]。

> ここまで述べられたことから，愛する読者には隠せないであろう——キリストの時代，ヘブライ語（Ebræa lingva）はユダヤ人に［使用されて］おらず，パレスティナに住む者の日常語（vernacula）でもなかった。その方言は特に疑似ヘブライ語（Pseudo-Ebræa）または新ヘブライ語（Neo-Ebræa）であり，タルグム語（Targumicis）とシリア語（Syriacis）の混合である。スカリゲルなどの専門家にはシロ・カルデア語（Syro-Chaldæam）と呼ばれる。［……］では，この言葉（lingvæ hujus）の断片を集めてみよ

---

[242] Löscher (1706: 74–75) を参照。

う——キリストと使徒らの生活のためのものであり，エルサレムの人々などユダヤ人にとっての日常語（vernacula）であった[243]。

レーシャーはここで「疑似ヘブライ語」または「新ヘブライ語」という用語を導入する。これはヘブライ語ではなく，「タルグム語とシリア語」とが混ぜ合わさったものである。他の学者が「シロ・カルデア語」と呼んでいるものを（スカリゲルに関しては次章を参照），レーシャーは「新ヘブライ語」と呼ぶというのである[244]。これが「キリストと使徒らの日常語」であったという。レーシャーは「この言語（新ヘブライ語）の断片」としてギリシア語新約聖書の 13 語を挙げ（Αββα, Ακελδαμα, Βαρ, Γαββαθα, Γολγοθα, Εφφαθα, Ηλι, Κουμι, Λαμα, Μαραν αθα, Μαμμον, Ραββουνι, Σαβαχθανι, Ταλιθα），次のように述べる。

> これらの短い例（laciniis）によると，この新ヘブライ語（Neo-Ebræę）は優れたものに見える。一方では古ヘブライ的特徴（veteri Ebraismo）から純粋な多くものを有し，他方ではアラム語的特徴（Aramismo）から多くのものを受け入れたものである[245]。　　　（Löscher 1706: 74–75）

「新ヘブライ語」は「エルサレム語」同様に混淆の結果であるが，「エルサレム語」とは異なり，「古ヘブライ的特徴」を多分に含んだものである。同時に「新ヘブライ語」は「アラム語的特徴」を取り込み，古い伝統と新たな伝統とを象徴的に取り込んだ言語である。そして，それは神殿やシナゴーグで使

---

[243] ［原文］Ex iis, quæ hoc atque superiori capite dicta sunt, non puto benevolam Lectorem latere posse, quod Ebræa lingva ætate Christi nulli Judæorum factioni, & ne illi quidem , quæ in Palæstina degebat, vernacula fuerit, sed hanc præsertim dialecto Pseudo-Ebræa, vel Neo-Ebræa, ex Targumicis & Syriacis mixta, quam Scaliger aliique rerum apprime gnari Syro-Chaldæam vocant, [...] Age colligamus fragmenta lingvæ hujus, quæ, Christo Apostolisque viventibus, Hierosolymitanis aliisque Judæis vernacula erat.

[244] Eskhult and Eskhult (2013: 323–324) も参照。

[245] ［原文］Ex his laciniis apparet, quis Neo-Ebræe hujus lingvæ genius fuerit: multa enim ex veteri Ebraismo pura fere retinuit, multa ex Aramismo adscivit,

用された言語であると同時に[246]、一部の人々、たとえば「キリストと使徒らの日常語」としても使用されてもいたという。つまり、「新ヘブライ語」には古い伝統と新たな伝統の両方が流れ込んでおり、イエスと使徒らはそれを日常語としていた、とレーシャーは述べるのである。

以上に基づき、前述のレーシャーの言語分類法を修正しておこう。

［言語分類］
　└ユダヤ人の言語
　　　└ユダヤ人のヘブライ語
　　　　　└古ヘブライ語
　　　　　　　※聖書のヘブライ語
　　　└ユダヤ人のアラム語
　　　　　└ヘブライ語的特徴の強いアラム語（ヨブ記）
　　　　　　　└新ヘブライ語
　　　　　　　　　※タルグム語とシリア語の混淆語
　　　　　└ヘブライ語的特徴の弱いアラム語（創 31:47）
　　　　　└ヘブライ語的特徴を失ったアラム語
　　　　　　　└カルデア語＝カルデア人のユダヤ人の方言
　　　　　　　　　※（純粋な）タルグムの方言
　　　　　　　　　※アラム語，ヘブライ語，バビロニア語の混淆語
　　　　　　　└エルサレム語＝シロ・カルデア語
　　　　　　　　　※純粋なタルグム語ではない方言
　　　　　　　　　※西アラム語，シリア語の混淆語
　　　　　　　　　　└ダマスコ語
　　　└ユダヤ人のギリシア語

---

[246] Löscher (1706: 83) を参照。

3.2.4. ゴットローブ・カルプゾフ

新ヘブライ語

レーシャーの提唱した「新ヘブライ語」の概念を批判的に受け継いだのは J. G. カルプゾフ（Johann Gottlob Carpzov, d. 1767）であった。

> 捕囚の民が小アラムにおけるユーフラテス川とチグリス川の合流地点——バビロンの近くであった——へ連行されたとき（エゼ 1:1）、必要に迫られてアラム語（Aramæam linguam）を受容したが、それは純粋なもの（puram）ではなく、大量のヘブライ語（Hebræarum）とバビロニア語（Babylonicarum）の語（vocum）が混ざり合い、拡大されたものであり、そこからこのカルデア語（Chaldaicum）の表現（idioma）が現れたのである。[……][247]
>
> （Carpzov 1728: 213）

カルプゾフによれば、「カルデア語」とはユダヤ人の捕囚の期間に「ヘブライ語とバビロニア語」との混淆によって生じた、「アラム語」の不純な形である[248]。「カルデア語」はユダヤ人にとっての日常語となり、彼らの帰還後も「古代ヘブライ語」（prisca Hebræa）と同等の権利を得たという[249]。

それでは「古ヘブライ語」（veterem Hebræam）は（キムヒやレヴィタの言うように）完全に忘れ去られたのだろうか。この文脈において、カルプゾフはレーシャーの用語法に切り替える[250]。「古ヘブライ語」（veterem Hebræam）

---

[247] ［原文］Cum enim populus captivus, ad Euphratis & Chebaris confluentes, in Aramæam abduceretur inferiorem, quæ proxima erat Babyloni, necessitate victus adactus Aramæam adoptabat linguam, nec tamen puram illam, sed ingenti Hebræarum & Babylonicarum vocum cumulo permistam & auctam, unde Chaldaicum istud prodiit idioma nec tamen puram illam, sed ingenti Hebræarum & Babylonicarum vocum cumulo permistam & auctam, unde Chaldaicum istud prodiit idioma, [...]

[248] 続く段落では、カルプゾフの「カルデア語」のことを、レーシャーは「新ヘブライ語」（Neo-Ebræum）と呼び、ブクストルフ（Johannes Buxtorf, d. 1629）は「純粋なバビロン語」（pure Babylonicum）と呼ぶと説明する（Carpzov 1728: 213）。

[249] Carpzov (1728: 213) を参照。

[250] カルプゾフはそれまで用いていた「古代ヘブライ語」（prisca Hebræa）という用語も、レー

は，「カルデア語」すなわち「新ヘブライ語」(Neo-Ebræum) と共にパレスティナへ帰還し，数世代の間は上層階級のみならず民衆にも理解しうるものであった[251]。ところが，ある時期に状況が一変する。

> だがユダヤ人の次世代において状況はたいへん違った様相を呈する。セレウコス朝がシリアの支配権を得たのである。[ユダヤ人は]エジプトのラゴス朝（＝プトレマイオス朝）との支配権を巡る争いに何度も巻き込まれ，ついにアンティオコス・エピファネスがエルサレムおよびユダヤのほとんどを獲得した際，彼はシリアの偶像崇拝，シリアの統治法，シリアの裁判法，シリアの法律を導入し，ユダヤ人に対しあらゆる面でシリア語（Syramque linguam）をも強制した[252]。　　（Carpzov 1728: 218）

ユダヤ人がセレウコス朝の支配下に置かれた時（前2世紀），彼らは「シリア語」を強制されたのだという[253]。つまり，捕囚以後のユダヤ人が「古ヘブライ語」をただちに忘れ去ったのではなく，セレウコス朝の支配下に置かれるまでは「古ヘブライ語」と「新ヘブライ語＝カルデア語」との併用された時代が存在したのだとカルプゾフは述べる。しかし，セレウコス朝による「シリア語」の強制によって，「新ヘブライ語＝カルデア語」は，「シロ・カルデア語」(Syro-Chaldaico) へと姿を変え，これがユダヤ人の日常語 (vernacule)

　シャーの用いた「古ヘブライ語」(veterem Hebræam) に切り替える。

[251] Carpzov (1728: 214) を参照。

[252] ［原文］Sed aliam longe faciem nacta est res Judæorum periodo hujus ætatis *secunda*, ubi in Syria rerum potiti Seleucidæ sunt, crebrisque praco liis cum Lagidis Ægypti regibus congressi, de imperio decertarunt, atque imprimis postquam Antiochus Epiphanes, in potestatem redacta Hierosolyma, Judæaque propemodum universa, Syram idololatriam, Syra præsidia, Syra judicia, Syras leges invexit, Syramque linguam passim usurpare Judæos adegit.

[253] ウォルトンはマイヤーへの反論の中で，もしヘブライ語が使われなくなったのがヘレニズム時代であったのなら，ユダヤ人はギリシア語に移行していたはずだと考えた。カルプゾフは，ヘレニズム時代におけるセレウコス朝の主要語を「シリア語」と見なすことで，ウォルトンの批判を回避している。

第 2 章　ヘブライ語，カルデア語，シリア語

になったという[254]。そして「古ヘブライ語」はこの時期を境に忘れられていくのである[255]。

　ここまでから読み取れるカルプゾフの言語分類法は次のようになる。彼は「ヘブライ語との連続性」に着目していることが分かる。

［言語分類］
　└古代ヘブライ語＝古ヘブライ語
　　└カルデア語＝新ヘブライ語
　　　　※ヘブライ語，バビロニア語（アラム語）の混淆語
　　　└シロ・カルデア語
　　　　　※カルデア語，シリア語の混淆語

イエスの言語

　「イエスと使徒らの言葉」も「シロ・カルデア語」であったとカルプゾフは主張する[256]。レーシャーの挙げたようなギリシア語新約聖書におけるギリシア文字表記形も，カルプゾフによれば「シロ・カルデア語」なのである。それはアラム語の一部であるが，ヘブライ語が混淆した「カルデア語＝新ヘブライ語」に由来するという点において，なお「ヘブライ語の方言」（Hebraica[e] dialectus）であり，ある程度の純粋さ（puriorem）を保ち続けていたともカルプゾフは述べる。

　そのため「オンケロスのタルグム」も，「ヨナタンのタルグム」に近い言葉で記されている。だが神殿の破壊と，ユダヤ人離散の影響により，言語の「語，句，構造」（vocibus, phrasibus, structuris）が破壊されていき，やがて「エルサレムのタルグム」に見られるように理解困難な「パレスティナの方言」（Palæstinæ dialectus）になったという。

---

[254] ここでレーシャーの用語法から外れる。レーシャーにとっての「シロ・カルデア語」とは西アラム語とシリア語との混淆語であり，「新ヘブライ語」とは区別されるものであった。
[255] Carpzov (1728: 218), Eskhult and Eskhult (2013: 324) を参照。
[256] Carpzov (1728: 219) を参照。

ミシュナのヘブライ語

　カルプゾフはミシュナのヘブライ語についても言及する。ミシュナのヘブライ語，もしくはラビのヘブライ語は，「キリスト者の通訳」（Christianis interpretes）によって「恐ろしく不純」（horrida & impura）だと非難されてきた[257]。だが，ラビのヘブライ語とはエルサレム神殿の破壊後，ユダヤ人の学識ある教師らの記憶から取り戻されたものであり，その制約のゆえに，形と構造（corpus ac systema）を縮小せざるをえなかったものである。ヘブライ語の表現（stylo）としては非常に純粋（puro）でありながら，過度なラコニズムによって，キリスト者には理解が困難になったのである[258]。

> このことから［次のことが］明らかであろう。ヘブライ語は（linguam Hebræam）長い間嵐から逃れ，もはや聖なる書以外では純粋な形で入手できなかったが，それでも学識者によって完全に無視されたのではなかった。彼らはその時代の土着語（barbariem）を克服し，無垢の民衆より賢く，己の父祖の方言（dialectum）を正確に理解し，可能な限り真似しようと努めた。こうしてついにラビの話し方が生まれ，今なお偉人らの注解にその座を保持している[259]。　　　　（Carpzov 1728: 221）

　したがって，カルプゾフの言語分類法は次のようになる。

---

[257] Carpzov (1728: 220) を参照。

[258] Carpzov (1728: 220) を参照。

[259] ［原文］Unde liquere arbitror, linguam Hebræam, licet ea tempestate dudum exolevisset, nec extra S. Codicem amplius pura suppeteret, non omnino tamen a gentis doctoribus fuisse neglectam, quin ii temporum suorum barbariem eluctari, supra imperitum vulgus sapere, avitamque majorum dialectum intelligere exacte, & æmulari pro virili niterentur; unde Rabbinicum tandem enatum est dicendi genus, quod etiamnum in Magistrorum commentariis locum tuetur.

［言語分類］
└古代ヘブライ語＝古ヘブライ語
　└カルデア語＝新ヘブライ語
　　※ヘブライ語，バビロニア語（アラム語）の混淆語
　　└シロ・カルデア語
　　　※カルデア語，シリア語の混淆語
　　　※ヨナタン，オンケロスのタルグム
　　　└パレスティナの方言
　　　　※エルサレムのタルグム
└ミシュナのヘブライ語

4.「カルデア語」と「シリア語」

4.1. シリア語＝イエスの言語？

4.1.1. アルブレヒト・ヴィトマンシュテッター

　J. A. ヴィトマンシュテッター（Johann Albrecht Widmannstetter, d. 1557）は，シリア語新約聖書を初めてヨーロッパに紹介した人物として知られるが，その業績のみならず，出版に至るまでの逸話もよく知られている[260]。

　ヴィトマンシュテッターのシリア語の師は，ヨーロッパにおいてシリア語とアルメニア語の最初期の入門書を書いた Th. アンブロシウス（Theseus Ambrosius, d. 1540）である（Ambrosius 1539）。ヴィトマンシュテッターはおそらく 1530 年頃にシリア語を学んだ。その際，アンブロシウスからシリア語

---

[260] Widmannstetter (1555: 647–648), Walton (1655: 89), Wilkinson (2007: 137–169), Cecini (2015: 235–239), Mércz (2019: 350–354) を参照。

の福音書写本を預かり，その出版を約束したという[261]。

　1533年，シエナに滞在していたヴィトマンシュテッターは，地元の教養人ラクタンティウス・プトレマエウスの図書館を訪れた。偶然そこでシリア語の四福音書と，いくつかの「聖エフレム」の著作，および「シリア人ヤコブ」の著作を発見した[262]。同年に教皇クレメンス7世の秘書となり，キリスト者のためのシリア語およびアラビア語学校の設立を目指すが，教皇の死により計画は頓挫した。翌年には新教皇パウロ3世の秘書を務め，翌1535年に職を辞した。その後はシェーンベルクの枢機卿ニコラウスの秘書を務めた。

　さて，1552年のことである。教皇ユリウス3世のもとへ，マロン派教会の使者モーゼス（Moses of Mardin, d. 1592）が訪れた。彼は総主教イグナティウスの命を受け，12世紀作のシリア語新約聖書の写本を広く典礼で使えるよう，出版協力者を探していた。ローマとヴェネツィアで協力者を得ることのできなかったモーゼスはウィーンへ赴き，そこでヴィトマンシュテッターと出会った。こうしてシリア語新約聖書の出版事業が始まり，1555年に初版（*editio princeps*）が公刊されるに至ったのである[263]。

イエスの言語

　「イエスの言語」に関するヴィトマンシュテッターの主張は，書名に付された長い副題で端的に言い表されている。

> 私たちの主，神イエス・キリストの福音の聖なる書…（中略）…シリアの文字と言葉（characteribus & lingua Syra）による，イエス・キリストの日常語（vernacula）。神聖なる彼の口によって聖別され，福音書記者ヨハ

---

[261] Wilkinson (2007: 27, 138) を参照。
[262] Wilkinson (2007: 140–141)を参照。
[263] Wilkinson (2007: 151–160)を参照。

ネにヘブライ語（Hebraica）と呼ばれたもの。［……］²⁶⁴

ここには 2 つの論点が含まれている。

(1) 「シリア語」が「イエスの日常語」であった。
(2) 福音書に見られる「ヘブライ語で」（Ἑβραϊστί）とは「シリア語で」の意味であった²⁶⁵。

この 2 つの論点は，現代まで繰り返される議論されることになる。

ヘブライ語＝カルデア語＝シリア語

　ヴィトマンシュテッターは序論において，「ヘブライ人の言語」（Hebræorum linguam）が人類最初の父祖のものであり，それが後に「カルデア語あるいはシリア語」と（Chaldæam sive Syriacam）なり，同様に「アラビア語」にもなったと述べる。シリア教父の言語観と同様，ヴィトマンシュテッターにとってもこれらの言語は同根なのである²⁶⁶。

　また，ヴィトマンシュテッターはシリア語新約聖書の出版の意義を次のように述べる。

> さらに神の賜物によって，ユダヤ人らは──［彼らには］タルグムの言語（Thargumica lingua）で書かれた新約聖書の各巻がこの時代まで隠されていた──，モーセ伝統の覆いが取り除かれ，永遠の真実を知ることへと容易に導かれるであろう。またラテン教会の優れた人々は──その中の多くは，この救いの世紀に変わる頃，ヘブライ語（Hebræam）の後に

---

²⁶⁴ ［原文］Liber sacrosancti evangelii de Jesu Christo domino & Deo nostro: [...], characteribus & lingua Syra, Iesu Christo vernacula, Diuino ipsius ore cōsecrata et a Ioh. Euãgelista Hebraica dicta, [...]
²⁶⁵ ヨハネによる福音書，ヨハネの黙示録では Ἑβραϊστί が用いられ（ヨハ 5:2; 19:3, 7; 19, 20, 20:6, 黙 9:11; 16:16），使徒言行録では τῇ Ἑβραΐδι διαλέκτῳ が用いられる（使 21:40; 22:2; 26:14）。
²⁶⁶ Widmannstetter (1555: 30), Eskhult and Eskhult (2013: 330-331) を参照。

> タルグム語（Thargumica）あるいはカルデア語（Chaldæa）が実り多く根付いた——，キリスト者の言語（Christianæ linguæ）の（実際にはこれはシリア人の言語（Syrum sermonem）だが，カルデア語の起源を持ち，私たちの贖い主と使徒らの日常語（vernaculum）であるため，キリスト者の言語（Christianæ linguæ）と呼ぶのが適切と思われる）［……］まず，彼らがカトリックの一致を受け入れ，守るように。またオリエント地域に住む数多の民が，教会の入り口を回復させるために奮い立ち，燃え上がるように[267]。 　　　　　　　　　　　（Widmannstetter 1555: 647）

ここには「タルグム語」「カルデア語」「シリア語」の関係性が端的に言い表されている。ユダヤ人の「タルグムの言語」で書かれた新約聖書は，ユダヤ人自身には今日まで知られない状況が続いていた。一方には，「救いの世紀に変わる頃」つまり紀元前後に，「ヘブライ語」から「タルグムの言語」あるいは「カルデア語」に移行した人々がいた（シリアのキリスト者を指す）。この言語は「イエスと使徒らの日常語」であり，また「シリア人の言語」の起源となった。そして，その言語すなわちシリア語で書かれた新約聖書が，オリエント地方一帯のキリスト者に受け継がれたという歴史的経緯から，「キリスト者の言語」と呼ぶのが相応しいという。

　したがって，ヴィトマンシュテッターの考えによると，「タルグム語」「カルデア語」「シリア語」は実質的に同一のものである。呼称の違いは，ユダヤ人のタルグムに書かれた「カルデア語」が「タルグム語」と呼ばれ，シリア人が使用した「カルデア語」が「シリア語」と呼ばれた，という歴史の違い

---

[267] ［原文］Vt porro Diuino hoc munere & Iudæi, quos Noui Testamenti libri Thargumica lingua scripti ad hanc vsq; ætatem latuerunt, Mosaicis inuolucris reiectis, ad veritatis æternæ agnitionem facilius adducantur, & Latinæ Ecclesiæ viri præstantissimi quàm multi, apud quos post Hebræam Thargumica illa sive Chaldæa, vertente salutari hoc seculo, fructuosas radices egit, Christianæ linguæ (quando quidem Syrum hunc sermonem, qui & Chaldaicæ originis est, Redemptori nostro ipsiusq; discipulis vernaculum, Christianæ linguæ appellatione rectè censeri existimo) [...] expeditius cognoscant se ipsosque ad amplectendam tuendamque Catholicam concordiam primum, deinde ad innumeros populos, qui tractum Orientis colunt, ingremium Ecclesiæ reducendos vehementius excitent atque in flamment:

を反映したものでしかない。「タルグム語」と「シリア語」は、「カルデア語」という同根の祖を持つものとしてグループ化しうる。彼のこうした考えを反映してか、ヴィトマンシュテッターの序文に「シロ・カルデア語」という用語はまったく現れない。

ヴィトマンシュテッターによれば、紀元前後になるまでユダヤ人には通訳（interpretatio）が不要であった[268]。つまりバビロン捕囚後も「ヘブライ語」と呼ばれるものは使用され続けていた[269]。ヘブライ人の日常語がもっぱら「シリア語」と呼ばれる時代になっても、それを使用していたヘブライ人（Hebraicè）はそれを「ヘブライ語」（lingua Hebræis）と呼び続けた。そのため、福音書記者もその言語を「ヘブライ語」（lingua Hebræis）と呼んだという[270]。

ヴィトマンシュテッターにとって、シリア語新約聖書は、ユダヤ人とシリア人とを「カトリックの一致」のもとに導くという重要な役割を持っていた。シリア語新約聖書は、「未熟な読み手と聞き手」（lectoribus auditoribusque non imperitis）に対しても、「イエス・キリストの口から出たものであるかのように」（quæ veluti ex ore Iesu Christi）その息が吹きかけられるであろう、と彼は願う。「ヘブライ語，カルデア語（タルグム語），シリア語」が同一であるという彼の確信は、それを使用するキリスト者、ユダヤ人、シリア人との一致という希望に基づくものであったと考えられるのである。

4.1.2. グレゴリー・アミラ

G. アミラ（Gregory Amira / Gregorius Amirus, d. 1644）の一家は現在のレバノン、エーデンの村の出身であったという。1583 年にローマへ留学したアミラは、翌 1584 年に教皇グレゴリウス 13 世によってマロン派大学（Pontificio Collegio dei Maroniti）が設立されると、第一期生として入学した。その後、エーデンの司教としてレバノンへ帰り、シリア語文法書（1596 年）をはじめとする数々の著作を公刊した。彼は 1635 年にマロン派教会の総主教となり、

---

[268] Widmannstetter (1555: 30) を参照。
[269] この点で彼は表面上、B. マイヤー，V. E. レーシャー，J. G. カルプゾフの立場の先駆けでもある。
[270] Widmannstetter (1555: 40) を参照。

1644年の死までその地位にあった[271]。

カルデア語，シリア語，ヘブライ語

シリア語文法書（*Grammatica Syriaca*）の序章の中に「カルデア語またはシリア語の名前とその区別」（De linguæ Chaldaicæ, seu Syriacæ nominibus, ac discrimine）と題した部分がある[272]。

> それは最初にカルデア語（Chaldaica）と言われた。古代においてすべての言語が（omnium linguarum）混乱し，分割されたカルデアに由来し（創 11:1–9），これが首位権を持つ。同じ理由でバビロニア語（Babylonica）と呼ばれる。同じくカルデアの最も高貴な町であり，地上世界のすべての町の中の第一であるバビロンに由来する。次に，アラムまたはシリアに由来する，アラム語（Aramæa）またはシリア語（Syriaca, Syria）。また，アッシリア語（Assyriaca）は，この地で最も繁栄したアッシリアに由来する[273]。　　　　　　　　　　　　　　　　（Amira 1596: xiii）

アミラによれば，第一の言語とは，第一の都市であるバビロンを有するカルデアの言語,「カルデア語」あるいは「バビロニア語」である。この地でバベルの塔の事件が生じ，すべての言語が散らされたというのは，この地からすべての言語が始まったことを伝えているからである。同じ言語のことを，アラムの地に住む者は「アラム語」と呼び，シリアの地に住む者は「シリア語」と呼び，アッシリアの地に住む者は「アッシリア語」と呼んだ。つまりこれ

---

[271] Farina (2019: 1–2) を参照。
[272] Amira (1596: xiii-xvi) を参照。
[273] ［原文］Primum enim dicta fuit Chaldaica, a Chaldæa, in qua priscis illis temporibus cum omnium linguarum confusio, ac diuisio facta est, Principatum habuit. Eandem ob causam appellata fuit Babylonica, à Babylone, eiusdem Chaldææ ciuitate nobilissima, omniumque ciuitatum Orbis terræ prima. Deinde nuncupata fuit ab Aram, seu Syria, Aramæa, seu Syriaca, vel Syria: nec non Assyriaca ab Assyria. quia his in locis maxime floruit.

らの言語の呼称は、それぞれの地（国）で最も通用する名を用いているに過ぎない。それゆえ、人々は通訳を必要としない（interpreteque non indigerent）という[274]。

だが、通訳が不要だとしても各言語には相違が認められる。アミラはそれをひとまず「本質的な違いによるもの」（de distinctione essentiali）と、「偶発的なもの」（de accidentali）とに分ける。「本質的な違い」とは文字と発音、音声、語彙、発話全体の構造である[275]。この点において、「カルデア語」と「シリア語」は区別されなければならない。それに対し「偶発的な違い」とは、アミラの論旨に従えば、相互理解の場における結果の違いである。たとえば、ダニエル書 1–2 章において、ヘブライ人の若者は「カルデア語」を学ぶ必要があったが、カルデア人は「カルデア語」を使用する王に対して「シリア語」で返答した（ダニ 2:4）。それゆえ、少なくともバビロンの宮廷においては、「ヘブライ語」と「カルデア語」は相互理解が困難であるという点で区別されるべきものであったが、「カルデア語」と「シリア語」は相互理解が可能という点で区別が不要であった。

> それはヘブライ語（Hebraica）と言われることもある。ヘブライ人に与えられた旧約聖書におけるモーセの言語（Mosaica lingua）のゆえにではなく、ヘブライの民によってあたかも彼らの日常語（vernacula）であるかのように使用されたからである。同じように、キリスト者語（Christiana）と名付けられることもあるのは全く正当なことである。私たちの解放者であり、まことの神にしてまことの人であるキリストが、その最も聖なる口によって飾ったからである。［……］[276]　　　（Amira 1596: xiii）

---

[274] Amira (1596: xiii) を参照。

[275] ［すなわち］"cum characteribus, litterarum pronuntiatione; sono vocalium, verborum coniugationibus, assixis, dictionibus, & tota sere structura orationis"（Amira 1596: xiii）。

[276] ［原文］Aliquando enim dicta fuis Hebraica, non quod ipsa fuerit illa Mosaica lingua, qua vetus Hebræis datum est testamentum: sed quod ea aliquando populus Hebræus tanquam vernacula, vt dicemus, vsus sit.

この箇所の論旨はやや追いにくいが、「モーセの言語」に対する「キリスト者の言語」を念頭に置くと解釈が容易になる。キリスト者の使用する言語は（アミラが想定しているのは「シリア語」であるが）使用者の名によって正当に「キリスト者の言語」と呼ぶことができ、かつ、それはキリストが使用したがゆえに聖なる言語であるという。逆に「ヘブライ語」が「モーセの言語」と呼ばれることがないのは、ヘブライ人が日常語として使用したものだからであり、そこに聖性や特殊性は無い。アミラによれば、「シリア語」は特別なものであるのに対し、「ヘブライ語」は何ら特別ではないのである。

4.2. シリア語 ≠ イエスの言語？

4.2.1. ユストゥス・スカリゲル

ライデン大学のJ. J. スカリゲル（Joseph Justus Scaliger, d. 1609）は約500通の学術書簡を残しており、弟子であった D. ハインシウス（Daniel Heinsius, d. 1655）がそれを4巻に編纂して公刊した。

アラム語、カルデア語、シリア語

書簡の第449番において、スカリゲルは「カルデア語」「シリア語」の分類に関する重要なアイデアを披露した[277]。

彼はまず、「シリア語」という名前が、「カルデア語」と「シリア語」の両方に使用されている現状を確認する。「シリア語」はシリア人（Syri）が使用している言葉に対してのみならず、カルデア人（Chaldai）が使用している言葉に対しても用いられている。

> シリア語（Lingua Syriaca）は属（progenere）によるものにも種（prospecie）

Similiter nunc iure optimo ab aliquibus nominatur Christiana; quia Christus noster liberator, verus Deus, & verus homo suo sanctissimo ore decorauit, [...]

[277] Heinsius (1628: 751–754)、Eskhult and Eskhult (2013: 327–328) を参照。

によるものにも使用されている。カルデア語（Chaldaica）とシリア語（Syriaca）は，シリア語（Syriacæ linguæ）という一つの名前に含まれるのである[278]。
(Heinsius 1628: 751)

また，「ユダヤ人の言葉」は「アラム語」と呼ばれている。この「アラム語」には2つの種類が認められる。「カルデア語的特徴」と「シリア語的特徴」である。

> 一般に，ユダヤ人の言葉（Iudæis lingua）はアラム語（Aram）と言われる。したがって，アラムの言葉（linguæ Aramææ）には2つの種類がある。前述したように，「カルデア語的特徴」（Chaldaismus）と「シリア語的特徴」（Syriamus）である[279]。　　　　　　　　　（Heinsius 1628: 752)

「カルデア語的特徴」は「シリア語的特徴」よりも「純粋」（purior）であるという。以下にスカリゲルのアイデアの要点をまとめよう。

「カルデア語的特徴」は2種類からなる。「バビロニア的なもの」（Babylonius）と「ユダヤ的なもの」（Judaicus）である。「バビロニア的なカルデア語的特徴」とはダニエル書，エズラ記に書かれたものであり，ユダヤ人はバビロン捕囚の期間中，この「純粋」な言語を使用していた。その後，ユダヤ人が捕囚から帰還すると，その「純粋」な言語はシリア商人との取り引きなどを通じて混ざり合った。その「混ざり合った言語」によって「ヨナタンのタルグム」「オンケロスのタルグム」が書かれた。だが，その言語はなお清潔さと優雅さ（nitida & elegans）において保たれ，エズラの時代から神殿崩壊の時代に至るまで，ユダヤ人には普段使いのものであり続けたという[280]。

---

[278] ［原文］Lingua Syriaca tam progenere vsurpatur, quam prospecie. Nam Chaldaica & Syriaca vnius Syriacæ linguæ nomine comprehenduntur:

[279] ［原文］in genere Iudæis lingua dicitur Aram. Quum igitur istius linguæ Aramææ duæ sint species, vt iam diximus, Chaldaismus, & Syriamus.

[280] Heinsius (1628: 752) を参照。

一方,「ユダヤ人の言語」には別の方言（dialectus）もあった。エルサレムの人々の話し言葉であり,「エルサレムのタルグム」に含まれる律法,ヨブ記,箴言,詩編を記した言語でもある。それは「ヨナタンのタルグム」「オンケロスのタルグム」の純粋さ（puritate）から程遠いものであるという。したがって,「ユダヤ的なカルデア語的特徴」には2種類が認められる。「オンケロスとヨナタン的なカルデア語的特徴」（Chaldaismus Onkeli & Ionathan）と,「エルサレム的なカルデア語的特徴」（Chaldaismus Hierosolymitanus）である。前者は古風で優雅（vetustior & elegantior）であり,教養層によって使用された。後者は農民や貧民を含む民衆（vulgo）によって使用され,ギリシア語（Græcarum）やラテン語（Romanarum）,あるいは諸国の土着語（barbararum nationum）など多くの地方語（dialectorum）が混淆したものであり,「エルサレム語」（Ierosolymitanus）と呼ばれることもある[281]。

さて,「アラム語」にはもう一つ,「シリア語的特徴」が含まれる。「シリア語的特徴」は「多くの子孫」（multæ propagines）を持つが,最も高貴な「シリアの方言」（Syriaca dialectus）は旧約聖書と新約聖書を記したものである。これはマロン派とネストリオス派の人々によって使用され,最も優雅で純粋なもの（elegantissima & purissima）である。キリストの時代にはアンティオキア,コイレ・シリア（Cœlosyriæ）,メソポタミア,そしてガリラヤなどそれぞれの地方語（dialectus）があった[282]。

以上のように,スカリゲルは「シリア語」という呼称の多義性を避け,「アラム語」（Aram）という大分類を設けた。そして「アラム語」に属するものは「アラムの言語」（lingua Aram/Aramæa）と呼ばれる[283]。その内容を整理すると次のようになる。

---

[281] Heinsius (1628: 752–753) を参照。
[282] Heinsius (1628: 754) を参照。
[283] lingua Aram と lingua Aramæa の使い分けはなお曖昧であると思われる。

[言語分類]
　アラム語
　　└カルデア語的特徴
　　　　└バビロニア的
　　　　└ユダヤ的
　　　　　　└オンケロスとヨナタン的
　　　　　　└エルサレム的
　　└シリア語的特徴
　　　　└聖書の方言
　　　　└アンティオキア地方語
　　　　└コイレ・シリア方言
　　　　└メソポタミア地方語
　　　　└ガリラヤ地方語
　　　　└その他の地方語

　スカリゲルは，少なくともこの書簡においては「カルデア語」（Chaldaica），「シリア語」（Syriaca）という用語の使用を避け，一貫して「カルデア語的特徴」（Chaldaismus），「シリア語的特徴」（Syriasmus）という用語を用いている。言語的特徴（-ismus），すなわち音韻，語彙，文法は，（今日的な言い方をすれば）言語の系統によって受け継がれると同時に，系統を越えて地域的に共有される場合もある（言語圏 Sprachbund）。スカリゲル自身の用語では progenere「属」と prospecie「種」が「系統関係にあるもの」「系統関係にない共通特徴」を指すのであろうが，この書簡からは詳細が掴めず，他の書簡でもこのアイデアを深めた形跡は見当たらない。

　いずれにせよ，「カルデア語的特徴」「シリア語的特徴」という用語は，それらが実際の言語であるというよりも，系統・地域の両面において言語的特徴を共有する「言語グループ」であることを強調する効果を生んでいる。一方，必ずしも一貫したものではないが，実際の言語に対しては dialectus という用語が使用されているように見える。この書簡の中で, dialectus は「アン

ティオキアやメソポタミアで使用されているもの」という「地方語」の意味で用いられることもあれば、「エルサレムにおける上層のオンケロス・ヨナタン的言語と，基層のエルサレム的言語」のように「社会方言」の意味でも用いられている。スカリゲルの用語法と言語分類法は，今日的な歴史言語学と社会言語学とを射程に入れたものと言えよう。

イエスの言語

「イエスの言語」について，スカリゲルは書簡の末尾で次のように述べる。

> 使徒らがユダヤ人と会話をする時はユダヤ的なシリア語的特徴（Iudaico Syriasmo）で話し，別の国の人々とは別の地方語（dialecto）を使用した。キリストの言語（lingua Christi）であるガリラヤ語（Galilæa）は，マロン派やネストリオス派がこれまで記した書物のものと同じではない[284]。
> （Heinsius 1628: 754）

ここでヴィトマンシュテッターの立場を思い出したい。彼はマロン派のモーゼスが運んできた「シリア語」の聖書を「イエスの日常語」によるものと述べたが，その「シリア語」は「タルグム語」「カルデア語」と実質的に同一のものであった。しかしスカリゲルは，「イエスの言語」は「シリア語的特徴」の中でも「ガリラヤ地方語」であったのであり，マロン派が使用しているシリア語聖書の言語ではなかった，と言うのである。スカリゲルの書簡の中にヴィトマンシュテッターの名前は見られないが，「使徒らがこれらを使ったと言う者は誤っている」（Qui Apostolos ea usos dicunt, falluntur）という一文が見られることから[285]，スカリゲルがヴィトマンシュテッターの立場を意識して

---

[284] ［原文］Apostoli ad Iudæos verba cum facerent, Iudaico Syriasmo, ad alias gentes alia dialecto vtebantur. Nam lingua Christi Galilæa non eadem cum ea: qua Maronitarum, & Nestoritanorum libri hactenus conscripti sunt.

[285] Heinsius (1628: 754) を参照。

4.2.2. ブライアン・ウォルトン

アラム語，カルデア語，シリア語，ヘブライ語

　イギリス国教会の主教であり，『ロンドン・ポリグロット』の編者であったB. ウォルトン（Brian Walton, d. 1661）は，シリア語に関する浩瀚な序文 VII においてこう述べる。

> この言語［シリア語］が活発であった地域の名前が何であれ，この言語がかつて様々な時代に様々な名前を持っていたのは事実である。カルデア語（Chaldaica），バビロニア語（Babylonica），アラム語（Aramaea），シリア語（Syriaca），アッシリア語（Assyriaca），そしてもちろんヘブライ語（Hebraea）とも呼ばれた。［……］[286]　　　　（Walton 1655: 87）

ウォルトンの立場によれば，「シリア語」は「カルデア語」でもあり，「アラム語」でもあり，「ヘブライ語」でもある。これらはすべて同じ言語に対する地理的，時代的呼称に過ぎないという。

> 特にシリア語（Syriaca）は今日，言語としても方言としても（lingua sive dialectus）そう呼ばれており，オリエント地方のキリスト者の間では旧新約聖書の最も古い版がそれ［シリア語］で現存する。それはアンティオキアで使用され——そこで最初の「キリスト者」の呼称があり（使 11:26），またニカイア公会議よりも前から総主教が立てられ［……］——，それゆえアンティオキア方言（dialectus Antiochena）と言われる。また，果てのシリア地域のコンマゲネに由来するコンマゲネ［方言］（Comagena），

---

[286]　［原文］Quicquid autem sit de regionum nominibus, ubi hæc lingua vigebat, de linguæ ipsa certum est eam olim variis temporibus varia nomina habuisse: dicta est enim Chaldaica, Babylonica, Aramæa, Syriaca, Assyriaca, imo & Hebræa, [...]

また，レバノン山の村々や，シリアの小さな町に住み，その言語で聖礼典を行うマロン派に由来するマロン派［方言］（Maronitica）[287]。

(Walton 1655: 87)

「シリア語」には，最も古い「アンティオキア方言」「コンマゲネ方言」「マロン派方言」の3つの下位分類がある。さらに，これら以外に2つの下位分類が加わる。

　　1. 最も純粋なバビロニア語（Babylonicam）。ダニエルやエズラが教わり，彼らの書物のいくつかの章において最も純粋な文体で残したもの。［……］
　　2. エルサレム語（Hierosolymitanam）またはユダヤ語（Judaicam）。帰還したユダヤ人が使用したもので，その地域の都市［の名］からエルサレム語と言われる。これはエズラの時代には純粋であったが，ヘブライ語に（Hebraicæ）取り込まれた。ユダヤ人が奴隷であった様々な国々から［帰還した］後，大いに混合し，破損し，純粋なカルデア語から（Chaldaica）次第に変質したものである[288]。

(Walton 1655: 87)

したがって，「シリア語」には主にキリスト者の使用する3つ「アンティオキア方言，コンマゲネ方言，マロン派方言」と，主にユダヤ人が使用する2つ「バビロニア語」「エルサレム語」が存在するという。なお，ウォルトンが前

---

[287] ［原文］Specialiter vero Syriaca hodie appellatur lingua sive dialectus illa in qua extant antiquissimæ Veteris & Novi testamenti versiones apud Christianos Orientales, quæ eo quod Antiochiæ in usu erat, ubi primum nomen Christianorum, ubi etiam erectus est Patriarchatus diu ante Concilium Nicænum, [...] dialectus inde Antiochena dicebatur, ut & Comagena, à Comagene ultima Syriæ regione, & Maronitica à Maronitis qui habitant in pagis Montis Libani & in oppidis Syriæ minoribus, qui etiam Sacra sua in hac lingua etiamnum celebrant.

[288] ［原文］1. Babylonicam omnium purissimam, in qua edoctus erat Daniel, item Esdras, qui capita quædam in suis libris stilo hoc purissimo exarata reliquerunt. [...] 2. Hierosolymitanam sive Judaicam, qua Judai reduces usi sunt, quæ Hierosolymitana dicta est ab urbe Regionis Metropoli, hæc multo purior erat Esdræ temporibus licet Hebraicæ attemperata. postea ex variarum nationum quibus serviebant Judæi consluxu, magis mixta & corrupta & à pura Chaldaica magis paulatim deflexit.

第 2 章 ヘブライ語, カルデア語, シリア語

者を「方言」(dialectus) と呼んだのは,彼自身の用語法ではなく,彼が引用した E. ポコック (Edward Pococke, d. 1691) によるものである[289]。

> シリア語 (lingua Syriaca) は 3 つの方言に (tres dialectos) 区別される。その中で最も優雅なのはアラム語 (Aramæa) であり, ロハ [エデッサ], ハラン, 外シリアに住む人々の言語である。パレスティナに近いところでは, レバノン山のダマスカスなど, 内シリアに住む人々に使われているものがある。最も印象深いのはカルデアのナバテア語 (Chaldaica Nabatea) であり[290],アッシリア山脈やイラク人の村々の民の方言 (dialectus) である[291]。　　　　　　　　　　　　　　　(Pococke [1649] 1806: 346)

ポコックによれば,「シリア語」は「アラム (外シリア) 語」「内シリア (パレスティナ) 方言」「カルデアのナバテア語」に分類される。ウォルトンはポコックを引用しつつ,「パレスティナ方言」には「アンティオキア方言, ダマスカス方言, マロン派方言」(Antiochenam, Damascenam, & Maronitarum) があると改めて述べたうえで, それらはすべて一つの方言であるとする。畢竟, シリア語もカルデア語も「一つの同じ言語」であるのは明白である, という[292]。

---

[289] 実際にはポコック自身のものではなく, ポコックがナツィル・アッディーン (Ṭūsī, Naṣīr al-Dīn Muḥammad ibn Muḥammad, d. 1274) を引用し, ラテン語に訳したものである。

[290] この「ナバテア語」は今日で言う西アラム諸語に属するもの (ナバテア王国のアラム語) ではなく, イラク南部のバビロニア沖積平野からシリア砂漠にかけて分布する東アラム諸語を指している。パルミュラを中心とするナバテア王国のアラム語はアラビア語の影響を強く受けていた (Goldenberg 2013: 23–24)。中世のアラブ人史家は「アラビア語的なアラム語」の意味で「ナバテア語」を用いるようになったと思われる。それは特に「農民の言語」の意味にもなった (Senner 1991: 101)。

[291] [原文] distinguitur (lingua Syriaca) in tres dialectos, quarum elegantissima est Aramæa, que est lingua incolarum Rohæ & Harran & Syrie exterioris ; proxima illi est Palæstina, quæ est ea qua utuntur Damasci montis Libani, & reliquæ Syrie interioris incolæ: at omnium impressima Chaldaica Nabatea, que est dialectus populi montium Assyria & pagorum Eraci.

[292] [すなわち] "Syriacam itaque specialiter dictam & Chaldaicam unam & eandem linguam esse satis constat" (Walton 1655: 87)

エルサレム語

　これら「シリア語」に属するものの中で，イエスと使徒らの言語は「エルサレム語」であったとウォルトンは言う。ただし，「エルサレム語」にも多くの方言があったであろうと述べる。

> 　これ［エルサレム語］がキリストと使徒らの日常語（vernacula）であった。そこにもまた様々な方言（Dialecti）がその時代には存在し，一つの世代において純粋さと不純さの段階が様々であった。時代が進むごとに必ず汚染が生じたのである。かくしてガリラヤ方言（Dialectus Galilæana）はエルサレム語とは異なっていた。ペトロの言葉によって（Petri sermone）［人々が］彼をガリラヤ人だと推測できたのは（マタ 26:73），ガリラヤの言語が甚だ乱暴で粗野であったからである[293]。　　（Walton 1655: 88）

エルサレム語の方言の一つはガリラヤ方言であったという。また「タルグムの方言」も含まれる。

> 　また，エルサレム語の中には様々な段階が存在した。オンケロスとヨナタンの［タルグム］版は，エルサレム［のタルグム］あるいは聖文書のタルグムよりも純粋であることから明らかである。バビロニアのユダヤ人らによって編纂されたバビロニアのタルムードでさえ，さほど破損してはいないが，エルサレム語あるいはそれ以降のラビらの著作である[294]。

---

[293]　［原文］Hæc erat Christi & Apostolorum vernacula. Hujus etiam variæ erant Dialecti eodem tempore, & singulis sæculis varii puritatis vel impuritatis gradus: nam progressu temporis magis semper inquinata fuit. Dialectus erant variæ nam Galilæana ab Hierosolymitana discrepabat, unde ex Petri sermone colligebant ipsum esse Galilæum, magis enim rudis & agrestis erat sermo Galilæus.

[294]　［原文］In Hierosolymitana etiam varii erant gradus, ut ex Onkelosi & Jonathanis versionibus liquet, quæ multo puriores quam Herosolymitana, vel Targum Hagiographorum; Talmud etiam Babylonicum à Judæis Babylonicis compositum non ita corruptum, ut Hierosolymitanum vel Rabbinorum posteriorum scripta.

第2章 ヘブライ語，カルデア語，シリア語

（Walton 1655: 87）

以上のウォルトンの分類を整理しておく。［　］はウォルトンが引用したポロックの分類を補足したものである。

［言語分類］
　シリア語＝カルデア語
　　└［アラム語＝外シリア方言］
　　└パレスティナ方言［＝内シリア方言］
　　　　└アンティオキア方言
　　　　└コンマゲネ方言
　　　　└マロン派方言
　　　　└［カルデアのナバテア語］
　　└ユダヤ人の言語
　　　　└ヘブライ語
　　　　└バビロニア語（ダニエル書，エズラ記の一部）
　　　　└エルサレム語＝ユダヤ語
　　　　　　└ガリラヤ方言
　　　　　　└オンケロスとヨナタンのタルグムの方言
　　　　　　└エルサレムのタルグムの方言

イエスの言語

　ウォルトンは「イエスと使徒らの日常語はシリア語であった」とするヴィトマンシュテッターに反論する。まず，彼はマイヤーを引用しながら，ギリシア語新約聖書におけるギリシア文字表記形と，「シリア語」との語形が一致しない語を5例挙げる。(1) μαμμωνα（マコ 7:24, シリア語 Mamouna），(2) γαββαθα（ヨハ 19:13, シリア語 Gephiphto），(3) γολγοθα（マタ 27:23, シリア語 Gogaltho），(4) Ακελδαμα（使 1:19, シリア語 Chakaldemo），(5) μαραναθα（Ⅰコリ 16:22, シリア語 Moraneto）。また，同じくマイヤーの指摘したこと

であるが，ギリシア文字表記形と「シリア語」との語形が一致しない人名として，Ιωσαφατ（マタ 1:8, シリア語 Iusaphat），Ιωσηφ（マタ 1:10, シリア語 Iauseph），Ιωσιας（マタ 1:8, Iusia），Ιωραμ（マタ 1:8, Iuram）の 4 例を挙げる。すなわち「シリア人」は母音 /o/ を欠き，代わりに /u/ または /au/ と発声する。しかし「カルデア人」は，タルグムに見られるように，「ヘブライ人」の יוֹסֵף と同じ発声をする[295]。

「シリア語」と「カルデア語」の相違は，（今日的な表現を用いるなら）音素 /o/ の有無に帰されるというわけである。「シリア語」は /au (aw)/ ないし /u/ を持ち，これらと「カルデア語」の /o/ との間に規則的な対応関係が認められるため，両者は同じ言語系統に属する蓋然性が大きい。

こうしてウォルトンは「イエスの言語」を「シリア語」ではなく，また「ヘブライ語」でもないもの，すなわち「ヘブライ語」と「カルデア語」の混淆語であるとする。

> ［……］キリストは，厳密にはシリア語と呼ばれるアンティオキアの言語（idiomate Antiocheno）の使用者でも，何世代も前に日常語（vernaculum）であることを止めた純粋なヘブライ語の（Hebræo）言語［の使用者］でもなく，カルデア語（Chaldaica）とヘブライ語（Hebraica）の言葉（verba）が混合した民衆語（lingua vulgari）［の使用者］であったと結論付けられる。［……］その時期にキリストを，部分的にヘブライ語（Hebraice）を，部分的にシリア語（Syriace）を発する者として記している[296]。

しかし，ヴィトマンシュテッターらによって広まっていた「イエスと使徒

---

[295]　［すなわち］ "Syru enim vocali (o) carent, pro eo (u) vel (au :) Chaldæi vero non aliter ac Hebæi יוֹסֵף Ioseph dicunr, & sic in cæteris, ut ex Targumim apparet"（Walton 1655: 88）

[296]　［原文］ [...] colligitur Christum non usum esse idiomate Antiocheno, quod stricte Syriacum vocatur, nec Hebræo puro quod multis antea seculis vernaculum esse desierat, sed lingua vulgari, quæ Chaldaica & Hebraica quædam verba mixta habuit, [...] dum scribit Christum partim Hebraice partim Syriace ista verba protulisse.

第 2 章　ヘブライ語，カルデア語，シリア語

たちの日常語はシリア語である」という言説に対し，ウォルトンは訂正する必要を感じていない。「シリア語」は狭い意味では「アンティオキア方言」であるが，広い意味では「カルデア語」「ヘブライ語」を包含するものだからである。

　　だが議論そのものは，アンティオキア方言（dialectum Antiochenam）を認めることで容易に解決できる。それはすでに卓越したシリア語（Syriacæ）の名を得ており，それによってシリア語版［聖書］が書かれたが，キリストの使用したものではない。［キリストの使用したのは］むしろタルグム語（Targumica）あるいはカルデオ・エルサレム語（Chaldæo-Hierosolymitana）である。しかしながら，その言語（lingua）とシリア語（Syriaca）とは同じ——すべて一つの口によるのは明らかである——ので，シリア語（linguam Syriacam）がキリストの日常語（vernaculam）であったと言ってまったく差し支えない。それは聖なる口によって聖別されている。アンティオキア語（Antiochenum）とエルサレム語（Hierosolymitanum）の言語（idioma）は，カルデア語（Chaldaicum）あるいはシリア語（Syriacam）である。それは，アッティカ語（Attice）とイオニア語（Ionice）で書いたものがギリシア語（Græce）で書かれており，どちらの方言（dialectus）もギリシア語（Græca）である，と言うようなものである[297]。

こうしてウォルトンは，ヴィトマンシュテッターの立場とスカリゲルの立場の調和，ひいては彼の時代における「イエスの日常語」論争全体の調和を試み，そのために敢えて「シリア語」という用語の曖昧性・両義性を利用したと考えられる。

---

[297]　［原文］Tota autem controversia facile dirimi potest concedendo dialectum Antiochenam, quæ Syriacæ nomen κατ' ἐξοχὴν jam obtinuit, & in qua scripta est versio Syriaca Christum usum non fuisse sed Targumica sive Chaldæo-Hierosolymitana, quæ tamen cum eadem esset lingua cum Syriaca, ut omnes uno ore affirmant, verissime dici possit Christo linguam Syriacam vernaculam fuisse, eamque sacro ore consecrasse; cum tam Antiochenum quam Hierosolymitanum idioma esset Chaldaicum sive Syriacam, ut qui Attice vel Ionice scripserunt dici possint Græce scripsisse, eo quod utraque dialectus sit Græca.

ウォルトンが「シロ・カルデア語」(Syro-Chaldaica) を「キリストの時代のユダヤ人の言語」(lingua Judaica tempore Christi) と言うとき[298]、それは外シリア、内シリアの諸方言全体を意味しており、必ずしも地方に帰すことのできない「ユダヤ人の言語」もそこに含まれうる。それゆえ、そこには「純粋なヘブライ語ではない、ヘブライ語とカルデア語の混合」(ex Hebræa & Chaldæa mixtam, non vero pure Hebraicam) をも含むことができる[299]。ウォルトンは言語の呼称を敢えて画定せずにおくことで、地方や民族の名に由来する言語も、「純粋な言語」も「不純な言語」もすべてを包含しうる用語体系を構築しようとしたのである。

5. 結 論

ヘブライ語文法学の成立は、ラビ文書を「言語資料」と見なし、その記述を基に「ヘブライ語史」を再構するという視点を加えた。その「ヘブライ語史」はエリアス・レヴィタを通して人文主義時代のヨーロッパにもたらされ、「ヘブライ語はバビロン捕囚以後に忘れられ、アラム語が取って代わった」という言語史観が一般化した。

しかし、バビロン捕囚以後の「いつ」ヘブライ語が失われたかについて、必ずしも一致した見解は無かった。マイヤーはヘブライ語が書き言葉として生き延びた反面、話し言葉は変質して「シロ・カルデア語」になり、それが「イエスの言語」でもある「エルサレム語（タルグムの言語）」になったと論じた。レーシャーはその「シロ・カルデア語」の中でも、新約聖書に見られるような「古ヘブライ語的特徴」を含むものを「新ヘブライ語」と呼び、こ

---

[298] Walton (1655: 88), Eskhult and Eskhult (2013: 328–329) を参照。
[299] Walton (1655: 88) を参照。

れが「イエスの言語」であったとする。カルプゾフもレーシャーと同様であり，かつ，それはミシュナのヘブライ語とは異なるものと見なす。彼らの主張に対し，ウォルトンはユダヤ人が「カルデア語」に移行したのはカルデア時代であるとし，それはまた「シリア語」と同じであるという意味で「シロ・カルデア語」であると述べる。

　一方では「ヘブライ語はシリア語と同じである」というシリア教父の言語観も，人文主義の時代のヨーロッパにもたらされた。大きな影響力を持ったのはヴィトマンシュテッターによるシリア語聖書の公刊であり，そこでは「シリア語」が「イエスの言語」であったと表明された。マロン派のアミラも「カルデア語」「バビロニア語」「アッシリア語」「シリア語」「アラム語」そして「ヘブライ語」はすべて同じであると論じた。彼らの主張に対し，スカリゲルは「シリア語」という呼称の多義性（言語グループとしての「シリア語」と個別言語としての「シリア語」）を避け，言語グループの呼称を「アラム語」と呼び，さらに個別言語の「シリア語」の内部にもいくつかの方言を認めた。「イエスの言語」は「シリア語」の中でも「ガリラヤ方言」となる。ウォルトンは「イエスの言語」をシリア語ではなく「ヘブライ語とカルデア語の混淆語」と見なすが，それは結局のところ「シロ・カルデア語」とも「カルデア語」とも「シリア語」とも呼ばれるものだと述べることで，ヴィトマンシュテッターとスカリゲルを仲裁する立場に自らを置く。

　古代におけるユダヤ人的言語観，ギリシア教父的言語観，シリア教父的言語観は，形を変えてなお引き継がれたと言えよう。ユダヤ人的言語観は「ヘブライ語史観」として，シリア教父の言語観は「シリア語史観」として，人文主義の時代のヨーロッパで混ざり合った。「カルデア語」「シリア語」「シロ・カルデア語」「エルサレム語」などの呼称は，それぞれの立場を反映して多様な使われ方をされていたのである。

第 3 章
ヘブライ語，ギリシア語

1. はじめに

1.1. 研究目的

　「ヘブライ語はバビロン捕囚以後に忘れられ，アラム語が取って代わった」という言語史観が一般化すると，「ヘブライ語」に関連する諸伝承も再解釈を迫られる。本章は特にマタイによる福音書に関する伝承と，ヘブライストとヘレニストの解釈に関する議論を取り上げる。

　パピアス以来，教父らはマタイによる福音書がもともと「ヘブライ語」で書かれたと伝えてきた。だが，「ヘブライ語」がすでに当時のユダヤ人の間で使用されていなかったのなら，教父が伝えてきた「ヘブライ語」とは何だったのだろうか。それだけでなく，この問いは「ギリシア語で書かれた新約聖書」が実際にはどのような言語で書かれたのかという「ギリシア語に対する反省」を呼び起こし，さらには「ギリシア語で書かれた新約聖書」が霊感されたものであるのかという神学的問いへと姿を変える。

　また，ヘブライストは「ヘブライ語を話す人」ではなく，「シリア語ないし

カルデア語」を話す人であったことになる。もっとも、17世紀に論点となったのはヘブライストの方ではなく、むしろ「ヘレニストのギリシア語とはどのようなものであったのか」であった。こちらも「ギリシア語に対する反省」が呼び起こされたのである。

本章は、17世紀から18世紀にかけての「マタイによる福音書」の原語をめぐる議論、ならびにヘブライストとヘレニストに関する議論を、「どのように言語が語られているか」という観点から読み解く。

1.2. 研究方法

本章で扱うべき文献は膨大であり、すべてに目を通すことは不可能に近い。そこで、後の文献で引用されることの多い次の学者を特に取り上げる。マタイによる福音書の原語をめぐる議論に関しては、J. Ch. ヴァーゲンザイル、V. E. レーシャー、R. シモン、およびJ. H. ツェドラーの百科事典。ヘブライストとヘレニストに関する議論には、D. ハインシウス、C. サルマシウス、R. シモン、J. ライトフット。これらの議論を跡付ける。

2. マタイによる福音書

2.1. 教父の証言

ギリシア語新約聖書に含まれる四福音書の中でも、マタイによる福音書は最初にヘブライ語で編まれたと伝わる。伝承の起源はパピアス（Papias of Hierapolis, d. 130）とされる[300]。

　［……］マタイによる［福音書］は［パピアスによって］こう言われている。「マタイはむしろヘブライ語で（Ἑβραΐδι διαλέκτῳ）かの言葉を（Τὰ

---

[300] パピアスの著作はイレナエウス（Irenaeus of Smyrna, d. 202）、エウセビオス（Eusebius of Caesarea, d. 339）による引用によって断片的に伝わるのみである。

λόγια）編纂し、一つ一つを可能な限り翻訳した」。［……］また彼［パピアス］は、多くの罪のゆえに主の前で非難された女の別の物語に言及するが、それはヘブライ人の福音書（Ἑβραίους εὐαγγέλιον）に含まれている[301]。
(*Hist. eccl.* 3.39:16–17)

使徒マタイは「主の言葉」をヘブライ語で編纂し[302]、それから翻訳したという。もっとも、この文脈からはマタイが何語に翻訳したのか定かではない。

同じ文脈で「ヘブライ人の（による）福音書」に言及されている。この福音書は現存せず、教父の引用によって断片的に内容が伝わるのみである[303]。この「ヘブライ人による福音書」に関しては、ヒエロニュムス（Eusebius Sophronius Hieronymus, d. 430）が『ペラギウス主義者を駁する対話』（*Adversus Pelagianos dialogi*）において次のように記した。

> ヘブライ人による福音書は、シリア語でもあるカルデア語（Chaldaico quidem Syroque sermone）で、しかしヘブライ語の文字（Hebraicis litteris）で書かれており、今日に至るまでナザレ派に使われている。それには「使徒らによる」［福音書］、もしくは大多数が呼ぶところの「マタイによる」

---

[301] ［原文］[...] περὶ δὲ τοῦ Ματθαίου ταῦτ' εἴρηται. Ματθαῖος μὲν οὖν Ἑβραΐδι διαλέκτῳ Τὰ λόγια συνετάξατο, ἡρμήνευσεν δ' αὐτὰ ὡς ἦν δυνατὸς ἕκαστος. [...] ἐκτέθειται δὲ καὶ ἄλλην ἱστορίαν περὶ γυναικὸς ἐπὶ πολλαῖς ἁμαρτίαις διαβληθείσης ἐπὶ τοῦ κυρίου, ἣν τὸ καθ' Ἑβραίους εὐαγγέλιον περιέχει.

[302] パンタエヌスもインドで「マタイによる福音書」を発見したと報告する。使徒バルトロマイが、ヘブライ語で書かれた「マタイによる福音書」を、その地の人々のために残したという（*Hist. eccl.* 5.10:3）。また、イレナエウス（*Haer.* 3.1:1）（エウセビオス *Hist. eccl.* 5.8:2–4）、オリゲネス（*Comm. ser. Matt.* 6.25:4）、アウグスティヌス（*Cons.* 2.66:128）なども、マタイがヘブライ語で福音書を書いたと伝える。

[303] 「罪のゆえに非難された女の別の物語」の内容は明らかではない、しかし Nicholson（1879: 54）は、ヨハネによる福音書の「姦淫の女の物語」（8:1–11）に関連するものと推測する。姦淫の女の物語は西方系の写本でのみ伝えられ、挿入箇所も必ずしも一定でないため、後の時代にヨハネによる福音書7章の後に置かれたものと思われる。ただし、3世紀初頭にシリアで書かれたと思われる教会規則（ディダスカリア）2.24:6 ではよく知られた話として言及されている。

［福音書］があり，カエサリアの図書館にも蔵書がある。［……］ [304]

(*Pelag.* 3:2)

「ヘブライ人による福音書」は「カルデア語」で書かれているという。ヒエロニュムスはおそらく，「シリア文字で書かれたシリア語（アラム語）」と区別して，「ヘブライ文字で書かれたシリア語（アラム語）」のことを「カルデア語」と呼んでいる（第1部第3章3.3を参照）。「ヘブライ人による福音書」は「使徒らによる福音書」「マタイによる福音書」とも呼ばれ，またナザレ派の人々によって用いられたことから「ナザレ派の福音書」とも呼ばれたという。

ところで，もしバビロン捕囚以後のユダヤ人がヘブライ語を忘れ，カルデア語，シリア語，シロ・カルデア語のいずれであったにせよ言語を移行していたのであれば，マタイが編纂したという「主の言葉」がヘブライ語であったとは考えにくい。むしろ，ヒエロニュムスが見たという「カルデア語」の「ヘブライ人による福音書」こそ，マタイによる福音書の最初の形であったのではないか。パピアスの言う「ヘブライ語」とは「カルデア語」のことだったのではないか──このような考えは当然導き出しうる。

そのことに加え，様々な思惑を背景として，マタイによる福音書の「原語」をめぐる議論が16世紀に巻き起こった。

2.2.「ヘブライ語版マタイ」の試み

13世紀頃に生じた人文主義とはイタリアの文芸復興（ルネサンス）に端を発し，古典的文献の再発見を通してその文学的・思想的遺産を新たな時代につなげようとする運動である。それはギリシア・ローマの古典にとどまらず，シリア語やアラビア語，そしてユダヤ人の言語をはじめとするオリエント諸語への関心をも呼び起こした。同時に，マタイによる福音書についても，ヘ

---

[304] ［原文］In Evangelio juxta Hebraeos, quod Chaldaico quidem Syroque sermone, sed Hebraicis litteris scriptum est, quo utuntur usque hodie Nazareni, secundum Apostolos, sive ut plerique autumant, juxta Matthaeum, quod et in Caesariensi habetur bibliotheca, [...]

ブライ語で書かれたという最初の形への関心が高まった。

2.2.1. ミュンスター版

　1537年, エリアス・レヴィタの弟子でもあったS. ミュンスター[305] (Sebastian Münster, d. 1552) が, ヘブライ語の「マタイによる福音書」(以下, 「ヘブライ語版マタイ」と略記する) を公刊した。その序文によると[306], マタイの母語 (natiua sua) すなわち「ヘブライ語」(hebraica lingua) によるその本文は, ヘブライ人の間で引き裂かれた状態になっていた (つまり, 断片化した「ヘブライ語版マタイ」をユダヤ人から入手した)。そこで魂 (àme) をつなぎ合わせて一つの体 (unum corpus) にし, 公刊に至ったという[307]。「ヘブライ語版マタイ」を公刊した目的は, ヘブライ人が己の言語によって (in sua lingua) キリストを認識するためではない。ミュンスターの考えによると, 彼らは常にその書を有しており, 常に対抗的な書を書き記してきたため, その可能性は無い。むしろ, 聖書をこれまで以上に正しく解釈するために, ラテン語とヘブライ語という2つの光の恵みが必要なのだという[308]。

2.2.2. デュ・ティレ版

　1555年には, 当時サン・ブリュの司教であったJ. デュ・ティレ (Jean du Tillet, d. 1570) も「ヘブライ語版マタイ」を公刊した。彼が「ヘブライ語版マタイ」

---

[305] ミュンスターは1529年, バーゼル大学で教鞭を取るにあたりフランシスコ会から改革派教会に改宗した。またレヴィタに師事してヘブライ語, カルデア語を学んだ。

[306] ［すなわち］ "Diui Matthei euangelium sub auspicijs tuis potentissime rex in natiua sua, hoc est, hebraica lingua, non qualiter apud Hebræorum vulgus lacerum inueni, sed àme redintegratum & in unum corpus redacta emittimus, non qui mihi populu ceruicosum illum huius in sua lingua publicatione Christum agniturum spes sit, cum illud semper habuerint quidem, impugnarint aut semper, etiam contra scripserint, [...]"（Münster 1537: 3）

[307] ミュンスターのこうした表現は明らかに「引き裂かれたキリストの体」と聖礼典による「一つのキリストの体」に彼の事業をなぞらえたものである。

[308] ［すなわち］ "[...] ut hebraismo quidem latina uersio, singulis uero capitibus annotationes suæ, latina & hebræa lucis maioris gratia cohærerent"（Münster 1537: 4）。

を発見したのは，前年にイタリアを訪れた時であったという[309]。公刊に際し，J. メルシエ（Jean Mercier, d. 1570）が読者に向けて簡潔な解説を寄せたことから「デュ・ティレ＝メルシエ版」とも呼ばれる。

メルシエによると，この「ヘブライ語版マタイ」はマタイの真筆（authenticum）ではない。また，「シリア語で書かれた」とヒエロニュムスが記している「ナザレ派の福音書」（ヘブライ人による福音書）でもない[310]。とはいえ，本文を注意深く読めば，多少のラビ的特徴はあれど，全体として旧約聖書の輝きから離れていないともメルシエは述べている[311]。

こうしてプロテスタントとカトリックの両派から「ヘブライ語版マタイ」が公刊されることとなった。もっとも，ミュンスターもデュ・ティレも，必ずしもマタイによる福音書の再構を目指したのではなかった[312]。彼らはマタイによる福音書を深く理解するために，「ヘブライ語」という光に照らすという方法を提案したに過ぎなかった。

しかし，彼らの「ヘブライ語版マタイ」は，次第に「マタイによる福音書の再構を試みたもの」と見なされ，強い批判に晒されるようになる。ワロン大学の L. デ・デュー（Lodewijk de Dieu, d. 1642）は聖書注解の序文において，マタイによる福音書 8 章の印刷中にふと「ヘブライ語版マタイ」のことが頭に浮かび，ミュンスター版と（デュ・ティレ＝）メルシエ版を確認したが，得るものは無かったとわざわざ書いている[313]。

---

[309] "Anno superiore profectus in Italiam, inter multos ac varios libros, hoc diui Matthæi Euangelium Hebraicum reperi: [...]"（du Tillet 1555: i）。

[310] ［すなわち］"Quòd si Hebraicũ exemplar ne nõ Matthæi authenticum esse tibi persuadeas, te quippiamonet, scito ne Nazaræorum quidẽ quo vsus Hieron. & quod plærique Syriacum fuisse credunt, αὐτόγραφον meo iudicio fuisse"（du Tillet 1555: 2）。

[311] ［すなわち］"Vtut sit, hæc satis purè scripta, si diligenter euoluas, nec à veteris instrumenti nitore proculabesse, etsi nonnihil Rabbinismi interdum adiunctum, comperies"（du Tillet 1555: 2）。

[312] Eskhult and Eskhult (2013: 334) を参照。

[313] ［すなわち］"Sed, ut nihil est humano ingenio inconstantius, quum ad caput Matthæi octavum operæ typographicæ processissent, & lentius quàm vellem progrederentur, cogirare cœpi de Euangeliis Matthæi Hebraicis, à doctissimis viris Munstero & Mercero olim editis, meamque graviter incusare negligentiam, quod ea examinare in mentem non venisset"（de Dieu 1639: 17）。

2.3. ヘブライ語原典？ギリシア語原典？

2.3.1. クリストフ・ヴァーゲンザイル

アルトドロフ大学の J. Ch. ヴァーゲンザイル（Johann Christoph Wagenseil, d. 1705）は、「マタイによる福音書は本当にヘブライ語で書かれたのか」を問い直した。

教父批判

彼はまず、「マタイによる福音書がヘブライ語で書かれた」と伝えるキリスト教教父の例として、テオフィラクトゥス、ヒエロニュムス、エウセビオスを引用する。次に、近年の知見として、カソーボン（Isaac Casaubon, d. 1614）、キッピング（Johann Wolfgang Kipping, d. 1747）を引用し、マタイが「ヘブライ語（Ebraicè）で」書いたことを否定はしないが、原始教会はその始まりの時から、「ギリシア語（Græcè）で」書かれた「マタイによる福音書」を使用し、ギリシア語の本文を真筆（authentico）と主張してきたのだ、と述べる[314]。

なぜこのようにキリスト教教父の見解と、近年の知見とが食い違うのか。ヴァーゲンザイルによれば、キリスト教教父はパピアス以来の偽りの伝統に縛られている。

> 教父らはその信じ込みやすい性質によって、確たる知識も無く、パピアスに誘導されてきた。彼は最古の著述家ではあるが、エウセビオスの証言によれば、判断力に欠けた者であり、信じられないような作り話を後世に伝え、彼の遺物は多くの誤りを犯す機会を提供してきた。ある種のヘブライ語（Ebraicum）の福音書についても——それはマタイの名で［呼

---

[314] ［すなわち］"Matthaum Ebraicè scripsisse, nos quidem non negamus, multis Veterumid affirmantibus, sed primitivam Ecclesiam, jam inde ab ipso primo illius exordio, Evangelio Matthæi Græcè scripto esse usam, & Græcum textum pro authentico habuisse, omni asseveratione nos asseveramus"（Wagenseil 1691: 11）。

ばれたが］，ナザレ派とエビオン派によって使用された偽りのものだと証明されている――，パピアス自身と彼に続く教父らは，偽マタイ［の福音書］を見ることも検証することもなく，それがマタイの真筆（avthenticum）だと誤って信じた。簡潔に言えば，多くの教父らはヘブライ語（Ebrææ linguæ）をよく知らず，福音を熱心に求めることもなかったのである[315]。

（Wagenseil 1691: 12）

ヴァーゲンザイルの批判が妥当であるかの論評は差し控えるが，彼の痛烈な教会伝統への批判と，「マタイによる福音書はヘブライ語で書かれた」という伝承の否定は，軌を一にしていることが分かる。

さらに，ヴァーゲンザイルはエラスムス，カルビヌス（カルヴァン），ゲルハルドゥス等，近年の学者の名を列挙し[316]，その中でエラスムス，ゲルハルドゥスの見解を代表的なものとして引用する。

マタイがヘブライ語（Ebraicè）で書いたというのは，ありえないことのように思われる。［パピアスが］ヘブライ語の書物（Ebraici Voluminis）の痕跡を見たということは誰にも検証されていない。それがナザレ派の［福音書］と呼ばれると述べたヒエロニュムスは，それがヘブライ語（Ebraicis）で書かれたとは述べず，むしろカルデア語（Chaldaicè）でと［述べた］。それはアポクリファにおける「ヘブライ語」の単なる定型句（formulis

---

[315] ［原文］Constat etiam Patres quâdam credulitate, non certa scientia, inductos fuisse ac seductos à Papia, Scriptore quidem antiquissimo, sed, Eusebio teste, exigui judicii Viro, qui multa fabulosa, leviter credita, posteris tradidit, ac antiquitate sua, errandi occasionem præbuit multis. Cùm enim extaret Evangelium aliquod Ebraicum, Matthæi nomine, probatum falsò quo Nazaræi & Ebionitæ utebantur, Papias ille, & reliqui Patres eum secuti, opere illo Pseudo-Matthæi ant non viso, aut non exalminato, id avthenticum Matthæi falso crediderunt. Atq; hoc cofacilius fuit, quia plerique Patres, Ebrææ linguæ fuêre imperiti, neq; diligentes in illo Evangelio requirendo.

[316] ［すなわち］"Autores verò qui nostram sententiam desendunt, sunt imprimis, Erasmus, Beza, Flacius, Cajetanus, Conzenius, Calvinus, Paræus, Gomarus, Gerhardus, Waltherus, Chamier, Scultetus, Calovius, Sranciscus Junius, Johannes Crocius, Alstedius, Joh. Maccovius, Glassius, & alii, ex quibus Erasmus ita scribit [...] Et D. Gerhardus [...]"（Wagenseil 1691: 12–13）

duntaxat Ebraicis）と考えられる[317]。　　　　　（Wagenseil 1691: 13）[318]

［だが］新約聖書の各書はすべてギリシア語によって（lingua Græcâ）——外国人だけでなくユダヤ人の多く，特に小アジアに住んでいた［ユダヤ人］にも，当時は馴染みがあった——福音書記者らと使徒らにより書かれた。それゆえギリシア語の本文（textum Græcum）のみがオリジナルな真筆である[319]。　　　　　（Wagenseil 1691: 13, cf. Gerhard 1654: 69）

ギリシア語は新約聖書のオリジナルな真筆として私たちに受け継がれた[320]。　　　　　（Wagenseil 1691: 13, cf. Glassius 1725: 545）

ヴァーゲンザイルはこれらの見解を受容する。すなわち，

(1) 「ヘブライ語」と「カルデア語」は異なる。
(2) 「ヘブライ語」で書かれたという本来の「マタイによる福音書」を見た者はいない。
(3) パピアスは「カルデア語で書かれたナザレ派の福音書」を「ヘブライ語で書かれたマタイによる福音書」と混同した。
(4) 新約聖書の各書は最初から「ギリシア語」で書かれた。

---

[317] ヴァーゲンザイルはエラスムスからの引用としているが，管見の限りではエラスムスの著作の中に見当たらない文言である。同じ引用が Calovius (1676: 141)にあり，エラスムスのマタイ8章の注解（Matt.c.VIII）からのものとされるが，少なくとも Erasmus (1522) には確認できない。

[318] ［原文］Non mihi sit verisimile, Matthæum Ebraicè scripsisse, cùm nemo testetur, se vidisse ullum illius Ebraici voluminis vestigium, siquidem illud, quod Nazaræorum vocant, nec Ebraicè scriptum testatur Hieronymus, sed Chaldaicè, formulis duntaxat Ebraicis, inter Apogrypha censetur.

[319] ［原文］[Sed] rectius statuitur, omnes & singulos N.T. libros, lingua Græcâ, quæ non solum gentilibuss sed etiam Judæis plerisque, maximè illis, qui in Asia minore degebant, ea tempore familiaris erat, ab Evangelistis & Apostolis conscriptos esse, ideod solum textum Græcum esse Originalem avthenticum.

[320] ［原文］Linguâ Græcâ, ut Originali & avthenticâ N.T. ad nos transmissum est.

言語と霊感

　ヴァーゲンザイルは，キリスト時代のユダヤ人は「ヘブライ語」ではなく「シロ・カルデア語」を使用していたことを述べる[321]。そのことはバビロン捕囚の時代に生じたものであるが，「ヘブライ語」（linguam Ebræam）を知っていた上の世代が死に絶え，「カルデア語」（linguam Chaldaicam）を受容した下の世代が生まれた。そのため「ヘブライ語」と呼ぶべきなのか「カルデア語」と呼ぶべきなのか不明な状況が続いていたという[322]。

　捕囚以後の預言者は皆「ヘブライ語」で書物を残したにもかかわらず，ダニエル書とエズラ記の多くが「カルデア語」で書かれていることは注目に値する[323]。もしヘブライ語の知識が十分な時代であれば，「カルデア語」で書かれることはなかったはずだからである。それゆえ，キリストと使徒らの時代にはもう「カルデオ・シリア語」（linguam Chaldæo-Syram）が受容されていた[324]。そうした時代背景の中，もし使徒マタイが「ヘブライ語」で書物を作ったなら，誰も理解することができなかったはずである。だが実際には，使徒マタイが「ギリシア語」で書いたことで，外国人を含め，取り残される者が出なかったのだという[325]。

　だがここで，「ギリシア語」で書かれたものが「霊感」（θεόπνευμα）によるものであるのか，という疑問が生じる。事実，ヴァーゲンザイルによれば，ギリシア語七十人訳は聖霊の霊感によるもの（ex instinctu Spiritus Sancti）ではない。そのため，逆に，ギリシア語七十人訳は何かを付け加えたり取り除

---

[321] ［すなわち］"Quod enim tempore Christi, non Ebraicè, sed Chaldeo-Syriace Judæi locuti sint"（Wagenseil 1691: 14）。

[322] ［すなわち］"quam ut lingua Ebræa, sinon plane, apud plebejos præsertim, interire, saltem ita per linguam Chaldaicam mutari cœperit, ut dubium evaderet, an Ebræa, an vero Chaldaica vocanda"（Wagenseil 1691: 15）。

[323] Wagenseil (1691: 14) を参照。

[324] ［すなわち］"Quicquid autem hâc de re sit, sufficit, si obtinemus, tempore Christi & Apostolorum, linguam Chaldæo-Syram introductam fuisse"（Wagenseil 1691: 15–16）。

[325] ［すなわち］"Verum potius invertimus argumentum, habituros nimirum, si Matthæu Ebraicè scripsisset, excusationem, eoquod Ebræica non intellexerint, nullam autem jam superesse at Matthæus Græca lingua scripserit, omnibus cum gentitats [...]"（Wagenseil 1691: 16）。

いたりすることができた[326]。同じように，ヘブライ語で書かれた本来の「マタイによる福音書」のみが聖霊の霊感によるものであるならば，ギリシア語に翻訳された福音書は霊感によるものではなく，神によるものでもない（adeoque）ことになる。それは神の意志に反するものであり，いかなる摂理（suo consilio）を想定しても無駄なことだという[327]。

「エリ，エリ，レマ，サバクタニ」

最後の問題は，マタイによる福音書の「エリ，エリ，レマ，サバクタニ」（マタ 27:46）である。この言葉に関して，ヴァーゲンザイルは 3 つの立場をまとめる。

(1) 詩編 22 編 2 節[328]に由来する純粋なヘブライ語（pure Ebraica）である。
(2) 一部が「ヘブライ語」（Ebraica），一部が「カルデア語またはシリア語」（Chald. vel Syriaca）である。
(3) すべて「シリア語」（Syriaca）であり，アンティオキアのシリア語で（Antiocheno-Syra）なければエルサレム語（Hierosolymitana）である。

このうち，ヴァーゲンザイルは (3) の立場を最も好ましいものと述べ，この中に (2) の立場も含まれるとする[329]。いずれにせよ，使徒マタイがギリシア文字で書く「エリ，エリ，レマ，サバクタニ」は，マタイ自身が声を発する方法と同じ（que modo ipse Matthæus has voces exprimit），つまりマタイの発音どおりのものである。しかし，マタイがどう発音したかと，「マタイによ

---

[326] Wagenseil (1691: 35) を参照。
[327] Wagenseil (1691: 36)。これはキッピングの主張に対する反論として書かれている。
[328] ヘブライ語旧約聖書，ラテン語ウルガタは 22 編 2 節。ギリシア語七十人訳は 21 編 2 節。
[329] Wagenseil (1691: 37) を参照。

る福音書が最初に何語で書かれたか」とは無関係の話である[330]。

このようにして，ヴァーゲンザイルは「マタイによる福音書は最初からギリシア語で書かれた」という立場を擁護した。

2.3.2. エルンスト・レーシャー

V. E. レーシャー（Valentin Ernst Löscher, d. 1749）もヴァーゲンザイルと同じ立場である。「救い主キリストの日常語は何であったか」（quenam Christi Servatoris vernacula lingua fuerit?）という問いに関し，彼はこう述べる。

> 実際，オリエントの文学の復興を開始した人々は，今日ではシリア語と（Syriaca）呼ばれるもの，つまりマロン派語（Maroniticam），またはアンティオキアの言語（Antiochenam lingvam）を取り入れている——ヴィトマンシュテッター，マシウス，トロスティウス，ブクストルスによって。だが彼らに続くグロティウス，ウォルトンなどは，キリストに対して独特な言い方（peculiare idioma）を，すなわちシロ・カルデア語（Syro-Chaldaicum）と呼ばれるものを宛てがっている[331]。
>
> （Löshcer 1706: 77）

しかし，レーシャー自身はギリシア語新約聖書の「ヘブライ語で」（ヨハ 19:13, 20，使 21:46; 22:1）を文字どおりに受け取るべきだ（re quidem ipsa adigente, accedimus）と主張する。

> ［ヘブライ語は］キリストと使徒らがユダヤ人と話す際に使用した。そのため，網の結び目を探す人々は，最古の写本［旧約聖書］に従い，聖書ヘブライ語的特徴（Ebraism Biblici）の模倣によって，マタイによる福

---

[330] Wagenseil (1691: 37–38) を参照。

[331] ［原文］Equidem, qui orientis literas restituere coeperunt, eam, que hodie Syriaca dicitur, hoc est, Maroniticam, sive Antiochenam illi lingvam adsoripserunt, in his Widmanstadius, A. Masius, Trostius, Buxtorsius; Qvi vero eos insecuti sunt, Grotius, Waltonus aliique peculiare idioma, quod Syro-Chaldaicum vocant, Christo tribuunt.

音書の原形を持っている。だが仮にそれが存在したとしても，それは新ヘブライ語による（Neo Ebræo idiomate）のである——それによって書かれたものは現存しないにしても[332]。　　　　　　　（Löshcer 1706: 77）

この場合の「ヘブライ語」とは聖書ヘブライ語ではなく，レーシャーの提唱する「新ヘブライ語」，すなわちタルグム語とシリア語との混淆語を指す（第2章3.2節を参照）。

2.3.3. リシャル・シモン

オラトリオ会の司祭であった R. シモン（Richard Simon, d. 1721）は「マタイによる福音書はヘブライ語で書かれた」という伝承を次のように擁護する。

「ヘブライ語」＝カルデア語またはシリア語？

まず彼は，パピアスらキリスト教教父の述べた「ヘブライ語」（Ebraïque）とは，当時の民衆語であった「カルデア語またはシリア語」（Caldaïque ou Syriaque）であったと述べる。

また，使徒言行録にあるように，初期のキリスト者は「ナザレ人の分派」（τῶν Ναζωραίων αἱρέσεως）と呼ばれていた（使 24:5）。それゆえ，「ヘブライ語＝カルデア語またはシリア語」で書かれた「ナザレ派の福音書」は，ユダヤ人の中で最初にキリスト者になった人々（ナザレ派）に用いられていた。その福音書はナザレ派の分派であるエビオン派でも用いられたが，そのことは聖マタイが書いた「ヘブライ語＝カルデア語またはシリア語」の福音書の存在を否定するものではない[333]。プロテスタント学者らはナザレ派を律法主

---

[332] ［原文］[...] quaque Christus & Apostoli ad Judæos loquentes usi sunt. Nodum igitur in scirpo quærunt, qui exemplar Evangelii Matthæi ad imitationem Ebraismi Biblici confictum pro antiquissimo Codice habent, cum, si quod fuisset, Neo Ebræo idiomate, quo quidem nullus liber scriptus hodie exstat, consignari debuisset.

[333] Simon (1689: 53) を参照。

義の半キリスト者（demi-Chrêtiens）と蔑むが，実際のところ，ナザレ派はエビオン派を異端として拒否した純粋な（plus pur）人々であった，とシモンは述べる。

エラスムス，および，カルヴァンをはじめとする多くのプロテスタント学者が「マタイによる福音書はヘブライ語で書かれた」を否定しようとするのは，ここでの「ヘブライ語」を「古代ヘブライ語」（l'ancien Ebreu）と誤解しているからである。

> 一方，当時のユダヤ人のヘブライ語（l'Ebreu）はカルデア語（la langue Caldaïque）であった。かつて彼らがバビロンから持ち帰り，僅かしか変化しなかったものである。新約聖書の各書がギリシア語で書かれた方が，他の言語よりも適切であったが，ここでの疑問は聖マタイが最初に福音を宣教したパレスティナのユダヤ人に限定される。これらの人々はカルデア語（la langue Caldaïque）を話したので，彼らと同じ言語で宣教する必要があったのである[334]。　　　　　　　　　　（Simon 1689: 51）

プロテスタントの学者らは，もしマタイによる福音書がヘブライ語で書かれたならば，神の摂理（la Providence Divine）がその大きな宝を失う（＝ヘブライ語原典を失う）ことを許さなかったはずだという。しかし，それはまったく見当違いの主張である。

> 疑いようもない事実に反論しようとして，このプロテスタントが神の摂理に助けを求めるのは無意味である。教父もユダヤ人も皆，聖なる書物のいくつかが失われたことについてはまったく否定しない。それにもかかわらず，聖マタイによる福音書に関しては，ギリシア語で（en Grec）

---

[334] ［原文］au lieu que l'Ebreu des Juifs de ce temps-là étoit la langue Caldaïque qu'ils avoient rapportée de Babylone, & qu'ils avoient seulement un peu alterée. Il a été à la verité plus à propos que les Livres du Nouveau Testament fussent plûtôt écrits en Grec qu'en une autre langue: mais il ne s'agit icy que des Juifs de Palestine, auxquels Saint Matthieu prêcha d'abord l'Evangile : & comme ces gens-là parloient la langue Caldaïque, il fut necessaire qu'il leur prêchât en cette même langue.

ほぼ完璧な状態で私たちの手にある。ヘブライ語（Ebreu）あるいはカルデア語（Caldaïque）の原本が保持されなかったのは，ユダヤ教会——最初にこの［教会］のために書かれた——が長くは続かなかったからである。逆にギリシア語（la langue Grecque）が広まっていた教会は今も続いている。今日，私たちが聖マタイの［福音書の］ギリシア語（Grec）の原本を持ち続けているのは，これら後者の教会の手によるものである[335]。

(Simon 1689: 52)

またカルヴァンは，聖マタイが旧約聖書を引用する際は七十人訳のギリシア語を用いているので，聖マタイは最初からギリシア語で福音書を記したと主張する。シモンはこれに反論し，たとえ福音書が何語で書かれたとしても，ギリシア語に翻訳する際は，ギリシア語の使用者のためにギリシア語旧約聖書の権威を利用したであろうと述べる[336]。

プロテスタントが「マタイによる福音書はヘブライ語で書かれた」という伝承を否定する時，「霊感」や「摂理」に訴えるのではまったく無意味である，とシモンは述べる。

2.3.4. ハインリヒ・ツェドラー

J. H. ツェドラー（Johann Heinrich Zedler, d. 1751）は出版社を経営し，多数の事典・辞書を出版した人物である。とりわけ18世紀最大規模とされる百科事典 *Grosses Universal-Lexicon*（全68巻，1731–1754年）を刊行したことで知

---

[335] ［原文］C'est inutilement que ce Protestant appelle à son secours la Providence de Dieu, pour s'opposer à un fait dont on ne peut point douter raisonnablement. Les Peres & les Juifs mêmes ne sont aucune dissiculté de reconnoître qu'on a perdu quelques Livres Sacrés. Ce qu'on ne peut dire neanmoins de l'Evangile de Saint Matthieu, puis que nous l'avons en Grec dans un état assez parfait. La raison pour laquelle l'Exemplaire Ebreu ou Caldaïque ne s'est pas conservé, c'est que les Eglises de la Judée pour lef quelles il fut d'abord écrit, n'ont pas fubfifté long-temps. Au contraire les Eglises où la langue Grecque étoit florif fante ont toûjours duré. C'est par le moyen de ces dernieres Eglises que nous avons encore aujourd'huy l'Exemplaire Grec de St. Matthieu.

[336] Simon (1689: 51) を参照。

られている。
　その第 19 巻における 'Matthäus der Evangelist' という項目の中で，ヘブライ語で書かれた本来の「マタイによる福音書」をめぐる論争の様子が端的にまとめられている。項目の著者は不明であるが，おそらくプロテスタントの学者であると思われる。

> だがマタイはヘブライ語で（in Ebräischer Sprache）書いたのだろうか。これについて学者らの間で多くの疑問が呈された。ほとんどの教皇主義者（Papist）はそれを確信している。改革派の中でそのような考えを持つ者は少数である。ルター派の神学者にはそうした考えが皆無である。
> ［……］[337]　　　　　　　　　　　　　　　　　　　（Zedler 1744: 2110）

「マタイによる福音書がヘブライ語で書かれたか」という問いは，「現存するギリシア語版は信頼できるのか」，あるいは，プロテスタントに特有であるが「ギリシア語版は神の霊感によるものなのか」という問いと表裏一体である。それゆえ，プロテスタントの学者らは現存するギリシア語福音書を「オリジナルなもの」と見なす傾向があるのに対し，カトリックの学者らは伝統的立場，すなわち，最初に「ヘブライ語版マタイ」が編まれたと考える立場に立つ。
　この百科事典で整理された論点が，当時のプロテスタントの言語観と背景にある神学とを端的に表していると思われる。

　(1)　「ギリシア語」は当時，ユダヤ人を含めすべての人々によく知られた言語であった。一方，「純粋なヘブライ語」（reine Ebräische Sprache）は祭司らによって（bey denen Priestern）のみ使用された。また一般民

---

[337]　［原文］Do er es aber in Ebräischer Sprache geschrieben habe? Darüber ist unter denen Gelehrten viel Fragens gemessen. Die allermeisten unter den Papisten haltens vorgewiß. Wenige unter den Reformirten stehen auch in solchen Gedancten. Von denen Lutherischen Gottesgelehrten ist keiner dieser Meynung, [...]

衆（das gemeine Volck）は，「カルデア語とシリア語」に「混ざりものの ヘブライ語」を混ぜ合わせた一つの言語（eine Sprache, die aus der Chaldäischen und Syrischen mit untermengten Ebräischen zusammen gesezet war）を使用していた。

(2) マタイはキリスト者に改宗した外国人（die befehrten Heyden）に向けて福音書を記したのであり，間もなく滅びるユダヤ人のためだけではなかった。

(3) マタイの書き方（Schreibs-Art）はマルコ，ヨハネと一致しており，「ヘブライ語あるいはシリア語」（Ebräischen oder Syrischen）では等価にならないような「ギリシア語の話し方」（Griechische Redens-Arten）に満ちている。

(4) マタイが旧約聖書から引用する時，一般にはギリシア語七十人訳からである。

(5) マタイは福音書のヘブライ語（マタ 1:23; 27:46）をギリシア語に翻訳している以上，ギリシア語で書かれたに違いない。

(6) パピアスの信憑性（Autoritat）は低い。彼は己の好奇心から作り話に飛びついた。

(7) 「ヘブライ語」のマタイによる福音書の写本は発見されていない。またナザレ派の福音書――ユダヤ人とキリスト者の中間セクトであり，その「ヘブライ語」の写本をマタイに結び付けたとされる人々――も発見されていない。これらの異端はエビオン派と同様，マタイによる福音書をヘブライ語で読んでいたが，大きく損なわれた。

3. ヘブライストとヘレニスト

3.1.「ユダヤ人のギリシア語」は何であったか

　J. H. ツェドラーの百科事典が「ギリシア語は当時，ユダヤ人を含めすべての人々によく知られた言語であった」[338]と記したように，イエスの時代のパレスティナ地方にも「ギリシア語」が広まっていたこと，また「ギリシア語」を操るユダヤ人が一定数存在していたことは，まったく自明のことと考えられていた。

　だが，ユダヤ人が「純粋なヘブライ語」でも「純粋なカルデア語」でもなく，何らかの混淆語を使用していたと考えられたように，「ギリシア語」もまた純粋ではない形態で使用されていたのではないか——イエスの時代の「ユダヤ人の日常語」をめぐる問いは，「ユダヤ人のギリシア語」に対しても飛び火する。

3.1.1. ダニエル・ハインシウス

ヘレニスト語

　使徒言行録によれば（使 6:1），原始教会にはヘブライスト（Ἑβραῖοι）[339]とヘレニスト（Ἑλληνιστής）のグループが存在したという[340]。

---

[338]［すなわち］"[...] diese damals bey allen Volckern, und also bey den Jüden selbst die bekannteste Sprache war"（Zedler 1744: 2111）

[339] ただし，ギリシア語新約聖書に Ἑβραιστής という語は出現しない。Ἑβραῖος は 4 回出現するが（使 6:1，2 コリ 11:22，フィリ 3:5 [x 2]），使 6:1 以外はパウロが自分を「ヘブライ人」と呼ぶ文脈の中にある。またギリシア語七十人訳では 40 回出現するが，分布に偏りが認められる（創 5 回，出 13 回，民 1 回，申 2 回，サム上 5 回，エレ 2 回，ユディ 3 回，Ⅱマカ 2 回，Ⅳマカ 6 回）。

[340] Ἑλληνιστής はギリシア語新約聖書の中では複数形で 3 回出現し（使 6:1; 9:29; 11:20），単数形の使用例は無い。またギリシア語七十人訳には使用例が無い。

議論の口火を切ったのは，J. J. スカリゲル（Joseph Justus Scaliger, d. 1609）の弟子であり，ライデン大学の教授であったD. ハインシウス（Daniel Heinsius, d. 1655）であった。彼はまず，ギリシア語新約聖書に出現する「ヘブライ語」とはシリア語のことであるが[341]，その逆を指すことはないと述べる[342]。シリア語はしばしば「カルデア語」と区別できず，同一視されることもあるが，厳密には「カルデア語」とはタルグムの言語であり，（書き言葉であるがゆえに）不変のものである[343]。それゆえ，使用された時代の違いによって区別可能な場合もある[344]。

同じように「ギリシア語」も，ヘレニストの使用する「ギリシア語」はユダヤ人に特有のものであったとハインシウスは考えた。彼はオリゲネスによるテトラプラ，ヘクサプラ，オクタプラにおけるギリシア語（七十人訳，アクィラ訳，テオドティオン訳，シュンマコス訳，その他2欄）の特徴を次のように述べる。

> 実際，これら旧約聖書の訳者らは，私たちがヘレニスト語（Hellenisticam）と呼ぶ言語を有している。ギリシア人にではなく，翻訳の対象とする人々，つまりオリエント地方の人々と話すことに親しんでいるからである。同音異義語（ὁμωνυμίας）の考えと同じように，ギリシア人による［意味］ではなく，所定のものによる［意味］である。これは新約聖書で確認できるが，見た限りにおいて，これまでギリシア語（Græca）と区別した者

---

[341] ハインシウスの言う「シリア」は，ダマスカス周辺からナハライム（ギリシア語メソポタミア）に至るオリエント一帯を指しており，これを「アラム」（Aram）と同一視する（Heinsius 1639: 9–10）。

[342] ［すなわち］"quod quae doctor ac Euangelista maximus, Hebraice fuisse scripta monet, Syriace fuisse scripta dicat. Notum enim omnibus, Hebræam, quod & ipse Euangelista noster locis aliquot confirmat, Syram, ac non contra, dici"（Heinsius 1627: 199 = Heinsius 1639: 791）。

[343] ［すなわち］"Vno enim verbo ex Chaldææ linguæ usu, qui in Targumim perpetuus ac constans"（Heinsius 1627: 292 = Heinsius 1639: 791）

[344] ［すなわち］"quibus suo modo & significatione Syri ac Chaldæi eo tempore vtebantur"（Heinsius 1627: 451）。

第3章 ヘブライ語，ギリシア語

はほとんどいない³⁴⁵。　　　　　　　　　　　（Heinsius 1627: 209–210）

　七十人訳をはじめとするギリシア語旧約聖書の「ギリシア語」は，ギリシア人の「ギリシア語」とは区別されるべきものである。それゆえ，ハインシウスは前者を「ヘレニスト語」と呼ぶ。「ヘレニスト語」はオリエント地方において，非ギリシア人との対話を目的として作られたものであり，「ギリシア語」とは似て非なるものであるという。

　ユダヤ人は天幕，神殿，シナゴーグにおける活動や教育の場には「カルデア語」を用いていた。ヘレニストは同じ場で「カルデア語」と同じ役割を担える言語を，すなわち，見かけはギリシア語のような「ヘレニスト語」を用いた³⁴⁶。そして，ユダヤ人が主流であった初期の教会におけるキリスト者も同じ言語習慣を保持していた，とハインシウスは述べる。

> 言語はヘブライ語（Hebræa）ではないが，ヘレニストのギリシア人はヘブライ語（Hebraice）を話す。彼らはギリシア人とユダヤ人に対して同時に書き送っていた。他の責任ある長老らは，ほとんどの場所で私たちのタルグム保持者を眼前に置いた。それゆえ私たちには，最も望ましく，選ぶべきことのように見える――書物を翻訳する者は誰でも，新約聖書からでもギリシア語やラテン語からでも，自由な言葉でも結ばれたものでも，大きな心と喜びをもってそうすべきである³⁴⁷。

---

³⁴⁵ ［原文］Atque hos autores quidem in antiquo Fœdere ea lingua habet quam nos Hellenisticam vocamus. quia non cum Græcis, sed cum ijs quos interpretatur, & cum Oriente loqui solet: quemadmodum & vocum quoque notiones ac ὁμωνυμίας, ex illius, non Græcorum, sequitur præscripto. quam in nouo Færdere obtinere, quiuis cum videre possit, pauci tamen hactenus a Græca distinxerunt.

³⁴⁶ ［すなわち］"Quod Chaldæi causa annotandum, qui, *ministrum eruditionis, seu doctrina*, cum vocat [...] cum Iudæos ipse in hac sententia versari notet. Mihi sane non est dubium, quin ita locum hunc acceperint Chaldæi, [...] sed ... Hellenistæ, vt existimo, interpretati sunt: quod honeste minus eam vocem vsurpare Græcos, non nescirent"（Heinsius 1627: 147 = Heinsius 1639: 767）

³⁴⁷ ［原文］Lingua enim non Hebræa, sed Hebraice vtuntur Græca Hellenistæ. Simul enim Græcis & Iudæis ἑλληνίζουσι scribebant. quos & sequebantur. Alij enim Seniores, qui tum obtinebant, noster fere vbique Targumistas ante oculos habebat. Nobis ergo id sperandum maxime ac optandum videtur, vt qui aliquem,

(Heinsius 1627: 229)

新約聖書は「ヘレニスト語」で書かれ,結果的にヘブライ語的特徴(Hebraismus),カルデア語的特徴(Chaldaismus),そしてギリシア語的特徴(Græcismus)が並走することになったのである[348]。

3.1.2. クロディウス・サルマシウス

ハインシウスの提唱した「ヘレニスト語」に対し,ライデン大学の同僚であった C. サルマシウス(Claudius Salmasius, d. 1658)は 1643 年,大部の反論書を 2 冊公刊した。題名はそれぞれ『ヘレニスト語の注解:ヘレニスト語の論争を解決しギリシア語の起源と方言を十分に扱うために』(*Hellenistica Commentarius, Controversiam de Lingua Hellenistica decidens, & plenissimè pertractans Originem & Dialectos Græcæ Linguæ*),『ヘレニスト語の葬送:ヘレニストとヘレニスト語に関する試論への反駁』(*Funus Linguæ Hellenisticæ, sive Confutatio Exercitationis de Hellenistis et Lingua Hellenistica*)である。これらの書の中で,サルマシウスはハインシウスを口を極めて罵っている。ハインシウスはこれに怒り,図書館長としてサルマシウスの図書館利用を制限するなど,両者の対立は学術的議論の枠を越えたものとなった。失意に沈んだハインシウスは 1647 年に教壇に立つのを止めた。サルマシウスはオランダの気候に馴染めず心身に不調をきたしたという。

「ヘレニスト語」への反論

サルマシウスは最初に,ハインシウスの「ヘレニスト語」なるものが古代から誰も用いたことのない呼称であることを問題視する。それは使用者が存在しなかったことを意味するからである。

---

ex Nouo Fœdere, aut Græce aut Latine, libero sermone aut vincto, interpretandum suscipit scriptorem, magno animo ac studio id agat.

[348] Heinsius (1627: 451; 1639: 25, 226) を参照。

第 3 章　ヘブライ語，ギリシア語

> ペルシア人はペルシア語を，アラブ人はアラビア語を，ヘブライ人はヘブライ語を，シリア人はシリア語を話す。あらゆる言語は自然に親しまれた国からその名を獲得するのであり，その言葉（ore）が発声する人々無しには理解できない[349]。　　　　　　　　　　（Salmasius 1643b: 10）

確かに「ヘレニスト」（Hellenistæ）という呼称は古代文献に存在する。だが，近年の学者ら（ハインシウスと追随者を指す）が主張するような言語または方言としての「ヘレニスト語」（Hellenistica）という呼称は古代文献にまったく見られない[350]。

あるいは，古代文献には見られなくても，私たちに知られているものは存在する。アイオリア人のアイオリア方言は，古代文献にその呼称を確認することはできないが，私たちはその存在を知ることができる。同じことはドーリア人のドーリア方言，イオニア人のイオニア方言（dialecti Dorica & Ionica）にも言える。さらに共通語（communis）[351]やギリシア語（Hellenica）は，文書の著者の名で呼ばれることもある[352]。

「ヘレニスト語」はそれを使用する「ヘレニスト」から名付けられたものであるが，これは循環論法に陥る。もし「ヘレニスト」の中に他のギリシア語方言，たとえばドーリア方言，アイオリア方言，イオニア方言などを使用する者がいたら，その者は「ヘレニスト語」を使用していないことになって

---

[349] ［原文］Persæ Persica linqua loquuntur, Arabes Arabica, Hebræi Hebraica, Syri Syriaca. [...] Omnis lingua à natione cui naturaliter familiaris est, nuncupationem nanciscitur, nec intelligitur sine gente cuius ore enuntiatur.

[350] ［すなわち］"Cogniti veteribus *Hellenistæ* fuerunt, eorumque in scriptis antiquorum occurrit mentio, cum linguæ illorum sive Dialecti, quæ nunc *Hellenistica* nuncupatur ab hodiernis doctoribus & litteratoribus, prosundum apud eos sit silentium"（Salmasius 1643b: 9）

[351] サルマシウスの時代にはまだ「コイネーのギリシア語」という用語が存在しない。

[352] ［すなわち］"Æoles novimus cum sua sibi Dialecto, quos nec antiquitas ignoravit. Idem est de Dorici & Ionici generibus, non magis nobis ex antiquitate noscendis traditis quam sunt eorum dialecti Dorica & Ionica. Etiam communis & Hellenica vocata auctores suos habet, in antiquitate & ipsos adæque celebres, Ἕλκιας nuncupatos"（Salmasius 1643b: 9）

しまう³⁵³。

ヘレニスト＝ギリシア語を使用するキリスト者？

　サルマシウスによれば，当時のエルサレムにはユダヤ人の他に，大きく分けてギリシア人とシリア人とが住んでいた。エルサレム教会にはユダヤ人とギリシア人のみならず，シリア人のキリスト者がおり，彼らは「ヘブライスト」（Ἑβραῖοι）の名で呼ばれていた可能性がある³⁵⁴。シリア人は当時の「ヘブライ人」と同じ言語を使用していた――当時のシリア語は「ヘブライ語」とも呼ばれていたからである。そして「ヘブライ人」の呼称（nomen Hebræorum）は「ヘブライ主義」（Hebraismo）を受容する人々に適用されるものであり，それはまた「ユダヤ人」と同義であった³⁵⁵。したがって，使徒言行録の言う「ヘブライスト」（Ἑβραῖοι）とは，キリスト者になった者（religione Χριστιανίζοντες）であり，かつ「ヘブライ語またはシリア語」を話すようになった者（sermone Ἑβραΐζοντες, sive Συριάζοντες）を指す。それはユダヤ人よりもシリア人の方が多かったという³⁵⁶。

　それに対し，「ヘレニスト」（Ἑλληνιστή）とはキリスト者になった者（Χριστιανίζοντες）で，かつ「ギリシア語」を話すようになった者（ἑλληνίζοντες）に他ならない³⁵⁷。初期のエルサレム教会はユダヤ人と改宗者³⁵⁸から構成されており，改宗者はシリア語を使用するシリア人と「ギリシア語」を使用する

---

³⁵³ ［すなわち］"Ergo sic Hellenistica ab Hellenistis quibus erat naturalis vocitata est. Et hæc invicem reciprocantur. Si fuere ulli Hellenistæ lingua à cæteris Græcis diversa loquentes, ut Dores, Eoles, Iones, ab Hellenibus differente dialecto utebantur, fuit aliqua lingua Hellenistica ab Hellenica, hoc est, Græca dialecto dissentanea,ut & ab Æolica, Dorica, & Ionica"（Salmasius 1643b: 10）

³⁵⁴ Salmasius (1643a: 238) を参照。

³⁵⁵ Salmasius (1643a: 239) を参照。

³⁵⁶ ［すなわち］"Ergo Ἑβραῖοι apud Lucam sunt cam Syri proselyti quam Iudæi religione Χριστιανίζοντες, & sermone Ἑβραΐζοντες, sive Συριάζοντες"（Salmasius 1643b: 238–239）

³⁵⁷ ［すなわち］"Qui his opponuntur Ἑλληνιστή, non alii possunt esse quam Proselyti ἑλληνίζοντες, & Χριστιανίζοντες"（Salmasius 1643b: 239）

³⁵⁸ サルマシウスは別の箇所では「福音改宗者」（Euangelizantes）とも言う（cf. Salmasius 1643b: 23）。

ギリシア人とに分かれていた。使徒言行録は，ユダヤ人とシリア人改宗者を「同じヘブライ語＝シリア語を使用する者」という意味で「ヘブライスト」（Ἑβραῖοι）と呼び，ギリシア人改宗者を「ヘレニスト」と呼んだ——サルマシウスはこのように主張する。

ただし，別の箇所でサルマシウスは次のようにも述べる。(改宗者ではなく)生粋のユダヤ人の場合，ヘブライ語の使用集団に属する者（Ἑβραϊζόντων）は，どんなに自由にギリシア語を使いこなすことができても，生まれがギリシアであってもエルサレムであっても，ギリシア語の使用集団に属する者（Ἑλληνιζῶν）とは見なされない。

> ［……］なぜなら，その者はシナゴーグの一員であり，そこでは聖書がヘブライ語(Hebraice)で朗読されており，またその者の生まれた国では，かつてヘブライ語（lingua Ebræa）が自然のものであったからである。しかしヘレニストは反対に，ギリシア人を起源とする者であるか，あるいはギリシアに起源を持つものでなくともギリシア語（Græcę linguæ）を使用する知識を有している者とされるが，いずれにせよ宗教的にユダヤ人となった者（Iudaïzantes）である。彼らはシナゴーグにおいてギリシア語（Græce）でのみ朗読していた——ヘブライ語（Ebraice）では理解できなかったからである[359]。　　　　　　　　　　　　（Salmasius 1643a: 51）

サルマシウスによれば，ユダヤ人が「ヘブライスト」（Ἑβραῖοι）に属すか，ヘレニストに属すかは，最終的には「ヘブライ語＝シリア語」のシナゴーグに属すか，「ギリシア語」のシナゴーグに属すかの違いに還元される。「ギリシア語」のシナゴーグでは，ギリシア語七十人訳が朗読された。ヘブライ語から翻訳されたものには，始めからギリシア語で書かれたものよりも，多くの

---

[359] ［原文］[...] quia erat eius Synagogæ membrum, In qua scriptura Hebraice legebatur, & quia ex illa gente erat oriundus cui olim lingua Ebræa naturalis fuit. At Hellenistae his oppositi ii soli dicebantur, qui Græci origine, aut Græcę linguæ notitia & usu vigentes, quamvis à Græcis orti non forent, religione utique Iudaïzantes, scripturas in Synagogis fuis Græce tantum legebant, quia Ebraice non intelligebant.

「ヘブライ語的特徴」(Hebraismus) が見られるのは当然のことである[360]。同様の理由で，ギリシア語新約聖書も主に「ヘブライ語＝シリア語」の使用集団によって書かれたものである以上，洗練された純粋な「ギリシア語的特徴」(Hellenismus) とは大きく異なる文体であるのは当然のことだという。

3.1.3. リシャル・シモン

シナゴーグのギリシア語

　R. シモン（Richard Simon, d. 1721）もまた，ハインシウスの「ヘレニスト語」（la langue Hellenistique）という呼称を再検討する[361]。

　シモンは「ヘレニスト語」と呼ばれうるもの，すなわち語彙（les mots）は「ギリシア語」であるが，語順（la phrase）は「ヘブライ語またはカルデア語」であるようなものの存在を認める[362]。だがシモン自身を含め，「ヘレニスト語」の擁護者は，そのように呼ばれる「ギリシア語方言」(dialecte Grecque) が存在したと信じているわけではない。この点で，「ギリシア語方言」を論じたサルマシウスの 2 冊の大著は無意味であったと断ずる[363]。ただし，「ヘレニスト」が「ギリシア語の使用者」を意味しているというサルマシウスの主張に関しては，シモンも受け入れる。その上で，「純粋なギリシア語」を使用しない人々は，ヘレニストよりも「非ヘレニスト」と呼ばれるべきだと述べる[364]。ところが，これはハインシウスの主張する「ヘレニスト語」，つまり「ヘレニストの言語」という定義と矛盾する。そこで「ヘレニスト」の呼称を利用するよ

---

[360] ［すなわち］"In iis quæ translata esse li quet ex Hebraico illis temporibus familiari, longe major Hebraismorum copia invenitur quam in aliis, quæ Græcè tantum edita sunt, quamvis & in istis etiam reperiantur, propter idioma Græci sermonis illis in locis usitati quod ex Syriaco propter Syrorum conversationem multa traxerat"（Salmasius 1643a: 250）

[361] Simon (1639: 315–335) を参照。

[362] ［すなわち］"Cette langue est Grecque pour les mots; mais le tour de la phrase est Ebraïque ou Caldaïque"（Simon 1639: 316）。Simon (1639: 320) も参照。

[363] Simon (1639: 318) を参照。

[364] Simon (1639: 318) を参照。

りも，(サルマシウスが主張したように) シナゴーグに由来するこの言語を「シナゴーグのギリシア語」(Grec de Synagogue) と呼びたい，とシモンは提案する[365]。

「シナゴーグのギリシア語」で書かれた代表的な書物は，ギリシア語七十人訳とギリシア語新約聖書である。それらは「ヘブライ語的特徴」(Ebraïsmes) を単に含むのではなく，ギリシア語と「ヘブライ語的特徴」とが混ざり合っている[366]。サルマシウスはこの言語および呼称を「古代文献に認められない」と非難したが，そもそもこの言語はユダヤ人に由来するものであり，ギリシア人が知らないのは当然であった，とシモンは断じる[367]。

シモンはハインシウスとサルマシウスの両者の主張を止揚したと言える。ハインシウスは「ヘレニスト語」に何らかの独自性を見出し，それを使用したというヘレニストに由来する呼称を設けた。サルマシウスは「ヘレニスト語」に何ら独自性も認めず，ヘレニストを「ギリシア語のシナゴーグに属する者」と見なした。シモンは「ヘレニスト語」の独自性を認める点ではハインシウスに倣うが，それに「シナゴーグのギリシア語」という呼称を与えることでヘレニストから切り離した。そしてヘレニストを「純粋なギリシア語を使用する者」と見なす点ではサルマシウスに倣うのである。

3.1.4. ジョン・ライトフット

J. ライトフット (John Lightfoot, d. 1675) はケンブリッジ大学の副学長を務めた人物であり，ラビ文書に精通していた。彼はラビ文書を用いてギリシア語新約聖書を注解するというアプローチを取り，その成果は *Horæ Hebraicæ et Talmudicæ* シリーズとして公刊された。

---

[365] ［すなわち］"En ce fens-là, il n'y a de veritables Hellenistes que ceux qui ont une connoissance parfaite de la langue Grecque. Ce qui paroît opposé à la langue qu'on nomme. Hellenistique, & que j'aimerois mieux appeller Grec de Synagogue, parce qu'il tire son origine des Synagogues des Juifs" (Simon 1639: 319)。

[366] ［すなわち］"On n'appelle pas la langue des Septante & du Nouveau Testament Hellenistique, simplement parce qu'elle contient plusieurs Ebraïsmes, mais parce que c'est un Grec mêlé d'Ebraïsmes" (Simon 1639: 319)。

[367] Simon (1639: 321) を参照。

マタイによる福音書の原語

彼は「マタイが福音書を書いた言語は何であったか」(Quânam linguâ Matthæus Evangelium suum scriptserit）と題した節で次のように述べる[368]。当時のユダヤに住んでいたユダヤ人の日常語(vernacular)はシリア語であり，民衆は(vulgo)はヘブライ語を完全には理解できなかったことは周知の事実である[369]。だがそうであるならば，なぜヨナタンとオンケロスはシリアに赴き，ユダヤ人のみならず，シリア語を日常語とするすべての人々のために翻訳しなかったのだろうか[370]。この問いに対し，ライトフットは2つの回答を示す。

(1) ヨナタンとオンケロスは，ユダヤとバビロニアに住むユダヤ人のために「カルデア語に」(in Chaldaicam lingvam) 翻訳したのである。
(2) シリア語は，それを日常語とするユダヤ人の間では，カルデア語ほどには喜ばしいものではなかった。カルデア語はバビロニアから帰還した人々による洗練された言語だと見なされていたからである[371]。

ユダヤ人の間では，「カルデア語」はシリア語よりも洗練されたものと見なされていた。逆に言えば，シリア語で書かれたものは洗練されていないものと見なされる危険があったという。

一方，エルサレムのタルムードには (j. Meg. 28b)，「日常語（לעז）は歌のために，ラテン語は戦のために，シリア語（סורסי）は嘆きのために，ヘブラ

---

[368] Lightfoot (1658: 188–193) を参照。
[369] ［すなわち］"Syriacam genti Judaicae in Iudea degenti vernaculam fuisse linguam omnibus est in confesso, Hebraeamque a vulgo non omnino fuisse intellectam"（Lightfoot 1658: 188）
[370] ［すなわち］"Cur Ionathan atqve Onkelosius non in Syram potius, qvæ populo toti erat vernacula, transtuerint, cùm & ipsi in Judæâ esseat, dum operi huic incumberent & Judæis illîc habitantibus operam navarent, non injusta est qvæstio"（Lightfoot 1658: 189）。
[371] ［すなわち］"Cuiduplicem hanc rependimus responsionem. 1. In Chaldaicam lingvam vertentes illud egerunt, qvod usui foret & Judæam habitantibus & Babyloniam. 2. Non æqvè grata fuit lingva Syriaca ipsis Judæis, qvi eâ pro vernaculâ usi sunt, qvàm fuit Chaldaica, utpote qvæ cultior eindè secum in Judæan reportaverant ascendentes è Babylon"（Lightfoot 1658: 189）。

イ語は演説のために，アッシリア語は書のために」とある[372]。ここで「日常語」とはギリシア語のことである[373]。また別の箇所には（*j. Soṭah* 28b），ラビ・レヴィがカエサリアにて「ヘレニスト語」（אלוניסתין）による「シェマ」を耳にしたことをきっかけに[374]，ラビ・ヨセ，ラビ・ベレクヤ，ラビ・マナの論争が生じたことが記されている。ライトフットはこの「ヘレニスト語」を単純に「ギリシア語」と解釈する。つまり，当時のカエサリアでは「シェマ」をギリシア語で口にするほど，ユダヤ人の間にギリシア語が浸透していたことを示している。

したがって，ライトフットによれば，マタイによる福音書が最初にヘブライ語で書かれたというよりも，ギリシア語で書かれたものがヘブライ語に翻訳されたと考える方が理に適っているという。聖なるものをギリシア語で書くことに対し，ラビ・ヨセのように拒否反応を示す学者も少なくなかった。そのため，そうした学者の目に留まるよう，後から「ヘブライ語」の翻訳が作成されたのであろう，と彼は述べる。マタイは信者のために「ギリシア語」で福音書を編み，何者かが非信者のためにヘブライ語に翻訳したのである[375]。

トランスユーフラテス語

使徒言行録6章1節の注解において，彼はまず，創世記14章13節における「ヘブライ人アブラム」（אַבְרָם הָעִבְרִי）が，ギリシア語七十人訳で「さすらい人アブラム」（Ἀβραμ ὁ περάτης）となっていることに着目する。つまり「ヘブライ人」（עִבְרִי）が語根 עבר「渡る，渡り歩く」に由来するものとして解釈されている。また，創世記ラッバ（*Gen. Rab.* 42:8）においても，「ヘブライ」

---

[372] ライトフットのラテン語訳に基づく。彼は לעז を vernacula と解釈する。"[...] vernaculâ ad cantum, Romanâ ad bellum, Syriacâ ad luctum, Hebræâ ad elocutionem; & sunt qui dicant Assyriacâ ad scripturam" (Lightfoot 1658: 192)。

[373] Lightfoot (1658: 189) を参照。

[374] ライトフットのラテン語訳に基づく。彼は לעז を vernacula と解釈する。"quosdam recitamtes Phylacteria Hellenisticè" (Lightfoot 1658: 192)

[375] ［すなわち］"Sic Evangelium hoc Græcè Matthæo scriptum arbitror ob credentes in Judæa, & Hebraicè ab aliqvo versum ob non credentes" (Lightfoot 1658: 193)。

の起源を מעבר הנהר「transfluvium、トランスユーフラテス」に求めるラビが存在することを指摘した上で[376]、「ヘブライ語」がもともとトランスユーフラテス、すなわちメソポタミアとカルデアで使用されていた可能性を挙げる。

> 彼らは理由なくヘブライ人（עברי *Hebræus*）と言われたのではなかっただろう。ヘブライ語（lingvam Hebræam）も、そのままの意味でメソポタミアとカルデアにも存在していた。ただ、もし彼［アブラム］が自身と家族の日常語として、トランスユーフラテス語またはカルデア語を（lingvam transfluvianam vel Chaldaicam）をカナン人の中に持ち込んだのであれば、正しくヘブライ語（lingva Hebræa）と呼ばれるものが、如何にして彼の子孫の日常語に翻訳されたのか、想像するのが難しい[377]。
> （Lightfoot 1679: 48）

「ヘブライ」が「トランスユーフラテス」の意であるなら、「ヘブライ語」と「トランスユーフラテス語」は単なる言い換えに過ぎない。それは「カルデア語」と同義であり、区別されるものではなかった。ところが、「彼の子孫」の時代になると「ヘブライ語」を「彼の子孫の日常語」に、すなわち「カルデア語」に翻訳する必要に迫られた。ここにどのような状況の変化があったのか。ライトフットは次のように続ける。

> ヘブライ語（לשון עברי *linguva Hebræa*）が、トランスユーフラテス語またはカルデア語（*Lingva transfluvialis* vel *Chaldaica*）になるという多様化

---

[376] ライトフットのラテン語訳に基づく。"R. Nehemiah dicit: Abramus dictus est עברי Hebræus, quia fuit de posteris Heberi. At Rabbini dicunt, ita dictus est, ideò quòd esset à transfluvium"（Lightfoot 1679: 47–48）。

[377] ［原文］Dixerim ego potiùs, qvòd non immeritò dici potuerint עברי *Hebræus*, ideò qvòd lingvam Hebræam propriô sensu dictam retineret etiam in Mesopotamiâ & Chaldæâ. Nam si lingvam transfluvianam vel Chaldaicam, ut vernaculam sibi & familiæ, tulerit secum in Chanaanitida, vix excogitaveris, qvonam modô lingva Hebræa propriè sic dicta, traducta fuerit ut vernacula, posteris suis.

が生じたのは，バビロン捕囚後である。[……] 古代の純粋なヘブライ語
(Vetus & pura lingva Hebræa) は，その時代の翻訳者によって，アッシリ
ア語（לשון אשורי Lingva Assyriaca）とも，カルデア語とも，ヘブライ語
（לשון עברי linguva Hebræa）とも，トランスユーフラテス語（Transfluvialis）
とも呼ばれた[378]。　　　　　　　　　　　　　　　　(Lightfoot 1679: 48)

「ヘブライ語」「アッシリア語」[379]「カルデア語」「トランスユーフラテス語」
は起源的に同一のものであったが，バビロン捕囚を境に，これらの呼称が多
様化したという。

ヘブライ語またはトランスユーフラテス語（Hebræam vel transfluvianam）
と，シリア語（Syriacam）との区別は，もし同じであるならば，疑いなく
シリア語（סורסי Syriacam）とアラム語（ארמי Aramæam）の区別と同じ
である。シリア語がイスラエル人の地の日常語であるのと同様，アラム
語はギリシア語やペルシア語よりもバビロニアの［日常語］であり，最
も高貴であった[380]。　　　　　　　　　　　　　(Lightfoot 1679: 48–49)

ライトフットによれば，「シリア語」と「アラム語」の違いは使用される地域
によるものと同時に，「権威」の違いでもあった。バビロニアの「アラム語」
はある種の権威語であったという。同じことが「シリア語」と「ヘブライ語」

---

[378] ［原文］ [...] Post captivitatem Babylonicam facta est talis deversisicatio, ut לשון עברי linguva Hebræa, fuerit Lingva transfluvialis vel Chaldaica. [...] Vetus & pura lingva Hebræa tunc temporis vocabatur, לשון אשורי Lingva Assyriaca; & vel Chaldaica לשון עברי linguva Hebræa, ipsis interpretibus, Transfluvialis.

[379] 「アッシリア語」が「ヘブライ語」と同一のものであった証拠として，ライトフットはメギラ篇（b. Meg. 1:9）における אשורית לשון הקדש (Assyriaca, i.e. Lingvâ sanctí) を挙げる。ただし，エルサレムのタルムード（j. Meg. 28b）に אשורי יש לו כתב ואין לו לשון「アッシリア語は文字を持つが言語を持たない」とあるように，タルムードで言及される「アッシリア語」は言語というよりヘブライ文字（アラム体）である。

[380] ［原文］ Distinctio hæc inter Hebræam vel transfluvianam, & Syriacam, qvæ qvidem erant eædem, eadem absqve dubio est, qvæ inter סורס Syriacam & ארמי Aramæam. [...] lingva Syriaca fuerit vernacula terræ Israëliticæ, atqve Aramæa, qvæ ferè eadem, Babyloniæ, potius qvàm Græca vel Persica, qvæ elegantiores: imò qvàm ligva sancta, qvæ nobilior omnibus.

にも言える。第二神殿時代、イスラエルの日常語であったシリア語は「ヘブライ語」の名で呼ばれていたが、権威においては「ヘブライ語」の方が上と見なされ、シリア語は民衆の普通の使用域（vulgarem usum）を担っていたという[381]。

ヘレニスト

ライトフットによれば、「ヘブライ人」が「ヘブライ語を日常語とする者」であることには否定の余地がない。この場合の日常語とは、タルソス出身のパウロがおそらくそうであったように、家庭内ではヘブライ語を使用し、市民生活ではギリシア語を使用するような場合もありえた[382]。そして「ヘブライ人」がユダヤ人を指すことを否定する者はいない。

しかしヘレニストについては、外国に離散しているユダヤ人のすべてがそうであるわけではないという[383]。割礼を受けてユダヤ人となった者はヘレニストと呼ばれるが、ライトフットの考えでは、メディア人、パルティア人、ペルシア人、アラブ人などオリエント地方からの改宗者はヘレニストではない。彼は最終的に「外国人の間に住むユダヤ人で、ヘブライ語を全く使用できない者」のことをヘレニストと定義する[384]。

---

[381] Lightfoot (1679: 49) を参照。

[382] ［すなわち］"Nor for what other reason does Paulus of Tarsus call himself a Hebrew, I can imagine, when the Hebrew language was his native language in his father's family, just as the Greek language was his native language in the city of his birth"（Lightfoot 1679: 53）。

[383] Lightfoot (1679: 50–52) を参照。

[384] "Ut sint Hellenistæ, Judæi inter Gentes habitantes, & non callentes omninò lingvam Hebræam"（Lightfoot 1679: 53）。この前後のライトフットの議論はたいへん読み取りにくいが、おそらく2つの対立軸が念頭に置かれている。(a)「ヘレニスト」と「ユダヤ人」とをどのように区別するか、(b)「ヘレニスト」と「ヘブライ人」とをどのように区別するかである。(a) の視点に立つ場合、「ヘレニスト」とは「改宗してユダヤ人になった者」であり、「ユダヤ人」は「ヘレニスト」の上位範疇となる。(b) の視点に立つ場合、「ヘレニスト」とは「日常語としても外国語としてもヘブライ語を解さない者」であり、「ヘブライ人」とは排他的範疇となる。さらに踏み込んだ解釈を施すなら、「改宗してユダヤ人になったヘレニスト」はユダヤ人の文化・生活様式に身を置く者であるが、「ヘブライ語を解さないヘレニスト」はユダヤの宗教生活から距離を置く者とな

いずれにせよ、ライトフットによれば、シナゴーグにおいて聖書がヘブライ語以外で朗読されることはなかった[385]。祈祷もヘブライ語で行われたが、例外的に「カルデア語」の祈祷は許容されたという。

> ユダヤ人全体が、ヘブライ語の本文——シナゴーグでは無視されるにもかかわらず——への最大の熱意と敬意によって種を蒔かれた。それはヘブライ人のシナゴーグで朗読され、オンケロスとヨナタンの等価な言葉で頻繁に繰り返された。なぜタルグム自身が読まれるのではなく、書き留められたものもわずかだけなのか。原文を決して無視してはならないからである。これに関して、どうしてヘレニストがヘブライストよりも抵抗することがあるだろうか。誰が言えるだろうか[386]。
> (Lightfoot 1679: 275)

ライトフットの主張を受け入れるなら、「カルデア語」を理解しうるヘブライストのシナゴーグでは「ヘブライ語」の聖書本文と「カルデア語」のタルグムの声が響き渡っていたのに対し、ヘレニストのシナゴーグでは「ヘブライ語」の聖書本文だけが朗読されていたことになる。ヘレニストのシナゴーグで「ギリシア語」の聖書本文が朗読されることはなく、「ギリシア語」による解釈もなされなかったという。

る。したがって、こうした対立軸を措定する限りは「ユダヤ人」と「ヘブライ人」とは大きく重なる部分はあっても区別されるべきものであるのだが、ライトフットは両者が同じものという前提から離れないため、分かりにくい議論となっている。

[385] Lightfoot (1679: 238, 275, 288) を参照。

[386] ［原文］Zelo & veneratione summâ serebatur universa gens Judaica érga textum Hebræum, qvem negligere in Synagogis illis erat religio: lectus est iste in Synagogis Hebræorum, & redditus freqventissimè ipsissimis verbis Onkelosi & Jonathanis: & cur non potiùs Targumistæ ipsi lecti & res acta per pauciores? Qvia nullo modê negligendus est textus originarius: & qvare in hâc resrigescerent Hellenistæ magis qvàm Hebræi? quis dixerit!

4. 結　論

　16世紀，ミュンスターとデュ・ティレによってそれぞれヘブライ語の「マタイによる福音書」が公刊されたことにより，「マタイによる福音書は本当にヘブライ語で書かれたのか」という議論が巻き起こった。ヴァーゲンザイルは，マタイによる福音書はもともとギリシア語で書かれたと主張し，それゆえギリシア語によるものこそ「神に霊感されたもの」であると論じた。それに対し，R. シモンは，教父が伝える「ヘブライ語で」とは「カルデア語またはシリア語で」の意味であり，プロテスタントの学者らが伝承を否定するのは単に彼らの聖書主義に都合が悪いからだと喝破する。レーシャーはプロテスタントであったが，新約聖書の「ヘブライ語で」を文字通り解釈すべきである（ただし実体は彼の提唱する「新ヘブライ語」である）と主張した。ツェドラーの百科事典はこの時代の議論を総括し，カトリックの学者は教父伝承を擁護し，プロテスタントの学者は「ギリシア語以外の原典が失われた」という結論を避ける傾向にあると記す。
　ヘブライストとヘレニストをめぐる議論は，ユダヤ人が「純粋なヘブライ語」でも「純粋なカルデア語」でもない混淆語（シロ・カルデア語）を使用していたのなら，ユダヤ人のギリシア語も混淆語であったのではないか，というアイデアに基づく。ハインシウスはそのようなギリシア語を「ヘレニスト語」と呼び，これが「新約聖書の言語」であると主張した。対してサルマティウスは「ヘレニスト語」を完全否定し，ヘブライストとヘレニストの違いは，シナゴーグで朗読される聖書本文がヘブライ語（シリア語の通訳を含む）であったか，ギリシア語であったかの違いであると主張した。R. シモンは両者を仲裁，止揚する形で，「ヘレニスト語」を「シナゴーグのギリシア語」

と言い換え，ヘレニストを「純粋なギリシア語」の使用者であると再定義した。
　イエスと同時代のユダヤ人の言語をどう見るのかは，新約聖書の原語に関する問いや，ギリシア語の諸問題と絡み合い，聖書主義を掲げるプロテスタントの学者らと，カトリックの学者らとで互いに自身の立場を擁護するような様相を呈したのである。

第 4 章
イエスの言語

1. はじめに

1.1. 研究目的

　17世紀から18世紀にかけての「マタイによる福音書」の原語をめぐる議論，ならびにヘブライストとヘレニストに関する議論を通じて「ギリシア語に対する反省」が呼び起こされた。新約聖書のギリシア語が「純粋なギリシア語」であるのか「ユダヤ人の（シナゴーグの）ギリシア語」であるのかという議論はR. シモンなどに見られたが，言語の本質へより近づくための方法，具体的には，新約聖書のギリシア語に見られる「ヘブライ語的特徴」「カルデア語的特徴」を浮き彫りにする精緻なギリシア語分析へと発展する。
　さらに18世紀末になると，オリエント諸語の研究における枠組み自体が一新される。「セム語」という呼称が提案されると共に，「カルデア語」の呼称が否定された。今日的なセム語研究，アラム語研究が開始されたのである。それは史的イエス研究の発展と重なり，イエス自身の言語についての関心が生じた。
　そこで本章は，イエス自身の言語についての関心が生じた時代に，セム語

研究，アラム語研究の観点から何が論じられていたのかを読み解く。

1.2. 研究方法

本章で扱うべき文献は膨大であり，すべてに目を通すことは不可能に近い。そこで，後の文献で引用されることの多い次の学者を特に取り上げる。

ギリシア語新約聖書のセム語的特徴をめぐる議論に関しては，B. マイヤー，J. ヴォルティシウス，J. A. ボルテン，I. ヴォッシウス，R. シモン, d. ディオダティ，B. デ・ロッシ。

今日的なセム語研究，アラム語研究が開始された経緯に関しては，L. シュレーツァー，F. プファンクッヘ，A. ガイガー，エルネスト・ルナン，テオドール・ネルデケ，E. F. カウチ。「イエス自身の言語」に関してはJ. G. カルプゾフ，H. F. W. ゲゼニウス，A. ガイガー，A. ノイバウアー，F. デーリチ，A. レシ，G. ダルマン。これらの議論を跡付ける。

2. イエスとギリシア語

2.1. ギリシア語新約聖書のヘブライズム

2.1.1. バルトロメウス・マイヤー

カルデア語的特徴

ライプツィヒのB. マイヤー（Bartholomaeus Mayerus / Mayer, d. 1631）は，ギリシア語新約聖書におけるギリシア語が，ヘブライ語の影響ではなく，当時のユダヤ人の日常語であった「カルデオ・シリア語」の影響を受けていると主張する。

　　　［……］ヘブライ語的特徴（Ebraismos）は直接的に聖なる言語（lingua

sacra）ではなく，ユダヤ人の日常語（vernacula）であった捕囚の言語（exilla lingua），すなわちカルデオ・シリア語（Chaldæo-Syrâ）が，ヘレニスト語の文体に（in stylum Hellenisticum）注ぎ込まれたものであった。そのことは，この文体に並々ならず散りばめられたこれらカルデオ・シリア語の表現によって（Chaldæo-Syris idiomatibus）明らかである[387]。

(Mayer 1631: 165)

たとえば，主の祈り（マタ 6:6–13，ルカ 11:2–4）で peccatores「罪」ではなく debita「負債」が用いられているのは，ヘブライ語の「罪」（עון）ではなく，タルグム語（たとえば，オンケロスのタルグムの創 4:13）の「負債」（חובא）によるものだという。同様に，神の名が cœli「天」に置き換えられるのも，カルデア語（たとえば，ダニ 4:23）の表現（idioma）と同じである[388]。

それゆえ，これらは「ヘブライ語的特徴」（Ebraismus）よりも「カルデア語的特徴」（Chaldaismus）である，とマイヤーは言う。

2.1.2. ヨハネス・ヴォルティシウス

ヘブライ語的特徴

J. ヴォルティシウス（Johannes Vortisius, d. 1676）はブランデンブルク選帝侯の司書を務めた人物である。彼はマイヤーとは反対に，ギリシア語新約聖書は「ヘブライ語的特徴」に満ちていると述べる。

> もちろん，私たちはすでに十分な調査を得ている——新約聖書の聖なる写本は，ヘブライ語（Hebræam Linguam）で理解されるような語彙

---

[387] ［原文］[...] eosque Ebraismos non immediatè è lingua sacra, sed exilla lingua, quæ Judæis tum erat vernacula, hoc est, è Chaldæo-Syrâ in stylum Hellenisticum transfusos esse, patet ex illis Chaldæo-Syris idiomatibus, quæ non rarò huic style sunt aspersa.

[388] Mayer (1631: 165–169) を参照。

(vocabulis), 語句 (phrasibus) に満ちている[389]。（Vortisius 1665a: 2）

ヴォルティシウスによれば、もともと神聖な事柄を記録した「ヘブライ語」文献 (literarum Hebraicarum) の権威の大きさのゆえに、新約聖書の著者らは己のギリシア語聖書 (Scripturis Græcis) にもその刻印を残そうとした。それは他のギリシア語文献には見られない特徴だという[390]。

> だが、この構成はヘブライ語 (Hebræus sermo) が訳されたのではなく、出来事が語られる場面でも見られる。それゆえ新約聖書の著者らは、彼ら自身と、旧約聖書の翻訳者ら［七十人訳］の両方がしばしば行った術式をしていたと言えよう。すなわち彼らは、訳す機会がまったく無いような言葉 (sermone) からでも、ヘブライ語的特徴 (Hebraismis) を使用したのである。[……]加えて、よく知られているように、新約の著者らは旧約聖書の翻訳者らの言葉 (dictionem) によく倣っている[391]。
> （Vortisius 1655b: 205）

ここには2つのことが述べられている。

(1) 新約聖書のギリシア語は、「旧約聖書の翻訳者ら」つまりギリシア語七十人訳の「ギリシア語」に大きな影響を受けている。
(2) 新約聖書のギリシア語は、ギリシア語七十人訳のギリシア語によら

---

[389] ［原文］Nimirum & nobis exploratum satis superque est, sacros codices N. T. talibus & vocabulis & phrasibus, quæ Hebræam Linguam sapiant, scatere planè.

[390] Vortisius (1655b: ii) を参照。

[391] ［原文］Sed visitur tamen illa constructio ibi quoque, ubi non Hebræus sermo vertitur, sed res modò gestæ narrantur. Dici igitur potest, fecisse Scriptores novi Test. quomodo & ipsi, & Interpretes veteris Test. sæpe secerunt; ut videlicet Hebraismis uterentur, licet ex sermone, quem verterent, nullam planè occasionem haberent. [...] Præterea notum est, dictionem Interpretum veteris Testamenti quam pressè secuti sint Auctores novi.

ずとも，その著者自身の「ヘブライ語的特徴」を示している[392]。

つまり「ヘブライ語的特徴」には，ギリシア語七十人訳の影響を受けた間接的なものと，著者自身のヘブライ語の知識による直接的なものがある。また，後者の「著者自身のヘブライ語の知識」とは，「著者がヘブライ語の使用者であった」ことを意味するものではなく，著者がヘブライ語旧約聖書に親しんでいたことを意味するものに過ぎない。

このような「ヘブライ語的特徴」は，無意識に混入したものではなく，計画と意図を持ってなされたものだという。ヴォルティシウスはそのことを，ラテン語詩人のヴィルギリウス，ホラティウス，またラテン語史家のサルスティウス，タキトゥスに見られる「多数のギリシア語的特徴」(multos Græcismos) になぞらえる[393]。

ヴォルティシウスにとっての「ヘブライ語的特徴」は，第一義的に「ヘブライ語旧約聖書の特徴」であり，話し言葉として想定される「ヘブライ語」ではない。もちろん「シリア語」「カルデア語」でもなく，「カルデア語的特徴」やこれに類する表現は著書に一切現れない。話し言葉や日常語による「無意識の混入」ではないからこそ，「聖書のヘブライ語」を模倣しながらギリシア語を使用するというのは，何らかの計画と意図に基づかねば意味をなさないのである。彼はそのことを「聖霊 Spiritus sancti に導かれた」とさえ言う[394]。

---

[392] ヴォルティシウスはウィス (Caspar Wyss / Wyssius, d. 1659) に従い，「ヘブライ語的特徴」に 13 区分を設けることから論を始める (Vortisius 1655a: 3–7)。(1) 絶対的主格（黙 3:12, 21），(2) 形容詞代わりの実詞（Ｉコリ 2:7，Ｉテモ 2:7，Ⅱヨハ 5:1，マタ 2:2，ルカ 18:6），(3) 具格を表す ἐν（マタ 3:11; 7:6; 10:32，ルカ 7:8），(4) 最上級を表す θεῷ（使 7:20，Ⅱコリ 10:4），(5) τοί の代わりの οὕτως（ルカ 22:26，ロマ 9:20），(6) 目的語に与格をとる動詞（προσκυνεῖν，マタ 2:2, 11）（ほかマタ 18:6，使 2:14），(7) 同じ意味の語を繰り返す（創 10:1，Ｉコリ 14:21，ヘブ 11:12），(8) 中性扱いの女性名詞（マタ 21:42，マコ 12:11），(9) 属格を表す対格形（マタ 5:22; 19:5，Ｉペト 1:11，黙 7:10），(10) 動名詞が主格になるか，与格を支配する（マタ 13:14，ルカ 22:5，使 7:34），(11) 「〜を通して」を表す ἐν（ガラ 1:16，ヘブ 11:2），(12) 定型句 ἀπὸ μικροῦ ἕως μεγάλου（使 8:10，ヘブ 8:11），(13) 定型句 βίβλος γενέσεως（マタ 1:1）。

[393] Vortisius (1655b: ii) を参照。

[394] Vortisius (1655b: ii) を参照。

2.1.3. アドリアン・ボルテン

シリア語的特徴

　ルター派の神学者 J. A. ボルテン（Johann Adrian Bolten, d. 1807）は，マタイによる福音書の注解の中で次のように述べる。

　マタイによる福音書は，パレスティナのキリスト者のために，「ヘブライ語」の名の下にある地方語（unter dem Namen der Hebräischen Sprache begriffenen Mundarten）で書かれたとされる。しかし，残されているのはギリシア語の翻訳（eine Grieschische Ueberseßung）だけである。もっとも，そのこと自体は福音書の神聖な権威を傷つけるものではなく，問題にならない[395]。

> しかし過去には，オリエントの地方語（Morgenländische Dialekte）のいくつかはヘブライ語（der Hebräischen Sprache）の共通名を与えられていた。特に，アラム語の諸方言（die Aramäischen Mundarten）もヘブライ語（Hebräisch）と呼ばれた。[……]マタイの基本語（die Grundsprache）は古ヘブライ語か，それに類する方言（althebräische oder eine verwandte Mundart）であったとすべきだろうか。私は後者だと考える。特にシリア語方言（die Syrische Mundart）によって，マタイは彼の本文を編纂したと考えている。それはイエスとマタイの時代のガリラヤの民衆語（Volkssprache）であった。それゆえ，ギリシア語のマタイにも，翻訳者がギリシア語翻訳を行った際の様々な実際のギリシア語表現が生じている。事実，一つのカルデア・シリア語の原文（ein Chaldaisch-Syrisches Original）が，ギリシア語の翻訳を通して私たちに光を当てるのは珍しいことではない。マタイを正確に理解するためには，古ヘブライ語への思考でギリシア語を見るだけでは不十分な場合がある。むしろ密接に関連するカルデア語またはシリア語の方言（Chaldaischen oder Syrischen Mundarten）の

---

[395] Bolten (1792: vi) を参照。また，17世紀におけるプロテスタントの議論（たとえばヴァーゲンザイルに関して2章3節を参照）とも比較されたい。

一つに翻訳し，彼らの愚かさを思い出させる必要がある[396]。

(Bolten 1792: x)

ボルテンによれば，オリエント地方に分布する諸言語のいくつかは，かつて「ヘブライ語」と呼ばれていたが，彼の時代には「古ヘブライ語」と「シリア語」とは区別されるようになった。そして「シリア語」の方言の一つである「ガリラヤの民衆語」で，イエスは宣教を行い，マタイは福音書を記したという。マタイによる福音書は後にギリシア語へ翻訳された。

事実，マタイによる福音書のギリシア語を正確に理解するには「古ヘブライ語」の知識だけでは不十分であるという。たとえば，不定詞の代わりに分詞を使用する（マタ 20:22）のは典型的な「シリア語的特徴」(Syriasm) であり[397]，「古ヘブライ語」には見られないものである。

したがって，マタイによる福音書の理解にはシリア語の助けが必要であり，シリア語本文の再構成（逆翻訳）も有用であるかもしれない。遡ること 1768 年，ボルテンは山上の説教を「イエスのシリア語」で，つまりシリア語ペシッタのシリア語ではなく「イエス時代のガリラヤの民衆語」での逆翻訳をすでに試みていた[398]。19 世紀に入ると「イエスのアラム語の探究」が盛んになるが，

---

[396] [原文]Allein es wurden vormals mehrere Morgenländische Dialekte mit dem gemeinschaftlichen Namen der Hebräischen Sprache belegt. Insbesondere hießen auch die Aramäischen Mundarten Hebräisch […]. Sollte nun die althebräische oder eine verwandte Mundart die Grundsprache vom Matthäus gewesen seyn? Ich glaube das Leztere, und halte insbesondere die Syrische Mundart für diejenige, worinn Matthäus seinen Text versasset hat. Sie war zu Jesu und des Matthäus Zeiten die Volkssprache in Galiläa; daher selbst im Griechischen Matthäus verschiedentlich wirkliche Gri[e]sche Ausdrücke, die der Uebersesser mit einer Griechischen Uebersetzung begleitet hat, vorkommen. Ja, ein Chaldaisch-Syrisches Original schimmert uns in der That nicht selten durch die Griechische Uebersetung herdurch; so daß es, um den Matthäus recht zu verstehen, zuweilen nicht hinreichend ist, das Griechische in Gedanken ins Althebräische zu übersehen, sondern eine Uebersezung in eine der so ganz nahe verbundenen Chaldaischen oder Syrischen Mundarten und eine Erinnerung an deren Idiotismen erforderlich wird.

[397] Bolten (1792: viii, 173 n. 2) を参照。

[398] Bolten (1768) を参照。また，17 世紀におけるプロテスタントの議論（たとえばヴァーゲンザイルに関して第 2 章 3 節を参照）を参照。ヴォッシウスの主張はヴァーゲンザイルの立場への揺り戻しである。

ボルテンはその先駆けとなったのである。

2.2. イエスの言語＝ギリシア語？

2.2.1. イサク・ヴォッシウス

言語と霊感

　オランダの文献学者であり、写本収集家としても著名なI. ヴォッシウス（Isaak Vossius, d. 1689）は、聖書研究におけるオリエント諸語の重要性が増す時代にあって、ギリシア語七十人訳を二次的なものと見なす風潮に警告を発した。

　ヴォッシウスによれば、そもそもヘブライ語の「真の理解」(verus hujus linguæ intellectus) はユダヤ人の間でさえ失われており、ヘブライ語に精通していない学者らが公刊する「ヘブライ語」の校訂本文は異同が夥しい。それに対し、ギリシア語七十人訳はヘブライ語が未だ「日常語」(vernaculæ) であったときに翻訳されたもので、解釈が一致している。それゆえ、霊感された（θεοπνευσίαν）本文はむしろギリシア語七十人訳である、と彼は主張する[399]。

日常語としてのギリシア語

　ヴォッシウスは、キリストと使徒らが「常にヘブライ語（Hebraice）で話した」と考える学者は存在するのに、「ギリシア語（Græce）で話した」と考える学者が存在しない現状が理解できないと吐露する[400]。

　そもそもアレクサンドロス大王の東征以来、ギリシア人の支配圏ではギリシア語が優勢であった。たとえギリシア人を憎んでいたユダヤ人であっても、統治者に陳情を行うには統治者の言語（linguam dominantium）を、つまりギリシア語（Linguam Græcam）を学ばねばならなかった。それはエジプト、アジア、シリアでも同じ事情であり、町や都市では「ギリシア語」以外は聞こ

---

[399] Vossius (1661: 83–84, 306–307, 354) を参照。
[400] ［すなわち］"Verum nescio qua ratione factum sit, ut hoc nostro seculo plerique sere docti Christum & Apostolos Hebraice semper locutos fuisse existiment, non autem Græce, [...]"（Vossius 1680: 156–157）

えなかった[401]。

　一方，田舎や村の人々，言わば下層の人々（vilis popellus）だけが地方語（dialecto）としての日常語（vernacula）を，すなわちシリア語（Syriaca）を使用していた。そのシリア語は何世代にもわたって大きな変化は無く，「準ギリシア語」（semigraeca）となった[402]。

　エルサレムのシナゴーグにおいても，ギリシア語とシリア語以外の日常語（vernaculam）で朗読されることはなかった。もしヘブライ語の聖書（Hebræa Scriptura）が朗読された場合，古ヘブライ語（vetus Hebraica lingua）を理解できるのは知識人に限られるため，ギリシア語で翻訳されただろう，とヴォッシウスは言う[403]。

> もし私たちが安心してユダヤ人と集おうとするなら，エリアス・レヴィタや賢明なユダヤ人らが新奇だと告白しているものを撤回せねばならない。偽りに満ち，古代のものとは大きく異なるこれらの文法（Grammatica）を廃棄せねばならない——それはユダヤ人の教師ら自身が，ラビ・イェフダ以前にはほとんど文法的知識を（Grammatica scientiam）有していなかったと認めていることからも許されよう。すべての新しい本文（novæ versiones）を捨て，七十人訳の本文（versioni LXX virorum）に固く立つ——キリストと使徒ら，ユダヤ人を知るすべての古代の人々と同じよう

---

[401] ［すなわち］"Linguam Græcam, id est, linguam dominantium, etiam illi qui Græcos oderant, si intelligi & rebus fuis vellent consulere, addiscere cogebantur. Ut in Ægypto, Asia, & reliqua Syria; ita quoque in Judæa, nulla præter Græcam audiebatur lingua, in urbibus præsertim op pidisque"（Vossius 1680: 157–158）。

[402] ［すなわち］"Soli illi qui rure & in pagis versabantur, aut denique vilis popellus dialecto utebantur vernacula, id est, Syriaca, & illa quoque seculorum lapsu plurimum immutata & facta semigræca"（Vossius 1680: 157）。

[403] ［すなわち］"Ne in Hierosolymitanis quidem Synagogis alia præter Græcam aut Syriacam vernaculam personabat lingua. Quod si Hebræa prælegeretur Scriptura accedebat interpretatio Græca, a solis quippe doctis intelligebatur vetus Hebraica lingua"（Vossius 1680: 157）。

に。彼らを私たちの模範とし，私たちもそれを抱き抱えるのだ[404]。

(Vossius 1680: 158–159)

2.2.2. リシャル・シモン

ヴォッシウスに対し，R. シモン（Richard Simon, d. 1721）は次のように反論する。

第2マカバイ記7章における「7人兄弟の殉教の物語」（Ⅱマカ 7:1–41）は，当時のユダヤ人がギリシア語とヘブライ語（Grec & Ebreu）を話していたことを示している。母親とその子らはギリシア語で（en Grec）アンティオコスに答え，母はまたその子らに母語（langue maternelle）である「ヘブライ語またはカルデア語」で（en Ebreu ou Caldaïque）語りかけた。

> これは明らかに，ギリシア語（le Grec）がこの地方の民衆語（la langue vulgaire）であったこと，またユダヤ人がギリシア語に加え，カルデア語（la langue Caldaïque）——彼らがバビロニアから持ち帰ったもの——を保持し，国言葉（la langue de la nation）と呼んでいたことを証明している。エルサレムのユダヤ人もこの言語を維持していた——ギリシア語がパレスティナの民衆語（la langue vulgaire）であったにもかかわらず[405]。
>
> （Simon 1689: 60–61）

確かにパレスティナには「ギリシア語」が広く行き渡っていたが，ユダヤ人

---

[404] ［原文］Quam obrem si tuto cum Judæis congredi velimus, abroganda sunt puncta, quæ & Elias Levita & sagaciores Judæi novitia esse fatentur, & explodenda spuria ista & ab antiqua plurimum discrepans Grammatica, quod eo sa cilius licebit, quod & ipsi quoque Judæorum magistri admittant, nullam aut admodum exiguam ante Rabbi Jehudam habuisse se Grammatica scientiam : relinquendæ denique omnes novæ versiones, & firmiter adhærendum versioni LXX virorum, quam & Christus & Apostoli & omnes anti qui agnovere Judæi; illi nobis exemplo sint, ut & nos quoque illam amplectamur.

[405] ［原文］Ce qui prouve manifestement que le Grec étoit la langue vulgaire du pays, & que les Juifs outre le Grec avoient conservé la langue Caldaïque qu'ils avoient rapportée de Babylone, & qu'ils appelloient la langue de la nation. Les Juifs de Jerusalem retinrent aussi toûjours cette langue, bien que le Grec fût la langue vulgaire de la Palestine.

の間では「カルデア語」も同時に使用されていた。同じような事例として，シモンはスペイン王妃マリアナ（Mariana de Austria, d. 1696）時代のイエズス会の記録を挙げる。その時代のユダヤ人はスペインから追放されて1世紀も経っていなかったが，彼らがコンスタンティノープル（当時はオスマン帝国領）で出版したモーセ五書（Pentateuque）は「古スペイン語」（ancienne langue Espagnole）だけでなく，「民衆ギリシア語」（Grec vulgaire），「ヘブライ語」本文（le Texte Ebreu），「カルデア語」のタルグム（la Paraphrase Caldaïque）が載っていた。つまり，トルコ人の地に住むユダヤ人は，住んでいる土地の言語（たとえば民衆ギリシア語）に加え，スペイン式礼拝（du Rite Espagnol）のための「古スペイン語」および「ヘブライ語」「カルデア語」という古代語を保持していたのである[406]。

2.2.3. ドミニクス・ディオダティ

征服者の言語としてのギリシア語

ヴォッシウスから100年後，ナポリの法律家であったD. ディオダティ（Dominicus Diodati, d. 1801）がヴォッシウスの主張を再び議論の俎上に載せた。彼の主張自体は，1767年に公刊された著書の題名で端的に言い表されている。

> ギリシア語を話すキリストに関する試論：ギリシア語またはヘレニスト語（Graecam sive Hellenisticam linguam）が，主キリストと使徒らを含め，すべてのユダヤ人のネイティブ語（nativam）かつ日常語（vernaculam）であったこと示すもの[407]。

---

[406] Simon (1689: 61–62)を参照。
[407] ［原文］De Christo Graece Loquente Exercitatio: qua ostenditur Graecam sive Hellenisticam linguam cum Iudaeis omnibus, tum ipsi adeo Christo Domino & Apostolis nativam ac vernaculam fuisse

第 4 章　イエスの言語　　　　　　　　　　　　　　　　　　　　233

ディオダティの基本的な枠組みは,「人々の言語は勝利者の武器によって変更される」(gentium linguas mutari ab armis victricibus) ということである。この枠組みに従い，彼は 3 つの命題を述べる。

(1) カルデア人に征服されたヘブライ人は，バビロン捕囚の間に征服者の言語である「カルデア語」(Chaldæis) を受容し，古代ヘブライ語 (Hebraico antiquo) を忘れた[408]。

(2) プトレマイオス朝エジプトの時代,エジプト人はギリシア人の言語，道徳, 法に服従することを余儀なくされた[409]。しかしアラブ人の侵略の後, 彼らはエジプトのギリシア語を破壊し，一見するとギリシア語が破損したような (corruptione Græci sermonis) コプト語 (Copticus) が生じた。同様に，サーサーン朝ペルシアに征服された地域では，ギリシア語, ペルシア語，アラビア語の混合によって (Græca, Persicæ, & Arabica lingue commixtione)，通称「アラム語」(Aramea)，または「後期シリア語」(nupera Syriaca) が生じ，これまでにマロン派，ネストリオス派の文献が記されてきた。同様のことがユダヤで起こらなかったとは考えられない[410]。

(3) セレウコス朝シリアの時代，ギリシア語はシリア・パレスティナの隅々にまで行き渡った。したがって，ユダヤ人は約 190 年の間，ギリシア語 (エジプトおよびシリア) に晒され続けてきたのであり，ギリシア語を受容していたと考えられる[411]。

---

[408] ［すなわち］"Hebræi ipsi qui ante Babylonicam captivitatem Hebraice loquebantur, a Chaldæis devicti, atque Babylonem translati Chaldaicum exceperunt idioma, ut omnibus liquet, oblito Hebraico antiquo" (Diodati 1767: 6)。

[409] ［すなわち］"Ex quo demum sactum, ut Ægyptii Græcorum linguam, mores, & leges cum imperio subire coacti sint" (Diodati 1767: 15)。

[410] ［すなわち］"Quemadmodum in Syria a Persis occupata ex Græca, Persicæ, & Arabica lingue commixtione orta est Aramea vulgo dicta, seu nupera Syriaca, qua hactenus con scriptisunt Maronitarum, & Nestorianorum libri. Neque aliter accidit in Iudæa, aliis que in locis" (Diodati 1767: 15–16)。

[411] Diodati (1767: 17–18)を参照。

それでは、ユダヤ人の日常語がギリシア語であったとするなら、タルグムの存在はどう説明されるのか。

> その方言（dialectus）は最終的にユダヤに現れた。ラビ語（Rabbinica）すなわちカルデア・シリア語である。大量のギリシア語、ラテン語、ペルシア語、アラビア語の語彙（Græcorum, Latinorum, Persarum atque Arabum voces）が混ざり合い、それによってエルサレムのゲマラが記された。事実、聖人と呼ばれたラビ・イェフダの時代にミシュナが編纂されたのだが、エルサレムのゲマラとタルグムはその後に続くものである。無数のラビらの文献もそうである。そのため、これらの文献の中に無数のペルシア語、アラビア語、ギリシア語の語彙が現れるのである[412]。
>
> （Diodati 1767: 181）

ディオダティの論旨は不明瞭だが、おそらくタルグムの中に含まれる無数の借用語の存在が、タルグムの言語（カルデア・シリア語）の遅さを示している、ということであろうか。ユダヤ人はバビロン捕囚の際に「征服者の言語」である「カルデア語」を受容したが、それは、どの征服者の言語でもない「カルデア・シリア語」とは異なるものである、ということであろうか。いずれにしても、ディオダティが「カルデア語」と「カルデア・シリア語」とを区別していることは読み取れる。

---

[412] ［原文］In Iudæa tandem orta est dialectus illa. Rabbinica nuncupata, sive Chaldaico-Syra, quæ plurimas Græcorum, Latinorum, Persarum atque Arabum voces admixtas habet, qua nempe conscripta fuit Gemara Hierosolymitana. Quadere post illud tempus Rabbi Iudas sanctus nuncupatus Mischnam composuit; Mischnam secutæ fuit Gemara Hierosolymitana, & Targumin; inde ingens illa Rabbinorum librorum turba. Atque hinc est, cur in his libris innumeræ offendantur voces Persicæ, Arabæ, & Græcæ.

2.2.4. ベルナルド・デ・ロッシ

イエスの国言葉

ディオダティの著書が公刊された 4 年後，パルマ大学の B. デ・ロッシ（Giovanni Bernardo de Rossi, d. 1831）がイタリア語の著書『キリストおよびマカバイ時代のパレスティナ国民であるヘブライ人の固有語について』(*Della Lingua Propria di Cristo e degli Ebrei Nazionali della Palestina da' Tempi de' Maccabei*）を公刊した（Rossi 1771）。その題名とは裏腹に，内容はディオダティに対する徹底的な反論である。とはいえ，彼の基本的な考え方は次に示されている。

> したがって，征服された人々の言語の変異は，彼らの間に勝利者の植民都市が導入され，[然るべき]座を占めないことには起こらない。しかし，征服された人々の間にどれだけの，またどのような座と地位があれば，彼らの言語が廃止され，独自の言語が導入されるようになるのだろうか。征服された人々の間に確立された植民都市は，彼らの間に分散していれば，彼らの言語に接近する。もし健全に連帯すれば，彼らは己の［言語］を破損の無いまま保つだろう。[……]多くの植民都市が，その数が圧倒的に［増え］，征服された人々の間で分散するのを止めると，［言葉の］全体の変異が国言葉（del linguaggio dei nazionali）の混乱，もしくは混じり合い新たな一つ［の言語］という結果となる[413]。（Rossi 1771: 25-26)

征服者の言語は，ただちに被征服者の言語を置き換えるわけではない。言語

---

[413] [原文] La mutazione adunque del linguaggio dei vinti non succede senza l'introduzione e la sede tra i medesimi delle colonie vittoriose. Ma quali e quante queste esser debbono, e quale la loro sede e 'l loro stabilimento tra i vinti, perchè il linguaggio di questi s'abolisca e vi si in troduca il proprio? Ciascun vede che poche. colonie stabilite tra i vinti, se sono disperse in mezzo ad essi, accostaransi al loro linguaggio; se sano unite, conserveranno il proprio tuttavia incorrotto, [...]. Molte colonie considerevolissime di numero se fermansi costantemente disperse tra i vinti, tutta la mutazione si risolverà in una confusione del linguaggio dei nazionali, od in un misto e nuovo.

が置き換わるには,征服者の言語を使用する多数の人々が,被征服者と濃密な交流関係を築く必要があるという。

また,このことは勝利者の植民都市に限った話ではないという。バビロン捕囚の結果,カルデアの支配者らの下で多くの植民都市を建設したユダヤ人は,パレスティナに帰還した一部のユダヤ人との関係を維持し続けた。したがって彼らの間では「カルデア語」が優勢になった。しかし,アレクサンドロス大王の時代以降,通商経路の拡大,シリア人との戦争,そしてパレスティナ政府の樹立によって,パレスティナのユダヤ人の言語はバビロニアの「カルデア語」から逸脱した「シリア語」へ変化していった。この「不純で退化したカルデア語」のことを,注意深く「シロ・カルデア語」(siro-caldeo)と呼ぶことができるという[414]。

「バビロニアのカルデア方言」(il dialetto caldeo di Babilonia)は清らかで優雅なものであり,宗教活動やシナゴーグ,学術活動に用いられた。一方,パレスティナにおける「シロ・カルデア語」の使用状況は一様ではなかった。ユダヤ州およびエルサレムの方言(dialetto)と発音(pronunzia)は純粋で,正確で,明確であり,もっとも教養あるものであった。それに対し,ガリラヤの方言と発音は非文化的で,外国語に近く,粗雑で野蛮であった[415]。デ・ロッシは前者を「エルサレム方言」(gerosolimitano),後者を「ガリラヤ方言」(galileo)と呼ぶ。さらに,外国人の多い「上ガリラヤ方言」(il dialetto della Galilea superiore)と,ユダヤとつながりの深い「下ガリラヤ方言」(dal dialetto della Galilea inferiore)が区別され,キリストと使徒らの「国言葉」(dialetto che

---

[414] [すなわち] "Dopo i tempi poi di Alessandro per lo commercio la comunione, le guerre avute coi Siri, e pel governo e dominio della Palestina da questi ottenuto, il linguaggio degli Ebrei palestini partecipò del siriaco, che scostavasi dal caldeo di Babilonia tanto quanto un dia letto di una lingua medesima si scosta dall' al tro, e degenerò in un caldeo impuro e misto, che assai attamente noi possiam chiamare siro-caldeo"(Rossi 1772: 10, 56–57)。

[415] [すなわち] "Il dialetto e la pronunzia della Giudea e di Gerusalemme principalmente che n'era la metropoli, era più puro, più pulito e terso; sendo i Giudei i più colti di tutti i Paleſtini e i più accurati e studiosi della loro lingua. Ma il dialetto e la pronunzia della Galilea men colta e più vicina e foggetta alle nazioni ſtraniere era più rozzo e barbaro"(Rossi 1772: 12–13)。

il galileo loro natio）は後者であったろうと述べる[416]。

3. イエスとセム語

3.1.「セム語」と「アラム語」

3.1.1. ルートヴィヒ・シュレーツァー

1781 年，セム語研究史のメルクマールとなる論文が発表された。「セム語」という呼称が提唱されたのである[417]。

ゲッティンゲン大学の L. シュレーツァー（August Ludwig Schlözer, d. 1809）は，J. D. ミヒャエリス（Johann David Michaelis, d. 1791）の公刊した地誌学（*Spicilegium geographiae hebraeorum exterae post Bochartum*）の成果に基づき，カルデア人の起源について論じた。その中で，「カルデア」と呼ばれる地域の地名や王名にいわゆる「カルデア語」や「ヘブライ語」では解釈できないものを見て取り，次のように述べた。

> カルデア語（Chaldäische Sprache）は，アラム語またはバビロニア語（Aramäische oder Babylonische Sprache）に対する完全に間違った呼称である。私たちはバビロンで話されていたものをよく知っており，多くの辞書，文献，言語教師を所有しているが，実際のカルデア語はおそらくペルシア語，メディア語，アルメニア語，クルド語と密接に関連してい

---

[416] Rossi (1772: 14, 15)を参照。
[417] ただし，世界の言語をノアの3人の子（セム，ハム，ヤフェト）のいずれかに帰属させるというアイデアは以前から存在した。Baasten (2003)，亀井ほか (1996: 1219) を参照。

た[418]。 (Schlözer 1781: 118–119)

カルデアは多言語地域であり，一つの言語を「カルデア語」と呼ぶのは大きな間違いであるという。そのため，彼は「カルデア語」という呼称を「アラム語またはバビロニア語」に置き換える。「バビロニア語」とはダニエル書，エズラ記に見られる言語のことである。そして次のように言う。

> 地中海からユーフラテス川へ上り，メソポタミアからアラビアへ下るまで[の地域は]，よく知られているようにただ一つの言語が支配していた。シリア人，バビロニア人，ヘブライ人，アラブ人は一つの民族であった。フェニキア人（ハム系）もこの言語を話していたが，私はこれをセム語（Semitische）と名付けたい[419]。 (Schlözer 1781: 161)

なお，シュレーツァー自身の用語法では民族と語族（language family）との区別が曖昧であることに注意されたい。セム語以外を使用する人々の地域は次のようになる。

> さて，このセム語民族の領域の北側——しばしば背後——は，第2の領域が開始する。私はこれを，モーセとライプニッツ[420]と共にヤフェト語（Jafetischen）と名付けたい。地理的に判定すれば，アルメニア人，メディア人，ペルシア人，カルデア人，クルド人を含むように思われる。

---

[418] [原文] Chaldäische Sprache ist ein ganz falscher Ausdruck, für Aramäische oder Babylonische Sprache. Was in Babylon- gesprochen werden, wissen wir sehr gut, und haben WörterBücher und Sprachleren barüber: aber das eigentliche Chaldäische, das wol mer mitbem persischen, medischen, armenischen, und kurdischen verwandt war, kennt niemand.

[419] [原文] Vom Mittelländischen Meer an bis zum Eufrat hinein, und von Mesopotamien bis nach Arabien hinunter, herrschte bekanntlich nur Eine Sprache. Also Syrer, Babylonier, Hebräer, und Araber, waren Ein Volk. Auch Phönicier (Hamiten) redeten diese Sprache, die ich die Semitische nennen möchte.

[420] ライプニッツは1710年に「ヤフェト語」の呼称を用いたとされる（Baasten 2003）。

ただ、直線上に並ぶこれらの人々は皆、その言語が完全にセム語から逸脱しており、一つの言語を話していたとは——シリア語とアラビア語が本質的に類似しているのと同じようには——考えられない[421]。

(Schlözer 1781: 161–163)

こうしてシュレーツァーは、カルデアの地の言語を「セム語」と「ヤフェト語」に大別すること成功した。そして「アラム語」という呼称もまた、ひとまず「カルデアの地のバビロニア語」を指すものとして再出発を果たしたのである。

3.1.2. フリードリヒ・プファンクッヘ

ギーセン大学のH. F. プファンクッヘ (Heinrich Friedrich Pfannkuche, d. 1833) は、シュレーツァーの主張を受容し、「カルデア語」の代わりに「アラム語」という呼称を用いた最初期の学者である。

彼自身の言によると、ある論文の執筆中、その主題では最も詳細な記述をしていた本が手元にあったという。イタリア語で書かれたデ・ロッシの著書であった。この本はドイツでほとんど知られておらず、またその書名『キリストおよびマカバイ時代のパレスティナ国民であるヘブライ人の固有語について』(Della Lingua Propria di Cristo e degli Ebrei Nazionali della Palestina da' Tempi de' Maccabei) および数々の重要な指摘にもかかわらず、ディオダティへの反論としてのみ論文が構成されていることに、プファンクッヘは失望を覚えたという[422]。そこでプファンクッヘは自分の論文に『デ・ロッシ後に部分的に構成されたもの』(zum Theil nach de Rossi entworfen) という副題を設

---

[421] ［原文］Nun nordwärts über—und oftwärts hinter diesem Semitischen Sprach- und Völker Bezirke, fängt ein zweiter an: ich will ihn mit Moseh und Leibniz den Jafetischen nennen. Dahin gehören also, geographisch zu urteilen, Armenier, Meder, Dilemiten, Perser, Chaldäer und Kurden. Nur, sollten alle diese, in Einem Striche wonende Völker, deren Sprachen von den Semitischen gänzlich abgehen, nicht unter sich Eine Sprache geredet haben, die im Wesen so änlich wie syrisch und arabisch, und also blos. In Dialecten verschieden gewesen? d. i. sollten alle diese Völker nicht zunächst verwandte Völker gewesen seyn?

[422] Pfannkuche (1798: 377–378) を参照。

け，デ・ロッシの議論を「正しい方向」へ引き継ごうとした。

「国言葉」と「土地言葉」

プファンクッヘによれば，初期の「アラム語」は「バビロニア・アラム語」（babylonisch-aramäische Sprache）であり，ヘブライ語と密接な関係があった。

> ［バビロニア・アラム語とヘブライ語の］両者ともセム祖語（der semitischen Ursprache）の支流である。カッパドキアのハリス川からティグリス川を越え，最後の川の源流からアラビアに至るまで，カッパドキアとポントスの住民，アッシリア人，バビロニア人，アラム人，ヘブライ人，フェニキア人，アラブ人が結束して一つの大きな民族となる。両者とも他のセム語方言（die übrigen semitischen Dialekte）と同様に，古い語根の同じ蓄積，本質的に同じ文法を持っていた。［ただ］一方の方言では，古い祖語におけるいくつかの語が支配的であったという点でのみ，互いに異なっていた[423]。　　　　　　　　　　　　（Pfannkuche 1798: 381-383）

その後「バビロニア・アラム語」がパレスティナにも広がりを見せることになるが，プファンクッヘはその理由を3つ挙げる。

(1) アッシリアの王シャルマナサル（Salmanasser）による強制移住政策により，イスラエル王国の滅亡後，その地に多数の「アラム語」の植民都市（aramäischen Colonien）が形成された。またユダ王国の滅亡後，バビロニア・カルデアの総督（die babylonisch-chaldäischen Befehlshaber）

---

[423] ［原文］Beide waren Ausflüsse der semitischen Ursprache, welsche vom Halys in Kappadocien bis über den Tigris hinaus, und von den Quellen des leztern Flusses bis Arabien die Bewohner von Kappadocien- und Pontus, die Assyrier, Babylonier, Aramäer, Hebräer, Phönicier und Araber zu Einem(m) großen Volke vereinigte. Beide hatten, wie die übrigen semitischen Dialekte, denselben Fond von alten Stammwörtern, im Wesentlichen dieselbe Grammatik und waren von einander nur dadurch verschieden, daß manche Wörter der alten Ursprache in dem einen Dialekt herrschen geblieben waren,

はパレスティナの全土にアラム人，カルデア人の軍を配備した。それゆえパレスティナのユダヤ人も，特に公務のために「バビロニア・アラム方言」(babylonisch-aramäischen Dialekt) の習得が必要となった。逆に「国言葉としてのヘブライ語」(des hebräischen Nationaldialekts)，かつてはエルサレムの宮廷語（Hofsprache zu Jerusalem）であったと考えられるが，こちらは逆に制限され，ユダヤ人は両方の方言を使用することを余儀なくされた[424]。

(2) ペルシアによる捕囚解放によって，バビロンのユダヤ人がパレスティナへの帰還を開始したとき，完全に「バビロニア・アラム語」の使用者となっていた彼らが「国言葉としてのヘブライ語」をどのように克服すべきかの問題が生じた。一般民衆（das gemeine Volk）は何世代も「ヘブライ語」を保持し続け，シナゴーグにおけるモーセ律法の朗読にも使用されていた。一方で「バビロニア・アラム語」は相当数のカルデア語的特徴（Caldaismen），ペルシア語的特徴（Persismen），ヘレニズム（Hellenismen）の影響で豊かになり，徐々に民衆語（Volkssprache）そして土地言葉（Landessprache）として確立していく。とはいえ，まだバーバリアニズム（Barbarismes）の影響の少なかった「バビロニア・アラム語」の使用者は，「ヘブライ語」との発音等の差異がさほど大きくなく，理解可能であった。旧約聖書の後期文書が「ヘブライ語」で記されたことは，その「国文書」（Nationalschriften）が「ヘブライ語」を「学者言葉」(gelehrte Sprache)として保持する結果を生んだ[425]。

(3) こうして「土地言葉」（Landessprache）としての地位を確立した「バビロニア・アラム語」は，アレクサンドロス大王の東征以降も続いた。パレスティナのユダヤ人は父祖の法と慣習とを保持することが許されたので，ギリシア語を受容する動機がそれほど大きくなかった。ユ

---

[424] Pfannkuche (1798: 385–386)を参照。
[425] Pfannkuche (1798: 388–389)を参照。

ダヤ人はギリシア人とは区別されつつ，カルデア人（多くのユダヤ人が含まれる）との連帯を強化した。その結果，言語に関しても単一の「国言葉」（der Sprache ihrer Nation）が形成されていった[426]。

(4) ユダヤ以外のパレスティナでも同様であった。シロ・マケドニア［セレウコス朝］の初代王［セレウコス1世］はセレウキア，アンティオキアなど14の植民都市を建設した。だが，そのような大都市への大規模な移民というのは現実的ではない。おそらくギリシア人の移民は少数であり，元来その土地に住む諸民族が都市へ移住したものである。彼らが言語（アラム語）を保持していたことは，都市名がアラム語とギリシア語の二重名を常に持つことから分かる。パルミラの碑文にはアラム語で書かれたものがいくつかある。テュロスの人々はギリシア系であるシリア王子，アンティオコス4世に敬意を表した硬貨を鋳造した。その一部はギリシア語とシロ・フェニキア語が，一部にはシロ・フェニキア語が刻まれている。このことはセレウコス朝の時代に，その支配域でギリシア語が絶対的な優位性を獲得していなかったことを証明している。ただし，古代において土地言葉（Landessprache）で発行された硬貨がほとんど無いという反論もあるだろう。貨幣の鋳造者はおそらくギリシア人であり，通常のギリシア語アンシャル文字の硬貨の方が，馴染みのない東方の文字の硬貨よりも美しいと感じたためと思われる[427]。

ここまで見てきたように，プファンクッヘの議論の中心にあるのは「国言葉」（Nationaldialekts）と「土地言葉」（Landessprache）である。彼自身は詳しく定義していないが，最初に「ヘブライ語」を「国言葉」とし，「バビロニア・アラム語」を「土地言葉」と呼んでいることから，民族としてのユダヤ人に

---

[426] Pfannkuche (1798: 390–391) を参照。
[427] Pfannkuche (1798: 400–401) を参照。

固有の言語を指して「国言葉」と，また民族を越えてパレスティナに広まり，特にその地の公務に使用されていた言語を指して「土地言葉」と呼んでいるものと思われる。この意味では「国語」（Nationaldialekts）と「公用語」（Landessprache）と解釈しても良いが，一般に「国語」の概念はフンボルト（Wilhelm von Humboldt, d. 1835）に始まるとされるため（Von Humboldt 1836），本節ではその訳語を避けている。

従来の議論は，バビロニアのユダヤ人の使用していた「カルデア語」がパレスティナに移動したというものであったが，プファンクッヘはユダヤ人の移動とは無関係に，支配領域の拡大によってパレスティナに「バビロニア・アラム語」が拡大したと見なした。

> 敗戦の民が国言葉（Nationalsprache）を奪われるまま，己のものとはまったく異なる言語を負わされるのを受容するのは，勝者が従来の国内組織を破壊し，住民の大部分を追放し，国全体から溢れた外国の移民が彼らの居住地に［入り］，その数が以前からの住民よりも遙かに多くなったときでなければならない。これが，民衆語（Volkssprache）の完全な根絶を可能にする唯一の条件である。しかし，このことはパレスティナにおけるローマ人の人道的な支配の下では実現しなかった。国内の政府機構，司法機構はほとんど変更無しで残された。国は己の法典の保持を許され，宗教と切り離されなかった。［……］公職はネイティブで占められ，土地言葉（Landessprache）を知る外国人が就くことはほとんど無かった[428]。

---

[428] ［原文］Nur dann läßt ein besiegtes Volk sich seine Nationalsprache entreißen und sich eine von der seinigen ganz abweichende Sprache aufdringen, wenn der Sieger die bisherige innere Staatsorganisation zerstört, den größern Theil der Einwohner deportirt, und deren Wohnsiße ausländischen, das ganze Land überschwemmenden Colonisten, die weit zahlreicher seyn müssen, als die alten zurückgebliebnen Einwohner, einräumt. Dies ist die einzige Bedingung, welche die gänzliche Bertilgung einer Volkssprache möglich macht; die aber unter der humanen Herrschaft ber Römer in Palästina nie eintreten sonnte. Die ganze innere Regierungsverwaltung, die Justizpflege u. dgl. blieb ohne merkliche Aenderung; es wurde der Nation die Beibehaltung ihres mit ihrer Religion so unzertrennlich verbunden Gesezbuchs verstattet; [...] daß sie die öffentlichen Nemter mit Eingebohrnen und seltner mit Fremden, die der Landessprache kundig waren, beseßten.

（Pfannkuche 1798: 414–415）

　これはデ・ロッシの主張を拡張したものと言える。「ヘブライ語」を使用していたユダヤ人は，バビロン捕囚によって国内組織が破壊され，住民もまたパレスティナとバビロニアとに引き裂かれた。こうして「ヘブライ語」は「国言葉」（Nationalsprache）として維持することが不可能になった。だが一方では，引き裂かれたユダヤ人が連帯するための新たな「土地言葉」（Landessprache）として「バビロニア・アラム語」を獲得するに至った。

　「ギリシア語」が優勢な時代にあっても，「ギリシア語」は「土地言葉」（Landessprache）とは異なる支配者層の「流行言葉」（Modessprache）に過ぎなかった（それはヨーロッパ貴族がフランス語を好むのと同じであるという）[429]。

イエスの言語

　プファンクッヘによれば，イエスの時代には「シリア語」がまだ「バビロニア・アラム語」との大きな隔たりを有していなかった。

> しかし［……］実際のカルデア語というものは私たちにまったく知られておらず，またシリア語（アラム語）は，私たちの知る限り，キリストの時代までカルデア語（バビロニア語）と変わらなかった。それゆえに，この呼称［カルデア・シリア語］ではカルデア語とシリア語は同一であるように見えるが，このパレスティナの言語語（起源的にはバビロニア・アラム語）に対し，他の方言と区別するために，簡便な呼称であるパレスティナ・アラム語，またはパレスティナ・シリア語を与えるのが最も適切であると思われる（アラム語とシリア語は完全に一元的であるた

---

[429] Pfannkuche (1798: 396) を参照。

め)[430]。　　　　　　　　　　　　　　(Pfannkuche 1798: 467–468)

シュレーツァーが論じたように[431],「カルデア語」という呼称はカルデアの実態に即していない。「カルデア・シリア語」という呼称は「バビロニア・シリア語」の方が良く, さらに時代的な誤解を招く「シリア」は「アラム」に置き換えて「バビロニア・アラム語」が良いという。また,「バビロニア・アラム語」を起源とするのが「パレスティナ・シリア語」(ないし「パレスティナ・アラム語」)である。

そして, パレスティナ・アラム語は以下の種類に分かれるという[432]。

(1) エルサレム方言 (der Dialekt von Jerusalem)。タルムード主義者によると,「発音の正確さ」のゆえに他の方言よりも上位であるという。
(2) ガリラヤ方言 (der galiläische Dialekt)。エルサレム方言 (hierosolymitanischen) とは正反対。喉音の発音が不明瞭。
(3) サマリア方言 (der samaritanische Dialekt)。喉音の不明瞭な発音においてガリラヤ方言とほとんど違いがない。
(4) フェニキア・アラム語方言 (der Phönicisch-aramäische Dialekt)。ヘレニズムとラテニズムを吸収し, その特異性によって他のパレスティナ方言とは区別される。

それでは, イエスと使徒らはどの方言を使用していたのか。プファンクッヘに従えば, 前述の (1) から (4) のどれでもない。これらは比較的遅い時

---

[430] [原文] Da uns aber, [...] das eigentliche Chaldäische völlig unbekannt ist, und die syrische (aramäische) Sprache, so viel wir wissen, von der chaldäischen (babylonischen) Sprache bis auf die Zeiten Christi nicht verschieden war, folglich in dieser Benennung chaldäisch und sysrisch identisch zu seyn scheint, so mögte es anm zweckmäßigsten seyn, wenn man der palästinischen, ursprünglich babylonisch-aramäischen Sprache, um sie von andern Dialekten zu unterscheiden, den einfachen Namen Der palästinisch-aramäischen oder palästinisch-syrischen Sprache (denn aramäisch und syrisch ist völlig einerley) geben wollte.

[431] Schlözer (1781) を参照。
[432] Pfannkuche (1798: 463–466) を参照。

期に生じたものだからである。イエスと使徒らの時代のパレスティナではまだ「バビロニア・アラム語」が使用されていた。具体的には，イエスと使徒らの言語は「オンケロスとヨナタンのアラム語のタルグム」(aramäischen Targumim des Onkelos und Jonathan) と同じであったという[433]。福音書記者も同様であり，イエスが十字架上で叫んだ Ηλι ηλι λαμα ασαβθανι (マタ 27:46) も「タルグム・アラム語」(targumisch-aramäischen Sprache) であったという。この言葉は詩編（詩 22:2）のヘブライ語に由来するが，ユダヤ人が頻繁に引用するものであったため，早い時期に「土地言葉」(Landessprache) に翻訳されていたという[434]。

3.2. アラム語の分類法の見直し

3.2.1. アブラハム・ガイガー

A. ガイガー (Abraham Geiger, d. 1874) は改革派のユダヤ人であった。ガイガーの時代のドイツではユダヤ人の大学教授職が認められておらず，彼の研究活動は学術誌を中心としたものにならざるをえなかった。

ガイガーの弟子に，裕福な商人として出版業を営んでいた I. ブルーメンフェルト (Ignaz Blumenfeld, d. 1890) がいた。彼は 1856 年から 1863 年にかけて，ヘブライ語で書かれた近年の論文を集め，『素晴らしき宝物』(אוצר נחמד Ozar Nechmad) と題した論文集を刊行した。その最終巻（第 4 巻，1863 年）が公刊された時，ガイガーは一つ一つの論文に言及した書評論文を ZDMG (Zeitschrift der Deutschen Morgenländischen Gesellschaft) に掲載した。その中で，ガイガーは次のように述べる。

　　［……］後者の語幹の中で彼はこれを省略しており，私たちの聖書の辞

---

[433] Pfannkuche (1798: 462) を参照。
[434] Pfannkuche (1798: 425) を参照。

書もこのサマリア語(Samaritanischen)からの証拠に沈黙している。一方，Hitzig ［Ferdinand Hitzig］はダニエルに言及している——彼による教示が最初のものかは分からない。［……］同じ破損がエルサレムのタルグムの五書にも見られる。［……］その語幹は西アラム語のみ，すなわちパレスティナ諸方言，サマリア語に特有のものであり，東アラム語，［すなわち］バビロニア諸方言，シリア語には外来のもの (fremd) である。それゆえ，多くの誤解が（パレスティナの）バライタの翻訳においても生じている[435]。　　　　　　　　　　　　　　　　　　　　　(Geiger 1864: 654)

つまり，(1) サマリアのアラム語，ダニエル書のアラム語，エルサレムのタルグムのアラム語は「西アラム語」（パレスティナ諸方言）のグループを形成し，(2) バビロニア諸方言とシリア語は「東アラム語」のグループを形成する，と言う。

　従来の分類では，ダニエル書のアラム語は（物語の舞台がバビロンであるため）東方グループに組み入れられ，またシリア語は（アンティオキアの司教座と結び付けられて）西方グループを構成すると考えられていた。ガイガーはこれら2つの言語の「東西」を入れ替えたのである。

3.2.2. エルネスト・ルナン

　『イエスの生涯』(*Vie de Jésus*) で知られる E. ルナン (Joseph Ernest Renan, d. 1892) は，1860–1861 年にフランス政府の命を受けてパレスティナ調査を行った。1863 年，彼はその報告書を「セム語の一般史と比較体系」(*Histoire générale et système comparé des langues sémitiques*) と題して公刊した。その中

---

[435] ［原文］[...] Unter dem letztern Stamme unterlässt er Dies, so dass auch unsere Wörterbücher zur Bibel von diesem Belege aus dem Samaritanischen still sind, während er bei Hitzig zum Daniel—ich weiss nicht, ob von ihm zuerst beigebracht ist. Finden wir ja dieselbe Corruptel auch im jerusalemischen Thargum zum Pentateuch, [...]. Der Stamm ist nämlich blos dem Westaramäischen, also dem palästinischen Dialekte und dem Samaritanischen, eigen, während er dem Ostaramäischen, dem babylonischen Dialekte und dem Syrischen, fremd ist, daher denn die vielen Missverständnisse, die auch in der Wiedergabe (palästinischer) Baraitha's vorkommen.

で，彼はパレスティナでなお使用されているシリア語方言について述べる。

[シリア語は] 神の杉 [の森] の近く，カディーシャ [の谷] にて，18世紀の終わりまで話されていたが，シリア語 (le syriaque) がこれらの山から姿を消してから少なくとも1世紀が経過した。私はそこで話されているアラビア語の中に，シリア語的特徴 (Syriacism) をはっきりと示すものさえ認識できなかった。シリア語はダマスカスから約12時間の場所にある一群の村でよく保持されており，その中心はマアルーラである。ブラウン[436]とヴォルニー[437]はこの事実をすでに指摘していた。ブルクハルト[438]も，ラテン語が中世の修道院に存在していたのと同様に，極めて簡潔なシリア語を話す修道院をいくつか発見した。マロン派の聖職者の教育を受けた男性の間では今も同じである[439]。　　(Renan 1863a: 268)

ルナンはこの経験を基に『イエスの生涯』(Vie de Jésus) を記し，その中で次

---

[436] Browne (1799) を参照。 "From *Seidnaia* I proceeded to *Malûla*, a village situated in the mountain, where is a covent, failed to be of the time of Justinian. Thence went to *Yebrûd*, the ancient *Fabruda*, a place higher up the mountain, in a romantic situation; [...] Soon after arrived at *Mara*, a small town on the North of the road. It is remarked that at this town and at *Malûla* alone the Syriac still continues to be a living language; descending from father to son, without the use of books. Two of the muleteers I observed to converse together more willingly in that language, than in the Arabic, which in found it nearly resembles" (Browne 1799: 405–406)。

[437] Volney (1787: 1.357) を参照せよとあるが未入手。

[438] Burckhardt (1822) を参照。 "Three hours distant from Kanobin, at the convent Kashheya, which is near the village Ehden, is a printing office, where prayer-books in the Syriac language are printed. This language is known and spoken by many Maronites, and in this district the greater part of them writes Arabic in the Syriac characters. The names of the owners of the silk-worms were all written in this character in different in different hands, upon the bags suspended in the church" (Burckhardt 1822: 22)。

[439] [原文] On le parlait encore dans la haute région de la Kadischa, près de Cèdres, vers la fin du xviiie siècle; mais il y a un siècle au moins que le syriaque a disparu de ces montagnes. Je n'ai même pu reconnaître dans l'arabe qu'on y parle aucun syriacisme bien démontré. Le syriaque s'est beaucoup mieux conservé dans un groupe de villages situés à environ douze heures de Damas, et dont le principal est Maloula. Déjà Brown et Volney avaient signalé ce fait. Burckhardt trouva également quelques monastères où le syriaque était parlé avec assez de facilité, à peu près comme le latin devait l'être dans les couvents du moyen âge. Il en est encore de même chez les hommes instruits du clergé maronite.

のように述べる。

> イエスがギリシア語（le grec）を知っていたとは思われない。この言語はユダヤでは政権に参加する層や，カエサリアのように異邦人の住む町の層を除き，広く話されてはいなかった。イエス自身の言葉（l'idiome）は，当時パレスティナで話されていたヘブライ語の混ざったシリア語方言（le dialecte syriaque mêlé d'hébreu）であった[440]。　　　（Renan 1863b: 25）

ここでルナンが述べる「ヘブライ語の混ざったシリア語方言」とは何を指すのか，ルナンは典拠を示していない。類似した主張としては，たとえば B. マイヤーによる「シロ・カルデア語」であろうか。それはヘブライ語とアラム語（シリア語）の中間語であり，さらに周囲の諸言語の特徴を取り込んで「エルサレム語」になったという。あるいは V. E. レーシャーによれば，「アラム語，ヘブライ語，バビロニア語」が混ざって「カルデア語＝純粋なタルグム語」になり，それがシリア語と混ざったものが「新ヘブライ語＝ユダヤ人の民衆語」になったという。いずれにせよ，ルナンの想定していたものが「ヘブライ語とシリア語が直接混ざったもの」であったなら，本研究で参照した学者の中にそのような主張は見当たらない。ヘブライ語の影響は間接的なものと考えられていた。

3.2.3. テオドール・ネルデケ

ルナンが引用したように，マアルーラおよび周辺において，古典シリア語とは異なる生きた「シリア語」が使用されていることは，18 世紀末よりヨーロッパで知られていた。だがその言語の実態が明らかにされたのは，宣教師 J. フェレット（Jules Ferrette, d. 1904）による 1863 年の短い報告が最初であっ

---

[440] ［原文］Il n'est pas probable que Jésus ait su le grec. Cette langue était peu répandue en Judée hors des classes qui participaient au gouvernement et des villes habitéees par les païens, comme Césarée. L'idiome propre de Jésus était le dialecte syriaque mêlé d'hébreu qu'on parlait alors en Palestine.

た[441]。フェレットの言語調査は現地滞在中の数時間で行われたもので、まったく体系的なものではなかった。しかし、Th. ネルデケ（Theodor Nöldeke, d. 1930）はその重要性を評価し、フェレットの英語の論文をドイツ語圏に紹介すべく、1867年に不十分ながらも簡潔な文法記述を試みた。

ネルデケは、この「シリア語」の動詞の未完了形3人称男性単数の形態が、北東アラム語のような *n-qtl* ではなく[442]、パレスティナのアラム語と同じ *i-qtl*（*y-qtl*）であることに着目する。また、この言語にはユダヤ人アラム語方言（den jüdisch-aramäischen Mundarten）にしか見られない、いわゆるヌン添加（nun epentheticum）の現象も見られる。これらを根拠とし、ネルデケは次のように述べる。

> ここで、私たちの方言とパレスティナ［方言］との一致が、それらと別の［方言］とを区別する最も重要な点においてみることができる。この地域におけるユダヤ人の影響という話はありえない。そのため、それらは西アラム語（むしろ南西アラム語）の古代の特徴で、パレスティナへ徐々に広まったものであること、また、それらが最初はヘブライ語に由来し、いわゆるカルデア語になったのではないことを、安全に結論付けることができる。ここには［……］ダマスカスとレバノンを含め、第二のアラム語グループの構成員がある[443]。　　　（Nöldeke 1867: 183–184）

---

[441] Ferrette (1863) を参照。

[442] Hetzron (1997: 126) を参照。シリア語と、頻度は多くないがバビロニア語（アッカド語）に見られる。

[443] ［原文］Wir sehen hier also die Uebereinstimmung unsres Dialectes mit dem palästinischen in zwei der wichtigsten Differenzpuncte desselben von den andern. Da nun von einem jüdischen Einfluss auf diese Gegend nicht die Rede sein kann, so dürfen wir wohl mit Sicherheit schliessen, dass dieses alte Eigenthümlichkeiten des westlichen (oder lieber süd-westlichen) Aramäischen waren, welches sich allmählich über Palästina aus breitete, und dass sie nicht etwa erst aus dem Hebräischen in's sog. Chaldäische gekommen sind. Wir haben hier also ein Glied aus der zweiten aramäischen Sprachgruppe, [...] mit ausdrücklicher Einrechnung von Damaskus und dem Libanon.

シリア語のように3人称動詞形 n-qtl を持つのは北東アラム語のグループである。このことによって，異なる3人称動詞形 y-qtl を持つパレスティナ諸方言が区別される。この特徴は，ユダヤ人の影響でその地域に持ち込まれたのではなく，またかつて語られていたように，ヘブライ語に由来するカルデア語が，ユダヤ人帰還民と共にパレスティナに移動したものでもない。西アラム語の諸方言は，ユダヤ人とは無関係に，古代からその地域に存在していたのである。

3.2.4. ウィリアム・ライト

W. ライト（William Wright, d. 1889）も，比較セム語学の概論の中で次のように述べている。

> 前4-5世紀から徐々に優勢になったアラム語方言は，シリア砂漠を横断するような長い旅路を経たのではなく，もともとその場に存在していた。それはその地を所有し，サマリア人の同族方言と隣り合うことになった。それは彼らの五書，彼らの祭礼や讃美歌に示されている[444]。
>
> （Wright 1890: 16）

教父の時代，アラム語の言語資料はヘブライ語旧約聖書の一部，タルグムなどラビ文書，シリア語資料しか知られていなかった。そのため，アラム語史に登場するのはユダヤ人とキリスト者がほとんどであった。しかし，18-19世紀にかけてパレスティナ，アッシリア，バビロニア，ペルシア等の発掘調査が進み，アラム語の言語資料が次々に発見されたことで，アラム語はかつて考えられていたように「ユダヤ人と共に移動した言語」ではなくなった。アラム語はそれぞれの地域に根ざした言語共同体を有していたのである。

---

[444] ［原文］The Aramean dialect, which gradually got the upper hand since the fourth or fifth century B.C., did not come that long journey across the Syrian desert; it was there, on the spot; and it ended by taking possession of the field, side by side with the kindred dialect of the Samaritans, as exemplified in their Targum of the Pentateuch, their festal services and hymns.

3.2.5. フリードリヒ・カウチ

これまで見てきたように，18世紀末から19世紀にかけて，アラム語研究の様相は一変した。この時代のアラム語の分類法については，E. F. カウチ(Emil Friedrich Kautzsch, d. 1910) のものがよくまとまっている[445]。

［言語分類］
北セム語
　└東アラム語
　　└シリア語
　　└バビロニアのタルムードのアラム語
　└西アラム語（パレスティナ・アラム語）
　　└旧約聖書のアラム語（聖書アラム語）
　　└新約聖書とヨセフスの著作に現れる語句
　　└タルグム（オンケロス，ヨナタン，偽ヨナタン）
　　└ミシュナのアラム語文，エルサレムのタルムードのゲマラ，バビロニアのタルムードやミドラシュの中に見られるもの
　　└サマリア人の五書タルグム
　　└エジプトのユダヤ人に由来する碑文やパピルスのアラム語（エレファンティネのアラム語）
　　└パルミュラ碑文のアラム語
　　└ナバテア碑文やシナイ碑文のアラム語
　　└非ユダヤ人による聖書翻訳（キリスト者アラム語）
　　└マアルーラなどアンティ・レバノンで使用されている生きたアラム語方言

---

[445] Kautzsch and Brown (1884) を参照。なお，カウチの分類法には今日で言う帝国アラム語がまだ含まれておらず，時代差も考慮されていない。今日的なアラム語の分類法については Hetzron (1997: 114–119, 334, 347)，Lipiński (2001: 64–74)，Goldenberg (2013: 12–14) を参照。

3.2.6. アーノルド・マイヤー

　なお，カウチの分類のうち「非ユダヤ人による聖書翻訳（キリスト者アラム語）」について説明しておく。ヴァティカン図書館に所蔵されていたシリア語による福音物語が，1798 年に J. G. Ch. アドラーによって紹介された。1030 年に書かれたと記載されており，内容は正典福音書からの抜粋要約で，シリア文字よりもヘブライ文字に近い字体で書かれていた。J. D. ミヒャエリスはこの言語を「エルサレム語」(Hierosolymitana) と呼んだという[446]。この福音物語の全文は，1861 年から 1864 年にかけて F. M. エリッツォによって公刊され，「エルサレムの福音物語」(*Evangeliarium Hierosolymitanum*) と名付けられた[447]。また，同様の断片がロンドンとペテルスブルクで発見されており，J. P. N. ラントによって公刊されている[448]（第 4 巻に収録）。1892 年には両者をベースにした校訂本がド・ラガルドによって公刊され[449]，さらにそれを含む改訂版が 1899 年，A. S. ルイス & M. D. ギブソンによって公刊された[450]。また，その言語（ミヒャエリスの「エルサレム語」，カウチの「キリスト者アラム語」）は Th. ネルデケによって「パレスティナのキリスト者方言」(der christlich-palästinischen Dialect) という呼称を与えられた[451]。

　A. マイヤー (Arnord Meyer, d. 1934) は，この「パレスティナのキリスト者方言」が「イエスの言語」に最も近いと考えた[452]。だが，G. ダルマンは「キリスト者方言」と「ユダヤ人方言」との関係性が薄いという点を指摘し，「イエスの言語」とは言い難いと主張する[453]。

---

[446] Adler (1798: 140) を参照。
[447] Erizzo (1861–1864) を参照。
[448] Land (1862–1875) を参照。
[449] Lagarde (1892) を参照。
[450] Lewis and Gibson (1899) を参照。
[451] Nöldeke (1868) を参照。
[452] Meyer (1896: 150–155) を参照。
[453] Dalman (1898: 70) を参照。

3.3. イエスとヘブライ語

3.3.1. ゴットローブ・カルプゾフ

ミシュナのヘブライ語

W. スレンフィス（Willem Surenhuis / Guilielmus Surenhusius, d. 1729）がミシュナのラテン語訳を公刊するまで[454]，ミシュナのヘブライ語に関してヨーロッパではほとんど論じられることが無かった。

ミシュナのヘブライ語に言及し始めるのは，たとえばJ. G. カルプゾフ（Johann Gottlob Carpzov, d. 1767）である[455]。

> このことから［次のことが］明らかであろう。ヘブライ語は（linguam Hebræam）長い間嵐から逃れ，もはや聖なる書以外では純粋な形で入手できなかったが，それでも学識者によって完全に無視されたのではなかった。彼らはその時代の土着語（barbariem）を克服し，無垢な民衆より賢く，己の父祖の方言（dialectum）を正確に理解し，可能な限り真似しようと努めた。こうしてついにラビの話し方が生まれ，今なお偉人らの注解にその座を保持している[456]。　　　　　　（Carpzov 1728: 221）

カルプゾフは，聖書のヘブライ語（カルプゾフ自身の用語では「古ヘブライ語」）はセレウコス朝シリアの支配下で姿を消していったと考える[457]。一方，

---

[454] Surenhusius (1698–1703) を参照。

[455] 第2章3.2を参照。

[456] ［原文］Unde liquere arbitror, linguam Hebræam, licet ea tempestate dudum exolevisset, nec extra S. Codicem amplius pura suppeteret, non omnino tamen a gentis doctoribus fuisse neglectam, quin ii temporum suorum barbariem eluctari, supra imperitum vulgus sapere, avitamque majorum dialectum intelligere exacte, & æmulari pro virili niterentur; unde Rabbinicum tandem enatum est dicendi genus, quod etiamnum in Magistrorum commentariis locum tuetur.

[457] Carpzov (1728: 218) を参照。

ミシュナのヘブライ語は聖書のヘブライ語の縮小版である。エルサレム神殿の破壊後，ユダヤ人の学識者らは聖書のヘブライ語を可能な限り記憶から取り戻し，それが「ラビのヘブライ語」，すなわちミシュナのヘブライ語となったという。その特徴である簡潔な言い回しはしばしば過度なラコニズムに陥り，理解を難しくする[458]。

3.3.2. ヴィルヘルム・ゲゼニウス

ミシュナのヘブライ語

カルプゾフから 100 年後，ハレ大学の H. F. W. ゲゼニウス（Heinrich Friedrich Wilhelm Gesenius, d. 1842）は次のように述べた。

> 古ヘブライ語（das Althebräische）がどれぐらい生きた言語であり続けたか。これはおそらく個々の地域の事情があり，あるいは上層や教養層の人々の間では長く続いたであろうが，いずれにしても正確に判断することはできない。確かなことは，ネヘミヤの時代に人々がまだヘブライ語を話していたこと（יְהוּדִית, ネヘ 13:28），アンティオコス・エピファネスとマカバイの時代にはアラム語の次にヘブライ語で書いていたこと（ダニエル書やマカバイ時代の硬貨を参照），またこれらとは反対にアレクサンドロス大王の時代とその直後の時代には［ヘブライ語が］生きた言語であることを止め，教養あるヘブライ人でさえ古い書物の難しい箇所を理解することに困難を覚え始めたことである。セレウコス朝の支配とアラム語を話す民族の新たな影響は，最後の痕跡を徐々に消し去っていったようである[459]。　　　　　　　　　　　　（Gesenius 1815: 44）

---

[458] Carpzov (1728: 220) を参照。

[459] ［原文］Wie lange übrigens das Althebräische noch nebenbey lebende Sprache blieb, ob dieses vielleicht in einzelnen Gegenden und bey den Vornehmern, Gebildeteren länger der Fall war, kurz das Mehr und

ゲゼニウスはネヘミヤ記の記述（ネヘ 13:28）を「まだヘブライ語の使用者が残っていた」と解釈する。タルムード学者やユダヤ文法学者ら（キムヒ，レヴィタ，ウォルトンなど）の従来の解釈は誇張されたものであり，レーシャー，カルプゾフらの解釈が正しいものだとする[460]。特に前述の引用箇所は，ヘブライ語の日常的使用に最後の一撃を加えたのがセレウコス朝であったという点でも，カルプゾフの言語史観と軌を一にしている。

　ミシュナのヘブライ語についても，「古ヘブライ語」の多くの蓄積（althebräischer Sprachvorrath）がタルムードの言語（der Sprache des Talmud），特にミシュナに保存されており，その時代と言語の面において正典の後期文書（die jüngsten Bücher des Canons）に従うものである，と彼は指摘する[461]。聖書のヘブライ語は，ミシュナのヘブライ語として保存されたのである。

イエスの言語

　「イエスの言語」について，ゲゼニウスはプファンクッへの主張を受容する[462]。すなわち，イエスの時代に「古ヘブライ語」の知識は廃れており，イエスはアラム語を使用する民族の中にいたという。

　　Weniger lässt sich nicht näher bestimmen; nur soviel ist gewiss, dass zu Nehemia's Zeit das Volk noch hebräisch redete (יְהוּדִית Nehem. 13, 28), dass man zu Antiochus Epiphanes und der Makkabäer Zeiten neben dem Aramäischen noch herrschend hebräisch schrieb (vgl. Daniel und die Münzen des makkabäischen Zeitalters), dass dagegen um jene Zeit und schon kurz nach Alexander d. Gr. das Aufhören der lebenden Sprache, selbst einem gelehrteren Hebräer bey dem Verständniss schwieriger Stellen älterer Schriften im Wege war (S. §. 12, 3 über die Chronik). Die Herrschaft der Seleuciden und der neue Einfluss eines aramäischredenden Volkes scheint allmählich die letzten Spuren vertilgt zu haben.

[460] Gesenius (1815: 46) を参照。
[461] Gesenius (1815: 52) を参照。
[462] Gesenius (1815: 46) を参照。

3.3.3. アブラハム・ガイガー

ミシュナのヘブライ語

A. ガイガー（Abraham Geiger, d. 1874）は，ミシュナのヘブライ語の入門書（*Lehr- und Lesebuch zur Sprache der Mischnah*）の中で次のように述べている。

(1) 第二神殿時代以降，パレスティナに住むユダヤ人の言語はアラム語（das Aramäische）であった。それゆえ，神殿で朗読されるモーセ五書と，預言者の一部は，おそらく口頭のみではあったがアラム語への翻訳が行われていた。第一マカバイ記，マタイによる福音書，ヨセフスの歴史書は，おそらく最初にアラム語で書かれたと思われる[463]。

(2) ヘブライ語は「生きた言語」（eine lebende Sprache）ではなくなっていたが，第二神殿時代および2世紀後半まで「宗教的学術語」（eine religiöse Gelehrtensprache）として残っていた。しかし，パレスティナの学術が衰退し，バビロニアの学術が優位に立つと，ヘブライ語は完全にアラム語へその道を譲ることになった[464]。

(3) ミシュナは「学術語としてのヘブライ語」で書かれている。典礼の古い部分もこの言語で書かれているが，祈禱に関してはその性質上，聖書の語句に固執しており，全体としては古ヘブライ語（Althebräischen）の色彩を帯びようと目論んだものである。つまり，ミシュナのヘブライ語は「聖書の言語」（der Sprache der Bibel）でも「真正のヘブライ語」（Aechthebräischen）ではない。大部分がアラム語である「ゲマラの言語」（der Sprache der Gemara）とも区別される[465]。

ミシュナのヘブライ語は「学術語」としてのみ残されたもので，「生きた言語」

---

[463] Geiger (1845: 1) を参照。
[464] Geiger (1845: 1) を参照。
[465] ［すなわち］"Die Sprache dieser unterscheidet sich daher von der Sprache der Bibel, als dem Aechthebräischen, wie von der der Gemara, die überwiegend aramäisch ist"（Geiger 1845: 2）。

ではないという。では，そもそも「生きた言語」とは何であるのか。

> それゆえ，ミシュナの言語（der Sprache der Mischnah）は本質的にヘブライ語であり，ただ後代の発展形，すなわち，人々の口に生きるのを止めた後のものである。私たちはすでに聖書の後期文書において言語の変形（eine Umwandlung der Sprache）があることに気付く。生きた源は枯渇し，直観はもはや新鮮でも創造的でもなく，活力は緩み，アラム語的特徴（Aramäismus）が語形（Formen）や語形成（Wortbildungen）に浸透している。これらの変換（Umbildung）はミシュナのための学術言葉（der Gelehrtensprache der Mischnah）で著しく増加する。内的な言語直観（innere Sprachanschauung）――生きた言語（eine lebende Sprache）にとっての規範と規則――は消え失せ，振り返り（Reflexion）がそれに取って代わる。精神的な流動性――生きた言語を非常に柔軟にし，それ自体もしばしば規則の枠内に束縛することができないもの――は論理法則に道を譲らねばならない[466]。 (Geiger 1845: 2–3)

ガイガーによれば，「生きた言語」とはそれを日常語とする人々の「内的な言語直観」に支えられたものであり，その「直観」の許す限り，流動する精神を多様な形に嵌め込むための鋳型となる。逆に「ミシュナの言語」のように，それを日常語とする人々がいない言語は「内的な言語直観」が働かず，過去の事例の「振り返り」とそこから得られる「論理法則」に従って組み立てる

---

[466] ［原文］Die Sprache der Mischnah ist demnach ihrem Wesen nach die hebräische, nur eine spätere Ausbildung derselben, nachdem sie bereits aufgehört hatte, in dem Munde des Volkes zu leben. Schon in den späteren biblischen Schriften bemerken wir eine Umwandlung der Sprache; der lebendige Quell versiegt, die Anschauung ist nicht mehr frisch und schöpferisch, die Energie erschlafft, und in Formen und Wortbildungen dringt der Aramäismus ein. Diese Umbildung nimmt in der Gelehrtensprache der Mischnah bedeutend zu. Die geschwundene innere Sprachanschauung, welche für eine lebende Sprache Norm und Regel ist, wird durch Reflexion ersetzt, und das geistige Fluidum, welches die lebende Sprache so beweglich macht und sich oft nicht in die Schranken der Regel einzvängen läßt, muß dem logischen Geseze weichen.

第 4 章 イエスの言語　　　　　　　　　259

必要があり，そこには何ら柔軟性も創造性も無いのである。そして「内的な言語直観」の喪失は聖書の後期文書からすでに始まっており，ミシュナはその傾向が著しく増大した結果に過ぎないという。

とはいえ，新たな語彙や表現を生み出すことなしに，「学術語」たる地位を確立することもできないはずである。

　　［ミシュナの言語は］自身が真に新たな表現を創造しなければならな
　　かった。そのために既存のヘブライ語を利用して発展し続けたが，広く
　　行き渡った言語の助けも借りた。アラム語的特徴（Aramäismus）からは
　　屈折と派生，新たな語形成法，構文法，まったく新たな語幹を借用した
　　――ただし後期ヘブライ語（das Späthebräische）の要求する変更を加えて。
　　以前には無かった道具などの概念は，それを持ち込んだ民族の表現が与
　　えられた。そのため多くのギリシア語の語が［ミシュナの］言語に入り，
　　市民権を獲得した。加えていくつかのラテン語の語も――ただし後期ギ
　　リシア語による小さな変形を加えて――受容した[467]。
　　　　　　　　　　　　　　　　　　　　　　　　（Geiger 1845: 2–3）

ガイガーの見る「ミシュナの言語」とは，「既存のヘブライ語」をベースとし，当時の日常語であったアラム語の語形変化，語形成法，構文法，および語彙を取り込んだもの（ただし後期ヘブライ語に合致する形で）である。それに加えて，ギリシア語やラテン語からの語彙の借用があったという。

したがって，ガイガーの考えに従うならば，「アラム語的特徴」(Aramäismus)は後期ヘブライ語およびミシュナのヘブライ語の特徴であると同時に，ヘブ

---

[467] ［原文］Für wirklich Neues mußte sie selbst Ausdrücke schaffen, und sie benügte dazu möglichst den vorhandenen hebräischen Schat, den sie weiter ausprägte; aber sie nahm auch die Hülfe der herrschenden Sprachen an. Aus dem Aramäismus wurden Flexionen und Derivationen, neue Wortbildungen, Constructionen und ganz neue Stämme entlehnt, allein mit den Aenderungen, welche das Späthebräische verlangt; Geräthschaften und andere früher nicht vorhan dene Begriffe werden mit den Ausdrücken des Volkes belegt, das sie gebracht, und daher sind viele griechische Wörter in die Sprache gedrungen und haben in ihr das Bürgerrecht erhalten, und mit diesen auch einige lateinische Wörter, welche die spätere griechische Sprache mit einer kleinen Umformung aufgenommen hat.

ライ語が「生きた言語」ではなくなっていくプロセスの指標にもなりうる。

3.3.4. アドルフ・ノイバウアー

現代化ヘブライ語

オックスフォード大学の A. ノイバウアー（Adolf Neubauer, d. 1907）は，「キリストの時代にパレスティナで話されていた方言について」(On the Dialects Spoken in Palestine in the Time of Christ) と題した論文を 1885 年に公刊し，次のように述べた[468]。

- (1) エルサレム，およびユダヤの大部分では「現代化ヘブライ語」(the modernized Hebrew) と，比較的純粋な「アラム語」の方言が使用されていた。「現代化されたヘブライ語」とはミシュナのヘブライ語のことを指す[469]。
- (2) 近接地域から移住してきたガリラヤ人やユダヤ人は，彼ら自身の方言（アラム語の近縁）のみを使用していた。ただ，箴言や祈禱のような少数の現代的ヘブライ語表現（a few current Hebrew expressions）も理解はできた。
- (3) ユダヤ系ギリシア人の小さな共同体(the small Jewish Greek colony)，および上層階級の人々の中にはギリシア語を話す者もいた。ただし，そのギリシア語は「真正のギリシア語」(genuine Greek）ではなく，ヘブライ語からの翻訳であり，「ユダヤ人のギリシア語」の身内言葉（a Judeo-Greek jargon）であった。

以上の諸方言は多かれ少なかれ混じり合い，学術の中心がガリラヤに移動す

---

[468] Neubauer (1885: 49–50) を参照。
[469] Neubauer (1885: 39) を参照。

る時代（150年頃）までその状況が続いた。学術の中心がガリラヤに移動した後，「ガリラヤ人のアラム語方言」(the Galileo-Aramaic dialect) がハラハ，アガダの議論に現れるようになる。バビロニアのタルムード (b. Soṭah 49b) に見られる「聖なる言語」とは，「現代化ヘブライ語」すなわち「ミシュナなど同時代文書に書かれた言語」(the language in which the Mishnah and contemporary books are written) である。この「現代化ヘブライ語」は（ガイガーが主張するような）ユダヤ人の間で死に絶えた言語などではなかったという。

> 現代化ヘブライ語は決してユダヤ人の間で死に絶えたものではなく，私たちの時代でもなお，釈義と実践の注解，そして書簡にさえも，世界中に離散したユダヤ人の間の一般的なコミュニケーションにおける唯一の手段として用いられている[470]。　　　　　　（Neubauer 1885: 50）

イエスの言語としてのアラム語方言

一方，アラム語方言（the Aramaic dialect）は「エルサレム語」(the language of Jerusalem) とも呼ばれ，バビロニア方言（the Babylonian dialect）とは区別されるという。また，ガリラヤ方言は（サマリア人が今なお保持する特徴と同様に）喉音が不明瞭な発音になることで知られている (b. Eruvin 53b; b. Meg. 24b)。さらに，北部のアラム語方言（シリア語，ガリラヤ方言）は
前1世紀の民衆語（the popular language）であり，ἰδιώτης「庶民言葉」と呼ばれ，教養言葉あるいは聖なる言語（the learned or Holy language）とは対置されるものであった。それゆえ，新約聖書が「ヘブライ語で」(Ἑβραϊστί, τῇ Ἑβραΐδι διαλέκτῳ) と記すとき，あるいはギリシア語旧約外典やヨセフスが「父祖の言葉で」と記すとき，それは前1世紀の民衆語（シリア語，ガリラヤ方言）の中でもユダヤ人に属するもの，つまりガリラヤ方言の意であったという。イエスもまた使徒らや聴衆にガリラヤ方言で語り，それが福音書のいくつかの

---

[470] ［原文］ This modernized Hebrew has never died out amongst the Jews, and it is still employed in our days in exegetical and casuistical commentaries, and even in correspondence, as the only means of general communication amongst the jews scattered throughout the world.

部分に記録された[471]。

ギリシア語

ギリシア語で記された民事文書（civil acts）や署名は，社会的権力（authority of the civil power）によって有効性を宣言された。逆に，ラテン語で書かれたものは有効ではなかった。もしユダヤ人がアレクサンドロス大王以降の友好的国家（プトレマイオス朝）の中で，他の民族と同じようにギリシア人への同化を志向していたとしても，アンティオコス・エピファネスによる迫害の時代には終止符が打たれただろう，とノイバウアーは述べる。

> パレスティナのユダヤ人がギリシア語について学んだのは，私たちが判断しうる限り，せいぜい数行の文であった。商取引を行ったり，下級官吏と付き合うにはそれで十分であった。この最低限のことさえ，マカバイ一族がアンティオコス・エピファネスに勝利して後，確実に止んだ。近隣の諸方言の影響からユダヤ人を遠ざけることが，ハスモン朝の君主たちの関心事だったからである[472]。　　　　　（Neubauer 1885: 66）

こうして公用語（the official language），学びの言葉（the language of the schools）は排他的にヘブライ語となった。エルサレムで起こったこれらのことは，ガリラヤでも模倣された（ただしギリシア人の住む都市を除く）。ガリラヤの人々はギリシア語での日常会話を行うことはできたが，公的な場で演説できるほどではなく，ましてシナゴーグで律法を解釈できる能力は無かったという。

---

[471] Neubauer (1885: 51–53) を参照。

[472] ［原文］All that the Jews in Palestine learned of Greek, so far as we can judge, was at most a few sentences, sufficient to enable them to carry on trade and to hold intercourse with the lower officials. And even this minimum certainly ceased after the Maccabean victory over Antiochus Epiphanes, for it was the interest of Asmonean princes to keep the Jews aloof from the influence of the neighbouring dialects.

私たちが間違っていなければ,一般に次のことが認められる。パレスティナと近隣諸国におけるキリスト者——エルサレムの崩壊後に彼らはそこに避難した——の最初期の文書は,一様に日常語のヘブライ語(a vernacular Hebrew)であり,ギリシア語ではない。[……]彼[ヨセフス]が「ユダヤ人はギリシア語を純粋に発音できない」と記した時,その意味は「彼らは古典的な意味でそれを学ばなかった」ということであり,また「彼らの知識は土着のギリシア語(barbarous Greek)で構成されていた」ということであるように,私たちには見える。それはギリシアの各州から来た外国人から聞こえるようなもので,一種の身内言葉(jargon)であった[473]。　　　　　　　　　　　　　　　　(Neubauer 1885: 66)

ノイバウアーによれば,当時のユダヤ人のギリシア語能力はそれほど高くないため,「古典的なギリシア語」ではなく「土着のギリシア語」(barbarous Greek)を使用していた[474]。

　このようにして,エルサレム教会の最初期のキリスト者は「日常語のヘブライ語」,すなわち「現代化されたヘブライ語=ミシュナのヘブライ語」を使用していたという。ただし,福音書に記録された「イエスの言葉」はアラム語ガリラヤ方言である。また,ユダヤ人の使用するギリシア語は「土着のギリシア語」と言えるようなもので,日常会話以外の公的活動・宗教活動を担えるものではなかった。

---

[473] [原文] If we are not mistaken, it is now generally admitted that the earliest writings of the Christians in Palestine and the neighbouring countries where they took refuge after the destruction of Jerusalem were uniformly in a vernacular Hebrew, and not in Greek. [...] And when he [Josephus] remarks that the Jews cannot pronounce Greek purely, his meaning, as it appears to us, is, that they did not learn it in a classical sence, but that their knowledge consisted of barbarous Greek, such as they would hear from foreigners who came from the Greek provinces, and which was only a kind of jargon.
[474] ノイバウアーの言う「土着のギリシア語」には,(1)古典ギリシア語とは区別される「コイネーのギリシア語」であるのか,(2)ユダヤ人に特有の「ユダヤ人のギリシア語」と言わんとしているのか,定かではない。

3.3.5. フランツ・デーリチ

ライプツィヒ大学の F. デーリチ（Franz Delitzsch, d. 1891）は，ルター派の神学者にしてヘブライ語学者であると同時に，ユダヤ人と深い親交を結んだことでも知られている[475]。

ヘブライ語新約聖書

彼はユダヤ人への宣教を目的とし，ヘブライ語訳の新約聖書を公刊した（ברית חדשה, 1877 年）。今日で言う現代ヘブライ語（イスラエル・ヘブライ語）の復活前であったにもかかわらず，この訳は今日もなお改訂を繰り返しながら使用されている。1883 年には，ヘブライ語新約聖書で用いたヘブライ語表現に関する簡潔な解説書を出版した。その中でデーリチは次のように述べる。

> 私の友人は，キリストとその使徒らの時代にパレスティナで話されていたアラム語の表現（idiom），つまりパレスティナのタルムードとパレスティナのタルグムの言語（the language of the Palestinian Talmud and the Palestinian Targums）に新約聖書を翻訳するよう私に懇願し続けている。しかし，彼の望みは幻想に過ぎない。ヘブライ語は捕囚後もなおユダヤ文献の言語（the language of Jewish literature）であった[476]。

---

[475] フランツ・デーリチの息子であるフリードリヒ・デーリチ（Friedrich Delitzsch, d. 1922）はアッシリア学者として，プロイセン国王ヴィルヘルム 2 世の前で講義を行ったことで知られている。その講義録は『バベルと聖書』（*Babel und Bibel*）という題名で出版され，その中で彼は創世記の創造物語や洪水物語など，多くの文書がバビロニアの物語から借用されたものであると論じた。講義当時，フリードリヒ自身は旧約聖書に対して肯定的であり，「理性を満たす世界観を求めて奮闘していた」という（Lehmann 1994）。だがフリードリヒの意図を越えて巻き起こった大論争と彼に対する批判は，次第に彼を反ユダヤ主義に変えていき，死の前の 1920 年には『大いなる欺瞞』（*Die große Täuschung*）と題した著書で旧約聖書の不道徳性を徹底的に批判するまでになった。

[476] ［原文］A friend of mine does not cease to entreat me to translate the New Testament into the Aramaic idiom which was spoken in Palestine in the days of Christ and his apostles, that is, into the language of

（Delitzsch 1883: 30）

デーリチがアラム語訳の新約聖書を作らないのは，その作業が歴史的実態を反映しないからだという。

そもそもパウロが使用したというヘブライ語（ἡ Ἑβραῒς διάλεκτος）は「聖なる言語」(the holy language)であり，神殿礼拝とシナゴーグ，および私的な祈禱，祝禱，そして伝統的な法の言語であった[477]，とデーリチは述べる。「聖なる言語」は位の高い演説の言語（the language of the higher form of speech）であり，国内の教養層には広く知られていたという。つまり，文字の読める人々に書物を与えようとするならヘブライ語が選択されただろう，ということである。マタイによる福音書やヨセフスの歴史書もヘブライ語で書かれたであろう，とデーリチは述べる[478]。

アラム語パレスティナ方言

それに対し，アラム語のパレスティナ方言は，タルムードでは סורסי「シリア語」と呼ばれており[479]，日常生活の言語（the language of daily life）であり民衆語（the vulgar language）であったという。デーリチの考えでは，そもそもアラム語はディアスポラのごく一部にしか知られていなかった。エルサレムのタルムードの言語表現（the idiom of the so called Talmud Jerushalmi）は，それを習得した一部の学者の特権に過ぎなかった。

> それゆえ，新約聖書をパレスティナのシリア語（the Palestinian Sursi）に翻訳するのは無益な試みとなるだろう。新約聖書のギリシア語主義

---

the Palestinian Talmud and the Palestinian Targums. But his desire rests on an illusion. The Hebrew remained even after the exile the language of Jewish literature.

[477] ［すなわち］ "the language of he temple worship synagogical and domestic prayer, of all formulas of benediction, of the traditional law"（Delitzsch 1883: 30）。

[478] Delitzsch (1883: 30) を参照。

[479] ただし，タルムードにおいて「パレスティナ方言」を指して סורסי と呼ぶという典拠は不明である。

（Hellenism）を紡ぐ糸はヘブライ語であり，アラム語ではない。私たちの主とその使徒らは，大部分をヘブライ語で考え，話した。そして新約聖書は，新たなトーラーである，神の啓示の完全な半身として，ヘブライ語に翻訳されなければならない——私たちがそれをすべての国のユダヤ人のために読まれるものとし，また，異邦人の救いの成就（the fulness of the Gentiles）の後に救われるであろう[480]，将来のイスラエルの礼拝を構成する一部とするのであれば[481]。　　　　　（Delitzsch 1883: 31）

彼が「パレスティナのシリア語」（the Palestinian Sursi）と呼ぶものは，*Evangeliarium Hierosolymitanum* を始めとする「キリスト者のアラム語」として知られるものである。イエスと使徒らの時代にもそれが使用されていたかもしれない。しかし，（デーリチの考えでは）「新たなトーラー」として神の啓示を完成させる働きを自負していたであろうイエスと使徒は，「聖なる言語」としてのヘブライ語を意図的に使用し，ヘブライ語で思考し，ヘブライ語で語っていたであろう，とデーリチは述べる。

それゆえ，アラム語訳の新約聖書は人工的なもの（an artificial work）でしかないという。デーリチは新約聖書をヘブライ語訳するに際し，聖書のヘブライ語とミシュナのヘブライ語とを対照させ，可能な限り聖書のヘブライ語の表現を採用したが，シリア語ペシッタとの対照は「わずかな助け」（the little help）にしかならないと断ずる[482]。

---

[480] cf. ロマ 11:25–32。

[481] ［原文］Therefore it would be a useless attempt to translate the New Testament into the Palestinian Sursi. The Shemitic woof of the New Testament Hellenism is Hebrew, not Aramaic. Our Lord and his apostles thought and spoke for the most part in Hebrew. And the New Testament, as the new Thora, the completive half of God's revelation, must be translated into Hebrew, if we intend to make it a reading book for the Jews of all countries and a constituent part of the worship of the future Israel, who shall be saved after the entering in of the fulness of the Gentiles.

[482] Delitzsch (1883: 31) を参照。

3.3.6. アルフレッド・レシ

A. レシ（Alfred Resch, d. 1912）は福音書，ならびに当時知られていたギリシア語，ラテン語の教父文書，新約外典等について並行箇所（引用を含む）を網羅し，一覧にしたもの（*Aussercanonische Paralleltexte zu den Evangelien*）をおよそ 5 年かけて公刊した[483]。

福音書の原語

その中の「正典前の福音書の原語」（Die Ursprache des vorcanonischen Evangeliums）と題した節の中で，彼は次に挙げる 4 つの事項を確認する[484]。

(1) 第一正典福音書の著者（Verfasser）は，彼自身が書いた部分では，彼の用いた資料（Quellen）とは明確に区別できるギリシア語で書いている。
(2) 使徒マタイの文書は目撃証言に基づくオリジナル作品（originales Werk）であったが，第一正典福音書では異なる資料文書（Quellenschriften）の方が最も明確に識別できる。
(3) 第一正典福音書の編集者（Redaktor）が用いた 2 つの主資料（Hauptquelle）のうち，第 1 のものはギリシア語で書かれたマルコによる福音書（das griechisch geschriebene Marcus evangelium）である。その言語的影響は，正典マタイのギリシア語（das Griechische des canonischen Matthäus）の多くの箇所に見られる。
(4) 第 2 の主資料は，第一・第三福音書記者（der erste und dritte Evangelist）が，マルコに依存していない広範な箇所で一致する原因となった。この主要資料だけが顕著なヘブライ語の性格（einen ausgesprochenen hebraisierenden Charakter）を有している。

---

[483] Resch (1893–1897) を参照。
[484] Resch (1893: 83–108) を参照。

つまり，レシはマルコ優先説に立ち，「第一正典福音書」を第1主資料（マルコによる福音書），第2主資料（マタイ・ルカの共通資料，いわゆるQ資料），マタイ資料の複合体であると見なしている[485]。そして第1主資料（マルコによる福音書）とマタイ資料はギリシア語で記されたが，第2主資料はイエスの語録（die Reden Jesu）が大部分を占めるため，ヘブライ語に由来する可能性が高いという。そのように編纂された資料複合体としての「第一正典福音書」は，全体としてマルコによる福音書のギリシア語として均されたのである。

こうした編集史を想定した場合，これまでのように「マタイによる福音書はヘブライ語で書かれたか」という問いは意味をなさなくなる。マタイによる福音書は資料複合体であり，もしヘブライ語資料が存在したとするなら，イエスの語録が大部分を占める第2主資料が相当する。パピアスが「ヘブライ語でかの言葉を編纂した」（Ἑβραΐδι διαλέκτῳ Τὰ λόγια συνετάξατο）と述べたのは，このイエス語録に言及したものではなかったか，とレシは考える[486]。

「ヘブライ語で」の意味するもの

だが当時，「ヘブライ語で」（Ἑβραϊστί, Ἑβραΐς φωνή, Ἑβραΐς γλῶττα, Ἑβραΐς διάλεκτος）という表現が実際にヘブライ語を指すのか，実際にはアラム語を指すのかは，研究者の間で意見が分かれていた。デ・ロッシ，プファンクッヘ，ノイバウアーは「アラム語で」の意味であるとし[487]，デ・サシ（Silvestre

---

[485] 共観福音書の2資料仮説とマルコ優先説はヴァイス（Weisse 1838），ホルツマン（Holtzmann 1863）らによって提唱され，徐々に発展した。これは伝統的なマタイ優先説の地位の低下のみならず，ヘブライ語の「マタイによる福音書」の議論が，マルコによる福音書といわゆるQ資料へと移し替えられたことを意味する。[すなわち] ヘブライ語の「マタイによる福音書」を再構する試みが，マルコによる福音書と，Q資料よりも前に存在したはずの生の「アラム語のイエスの言葉」を復元する試みへと変化していった。

[486] [すなわち] "Nur auf diese hebräische Quellenschrift des ersten Evangeliums kann die patristische Tradition von einem hebräischen Matthäusevangelium ursprünglich sich bezogen haben. Und da in dieser vorcanonischen Quellenschrift die Reden Jesu bei Weitem praeponderierten"（Resch 1893: 86）。

[487] ノイバウアーはエルサレムにおける初期キリスト者の言語を「現代化ヘブライ語」であるとす

de Sacy), ルナン, シェッグ (Peter Schegg), ベール (Eduard Böhl), デーリチは「(現代化) ヘブライ語で」(ein [modernisiertes] Hebräisch) であると見なしている。

レシはどちらの可能性もあると考える。すなわち, 北パレスティナのアラム語 (古い呼称ではシロ・カルデア語) だけでなく, 南パレスティナでは部分的に現代化されたヘブライ語 (das Hebräische, theilweise modernisiert) も使われていた。後者はユダヤの民衆語 (Volkssprache) であると同時に文学言葉 (die Sprache der Literatur) でもあり, 特にエルサレムでは書き言葉 (Schriftsprache) として生き続けていたからである[488]。

イエスの言語

レシによれば, イエスは3つの言語を使用していた可能性があるという。

これによると, イエスはパレスティナに広まっていた3つの言語すべてを必要に応じて話した蓋然性が大きい。ギリシア語を話すユダヤ人 (griechisch redenden Juden) との付き合い (ヨハ 12:20ff.), またギリシア語を話すデカポリスの都市に滞在したときはギリシア語。下層民, 特にガリラヤの人々との付き合いにはアラム語。また当然ながら, 旧約聖書を用いる時と, 旧約聖書に従った礼拝説教にはヘブライ語[489]。

る。イエスと使徒らの使用した言語はアラム語ガリラヤ方言である可能性がある, というのがノイバウアーの主張である。

[488] [すなわち] "[...] einerseits das Aramäische (oder Syro-Chaldäische) namentlich in Nordpalaestina, aber auch z. Th. in Judäa, die Volkssprache bildete und dass andererseits das Hebräische, theilweise modernisiert, als die Sprache der Literatur, vielfach auch in den gottesdienstlichen Vorlesungen und Vorträgen, namentlich aber als Schriftsprache in Südpalaestina und besonders in Jerusalem fortlebte" (Resch 1893: 87)。

[489] [原文] Hiernach ist es im hohen Grade wahrscheinlich, dass Jesus je nach Bedürfniss in allen drei Sprachen, welche in Palaestina herrschend waren, geredet hat: im Verkehr mit griechisch redenden Juden (Joh. 12, 20 ff.) und beim Aufenthalte in den griechisch redenden Städten der Dekapolis griechisch, im Verkehr mit dem niederen Volke, zumal in Galilaa, aramäisch, und beim Gebrauch des Alten Testamentes sowie in den an das Alte Testament sich anschliessenden gottesdienstlichen Lehrvorträgen sicher auch hebräisch.

(Resch 1893: 87)

では，もしイエスがギリシア語，アラム語，ヘブライ語を使用していたとすれば，「福音書の原語」として選択されたのはどれであったのだろうか。

> 現在の問題は以下のこととは区別されねばならない——これら3つの言語のうち，イエスの弟子らが選んだのはどれか？ 師の言行録を最初に書き下ろしたのは誰か？ この問題設定は本質的に，その著者が自身の前に置いた目的に依存していた。もし彼が教養あるヘブライ語の表現（das gelehrte hebräische Idiom）を選んだなら，その著作は内輪的な性格を先に獲得したであろう。そのことは，古カトリック教会の周辺からそれ［ヘブライ語］が早期に消滅したことを最もよく説明しうる[490]。
> (Resch 1893: 87)

福音書（あるいは基層資料）の原語選択は，イエスや使徒らが使用していた言語によるのではなく，それを書き記した著者自身の問題であるという。著者がヘブライ語の表現を好んだのならヘブライ語を選択したであろうし，アラム語が必要な場面，ギリシア語が適切な場面ではそれぞれを選択したであろう。そのような多言語資料が縫い合わされ，ギリシア語に平均化されるプロセスがあったとしても，基層となった言語的特徴を完全に覆い隠すことは難しい。

---

[490] ［原文］Hiervon ist also die vorliegende Frage wohl zu unterscheiden: Welche von diesen drei Sprachen wählte der Jünger Jesu, welcher als der Erste sich anschickte, die Thaten und Reden des Meisters schriftlich zu fixieren? Die Entscheidung dieser Frage hing wesentlich von dem Zweck ab, welchen der Schreiber sich vorsetzte. Wählte er das gelehrte hebräische Idiom, so ge wann seine Schrift im Voraus einen esoterischen Charakter, der das frühzeitige Verschwinden derselben aus dem Gesichtskreise der altkatholischen Kirche am Besten erklären würde.

福音書のギリシア語

マタイによる福音書は（レシの想定が正しければ），ヘブライ語資料（イエス言行録）と，ギリシア語資料（マタイ資料）が，マルコによる福音書のギリシア語によって縫い合わされている。同様に，正典文書にしろ非正典文書にしろ，それぞれのギリシア語の違いが，どのセム語方言（semitischen Dialekt）を反映しているのかについて，レシは慎重な立場を取る。

　多言語資料が縫い合わされている可能性とは別に，もう一つ，そもそもヘブライ語とアラム語は互いに密接な（つまり系統的な）関係にあり，区別するのにしばしば困難を伴うことを考慮に入れなければならない。その上，多数のヘブライ語の要素がアラム語に，またアラム語の要素がヘブライ語に浸透している。こうした相互の影響を通じて，アラム語的特徴（Aramaismen）とヘブライ語的特徴（Hebraismen）は，ギリシア語本文内で区別することが困難になるような方向へと収束したのである。

　それゆえ，アラム語の表現（aramäischen Idiom）に基づく正典前福音書の原語（Ursprache des vorcanonischen Evangeliums）の分析は，信頼しうる結果は得られないであろう，とレシは言う[491]。

イエスの母語

　レシが大部の著書を公刊していた最中，A. マイヤー（Arnold Meyer, d. 1934）が『イエスの母語』（*Jesu Muttersprache*）と題した本を世に出した[492]。レシはマイヤーの主張を批判する短い追記を設け，ノイバウアーを支持しながら次のように述べる。

> 全体としてテーマの分析と扱いに関する限り，3 つの概念が批判されねばならない。「共通語」（Verkehrssprache），「書き言葉」（Schriftsprache）が区別されていない。「うまく区別する者はうまく説明する」（Qui bene

---

[491] Resch (1893: 88–89) を参照。
[492] Mayer (1896) を参照。

distinguit, bene docet)。パレスティナのような 3 言語共存（dreisprachigen）
の地──［すなわち］アラム語が支配的な言語，ギリシア語が都市にお
ける共通語［の地］，そしてヘブライ語が礼拝の言語（gottesdienstliche
Sprache）として，しかもその地の南側ではまだ完全には死滅していない
日常語（Umgangssprache）として使用されている［地］，またガリラヤの
アラム語（das galiläische Aramäisch）が書き言葉（Schriftsprache）として
まだ発展していなかったのに対し，アラム語的特徴（Aramaismen）とギ
リシア語的特徴（Graecismen）とを何度も撒き散らされたヘブライ語がほ
ぼ一般的な文学語（Literatur-Sprache）として使用された［地］──では，
個々の人間の「母語」（Muttersprache）と「共通語」（Verkehrssprache），
また個々の文学作品の「書き言葉」（Schriftsprache）はこれらの言語条件
（Sprachverhältnisse）を明確に考慮することによってのみ決定しうる[493]。

(Resch 1896: 223)

ここでもレシの態度は一貫しているように思われる。パレスティナのような
（少なくとも）3 言語が共存している社会では，「何語が使用されていたか」
ではなく，「何語がどのように使用されていたか」を問わなければならない。
話し言葉と書き言葉（文学語），母語と共通語，日常語と非日常語（礼拝語）
などの言語状況，今日的な表現を使えば「社会方言」や「位相」（レシ自身の
言葉では「言語条件」）を明らかにすることは，社会の構造を明らかにするこ

---

[493]　［原文］Was die Fassung des Themas und die Behandlung desselben im Allgemeinen anlangt, so muss es bemängelt werden, dass die drei Begriffe: —„Verkehrssprache"—„Schriftsprache" nicht auseinander gehalten sind. „Qui bene distinguit, bene docet". In einem dreisprachigen Lande, wie Palaestina, wo das Aramäische die vorherrschende und das Griechische die in den Städten nebenhergehende Verkehrssprache war, wo das Hebräische als gottesdienstliche Sprache gebraucht ward, ja im Süden des Landes auch als Umgangssprache noch nicht gänzlich ausgestorben war, wo das galiläische Aramäisch noch gar nicht zur Schriftsprache sich entwickelt hatte, dagegen das mit Aramaismen und Graecismen mehrfach durchsetzte Hebräisch die fast allgemein benützte Literatur-Sprache war, ist mit deutlicher Berücksichtigung dieser Sprachverhältnisse für jede einzelne Person die „Muttersprache" und die „Verkehrssprache", für jedes einzelne literarische Erzeugniss die „Schriftsprache" erst festzustellen.

とでもある。

> 「母語」の概念については，何よりも，イエスの母の言語がどれであったかという問題が議論されるべきだった。彼女はパレスティナ南部出身のベツレヘム人であるので，彼女はそもそもヘブライ語の言い方（Idiom）［をしていた］と考えられる。この仮定は，イスラエルの慰めを待望していたエルサレムのサークルの交流によっていっそう強められる。アラム語のタルグムはまだ存在しなかったので，これらのサークルは旧約聖書の書物から得たヘブライ語の知識によってのみ，その希望を養うことができた[494]。　　　　　　　　　　　　　　　　（Resch 1896: 224）

イエスの母語とは，文字どおり，イエスの母マリアが息子とコミュニケーションを行う際に使用された言語を意味する。当時の言語状況を踏まえるならヘブライ語である，とレシは述べる[495]。この点でレシは，デーリチの「私たちの主とその使徒らは，大部分をヘブライ語で考え，話した」という主張を支持する[496]。

3.4. イエスとアラム語

3.4.1. グスタフ・ダルマン

ダルマンのプロジェクト

18世紀の半ばに，ルター派の神学者 J. A. ボルテン（Johann Adrian Bolten,

---

[494] ［原文］Bei dem Begriffe „Muttersprache" hätte vor allen Dingen die Frage erörtert werden müssen, welches die Sprache der Mutter Jesu gewesen sei. Da dieselbe als Bethlehemitin aus dem Süden Palaestinas stammte, so kommt für sie von vorn herein das hebräische Idiom in Betracht. Durch ihren Verkehr mit denjenigen Kreisen Jerusalems, welche auf den Trost Israels warteten, wird diese Annahme noch bestärkt. Denn ihre Hoffnungen konnten diese Kreise, da es aramäische Targums noch nicht gab, nur mit Kenntniss der hebräischen Sprache aus den Schriften des A. T. nähren.

[495] Resch (1897: 323 n. 1) も併せて参照。

[496] Delitzsch (1883: 31) を参照。

d. 1807）が山上の説教を「ガリラヤのアラム語」に翻訳して以後[497]，歴史的イエス研究の発展とは裏腹に，「イエスのアラム語」の再構の試みは 19 世紀末に至るまで見付けることができない。

19 世紀末，「アラム語福音書の再構」の議論の口火を切ったのは，F. デーリチの弟子であった J. T. マーシャル（John Turner Marshall, d. 1923）であった。マーシャルは，オンケロスのタルグムとパレスティナのタルグムをベースとし，「アラム語福音書の再構」に向けての方法論を体系的に論じた[498]。だが，この「マーシャルのプロジェクト」が具体的な成果を得ることは無かった。

マーシャルに対し，J. ヴェルハウゼン（Julius Wellhausen, d. 1918），E. ネストレ（Eberhard Nestle, d. 1913）はそれぞれシリア語をベースとした再構を提唱した[499]。さらに，A. マイヤー（Arnold Meyer, d. 1934）はシリア語の中でも「エルサレムのシリア語」(*Evangeliarium Hierosolymitanum* に書かれたシリア語）に着目し，これが「イエスの母語」であると論じた[500]。

議論が盛り上がりを見せる中，ライプツィヒ大学の G. ダルマン（Gustaf Hermann Dalman, d. 1941）も「イエスの言語」の再構を目的とする自身のプロジェクトを開始した。ダルマンの計画は大きく 3 段階に分けられていた。

（1）1893 年，ダルマンは『タルムード，ミドラシュ，ゾハル，シナゴーグの典礼の中のイエス・キリスト』（*Jesus Christ in the Talmud, Midrash, Zohar, and the Liturgy of the Synagogue*）と題した著書を公刊した。

これはもともと弟子の H. ライブレ（Heinrich Laible, d. 1920）が 1891 年に公刊した『タルムードの中のイエス・キリスト』（*Jesus Christus im Talmud*）に触発され，これを大幅に増補したものである。この中でダルマンは次のように述べる。

---

[497] Bolten (1768) を参照。
[498] Marshall (1890; 1891a; 1891b; 1892; 1893) を参照。
[499] Wellhausen (1895)，Nestle (1896) を参照。
[500] Mayer (1896) を参照。また Schweitzer ([1906] 2001: 226) も参照。

さらに，ユダヤ人が新約聖書を読むよう誘わねばならない。彼らがそれを精読することは，デーリチ教授が古典的なヘブライ語へ翻訳したことによって魅力的なものとなった。しかし多くのユダヤ人にとって，タルムードの真実を精査することは困難であると告白している。その［タルムードの］権威のため，［ユダヤ人は］無条件の信念を備えているからだ。そのため，私たちの主に関するタルムードの伝統を科学的に調査し，彼らの起源を指摘することは，彼らの側に立つキリスト者の課題となっている[501]。　　　　　　　　　　　　　　　(Dalman and Laible 1893: 5)

キリスト者はタルムードの中に，キリストの言行と教えに関する議論が明確かつ頻繁に行われていると一種の「期待」をしている。ところが実際には，イエスのことはほとんど語られておらず，知られてもいない。つまり，「福音書の中のユダヤ人はキリストをどのように扱ったか」と同じ関心を持ってタルムードを読むとき，キリスト者の間で信じられているほど，タルムードはキリストへの非難に満ちているわけではない[502]。

だが一方では，ユダヤ人自身に科学的なタルムードの精査は困難である，とダルマンは言う。ユダヤ人にとってタルムードの権威はあまりに大きく，その権威に異を唱えかねないような読み方には大きな心情的抵抗を覚えるからである。それゆえ，ユダヤ人の歴史的文献を科学的に精査し，彼らを「真実」に立ち帰らせるには，彼らの側に立つキリスト者の研究が必要だ，というのである。

(2)翌1894年，ダルマンは『パレスティナのユダヤ人アラム語文法』(*Grammatik des jüdisch-palästinischen Aramäisch*) を公刊した。カウチのアラム語の分類に

---

[501] ［原文］[...] and must further induce the Jews to read the New Testament, the perusal of which Prof. Delitzsch has made more attractive for them by his classical translation of it into Hebrew. Since however it is confessedly a difficulty to many a Jew to examine into the truth of the Talmud, in whose authority he comes prepared with an unconditional belief, it is now a task for Christians on their side to examine scientifically the Talmudic traditions concerning our Lord, and to point out their origin.

[502] Dalman and Laible (1893: 5) を参照。

当てはめれば[503],西アラム語(パレスティナのアラム語)の中でもユダヤ人の文書に現れるもの,すなわち,(a)旧約聖書のアラム語(聖書アラム語),(b)新約聖書とヨセフスの著作に現れる語句,(c)タルグム(オンケロス,ヨナタン,偽ヨナタン)のアラム語,(d)ミシュナ,エルサレムのタルムード,バビロニアのタルムードやミドラシュに見られるアラム語を扱ったものになる。

　ただし,ダルマンが実際に扱ったのは,(d)パレスティナのタルムードとミドラシュに加え,(c)オンケロスとヨナタンのタルグム,エルサレムのタルグムであり,これらの言語を指して「パレスティナのユダヤ人アラム語」という呼称を与えた。(b)旧約聖書のアラム語と(b)新約聖書とヨセフスの著作に現れる語句は「パレスティナのユダヤ人アラム語」に含まれず,「イエスと使徒らの言語」についてもほとんど言及がない。

　(3) 1898年,ダルマンは満を持して『イエスの言葉』(*Die Worte Jesu*)を公刊した。彼はここで「パレスティナのユダヤ人アラム語」を「ユダヤ方言」と呼び,「ガリラヤ方言」とは区別する[504]。つまり,パレスティナのアラム語資料の中に,彼がこれまで研究してきた「ユダヤ方言」とは異なる言語的特徴が認められる場合,それは「ガリラヤ方言」であった可能性がある。

　裏を返せば,そのように「ユダヤ方言ではないもの」として除外された言語的特徴を集めたものは,体系的な言語知識と呼ぶことはできない。ここでのダルマンの主眼は「ガリラヤ方言」の体系的な文法記述ではなく,「イエスの言葉を元の言語形式に戻し,ユダヤ文学の助けを借りて説明するという計画」[505]にあった。ダルマンの真の目的は「アラム語福音書の再構」ではなく,あくまで「イエスの言葉の再構」であり,「イエスの言葉をどう解釈するか」

---

[503] Kautzsch (1884) を参照。

[504] Dalman (1898: 63–72) を参照。

[505] [すなわち] "einer Zurückführung der Reden Jesu in ihre urspründgliche sprachliche Gestalt und einer Erläuterung derselben mit Hilfsmitteln des Verständnisses, welche die jüdische Literatur darbietet" (Dalman 1898: v)。

であったのである。ダルマンの解釈の集大成は1922年,『イエスの言葉』(*Die Worte Jesu*) を増補改訂した『イエス＝イェシュア』(*Jesus-Jeschua*) として公刊された[506]。

ヘブライストとヘレニスト

ダルマンは自身のプロジェクトを「イエスの言葉」(*Die Worte Jesu*, 1898年) としてまとめるにあたり,「イエスの言語」「福音書の原語」「ユダヤ人の言語」など, これまで論点となってきたものをすべて取り上げている。

ただし, ヘブライストとヘレニストの定義をめぐる問題については, ダルマンは「ヘブライ語で」('Εβραϊστί) の呼称が示すものに論点を絞っている。ダルマンは, (1) 200年頃に成立したミシュナよりもタルグムの伝統の方が古いこと (ラビ・ガマリエルがヨブのタルグムを神殿の壁に埋めたという話から, キリストの時代には存在していたはずであるという), (2) ヨセフスや新約聖書における社会的階級や祭日の名称がアラム語に由来すること[507], (3) 神殿におけるアラム語の使用 (*j. Soṭah* 24b, cf. *Ant.* 13.10:3), (4) アラム語で書かれた公文書 (*j. Sanh.* 18b), (5) ミシュナにおける売買契約, 結婚証明, 離婚証明などの公文書がほぼアラム語で書かれていること, (6) イエス時代には古ヘブライ文字 (althebräischen) からアラム文字 (aramäischen Schrift) へ移行していること (ルカ16:17, マタ5:18), (7) ミシュナのヘブライ語の構文法と語彙は, アラム語で思考するユダヤ人 (aramäisch-denken-den Juden) によることを示していること (ヘブライ語化されたアラム語であること), (8) ヨセフスは「ヘブライ語で」と「シリア語で」とを使い分けているが, にもかかわらず, ヘブライ語とアラム語とを区別していないこと, またそれはヨハネによる福音書や使徒言行録における「ヘブライ語で」も同じであること。

---

[506] Dalman (1922) を参照。
[507] 彼が挙げる例は次の通り。Φαρισαῖοι = פְּרִישַׁיָּא (ヘブライ語 פְּרוּשִׁים)「ファリサイ派」, Χααναίοι (*Ant.* 3.7:1) = כָּהֲנַיָּא (ヘブライ語 כֹּהֲנִים)「祭司ら」, ἀραβάρχης, χαναράβης = כָּהֲנָא רַבָּא (ヘブライ語 הַכֹּהֵן הַגָּדוֹל)「大祭司」, πάσχα = פִּסְחָא (ヘブライ語 פֶּסַח)「過越祭」, ἀσαρθα (*Ant.* 3.10:6) = עֲצַרְתָּא (ヘブライ語 עֲצֶרֶת)「五旬節」, Φρουραία = פּוּרַיָּא (ヘブライ語 פּוּרִים)「プリム祭」, σάββατα = שַׁבְּתָא (ヘブライ語 שַׁבָּת)「安息日」。

以上を根拠に，ダルマンは次のように結論付ける。

> 使徒言行録6章1節のヘレニストとヘブライスト（Ἑβραῖοι）は，言語によって隔てられたユダヤ民族の2つの区分を示している。もっとも，シュリスト（Συρισταί）［シリア人］の方がヘレニストに正確に対応したことだろう[508]。 　　　　　　　　　　　　　　　（Dalman 1898: 6）

ヘブライストとヘレニストは「言語によって隔てられた」ユダヤ人の2つのグループを表しており，ヘブライストは「アラム語を使用する人々」と同義であるという。しかし，ヘレニストに関しては「シュリスト」，つまり「シリア語を使用する人々」の方が正確であったかもしれないと述べる。つまり，ダルマンは「パレスティナのアラム語を使用する人々」（ヘブライスト）と，「エデッサに由来するシリア語を使用する人々」（ヘレニスト）という線引きを念頭に置いている。

ミシュナのヘブライ語

もし「ヘブライ語で」という表現で（また「シリア語で」という表現でも）アラム語を意味していたのであれば，当時のユダヤ人は，ギリシア語を使用する人々を除けばすべてアラム語を生活語（die gewöhnliche Sprache）としていたことになる。

> 言及されたすべての事実は，ユダヤとガリラヤとの間に区別を設けること，そしてヘブライ語が少なくとも前者［の地］で話されていた［と主張する］ことを許さない。A. ノイバウアーはエッセイ[509]の中で，非常に

---

[508] ［原文］Ἑλληνισταί und Ἑβραῖοι sind nach Apg. 6, 1 die Bezeichnungen der beiden durch die Sprache geschiedenen Teile des jüdischen Volkes gewesen, obwohl Συριστaί dem Ἑλληνισταί genauer entsprochen hätte.

[509] Neubauer (1885) を参照。

大きな改訂が必要であるが，次のように主張した。「エルサレム，またおそらくユダヤの大部分では「現代化ヘブライ語」(das modernisierte Hebräisch) と，比較的純粋な「アラム語」とが存在し，多数のユダヤ人に使用されていた。ガリラヤ人や，近隣地域から移民して来たユダヤ人は自分自身の方言（もちろんアラム語の近縁）と，箴言や祈禱のように一般的なヘブライ語の表現のみ理解できた」。この主張の3つ［の言語］すべてに適切な根拠が欠けている。アラム語に関してガリラヤ人のみの方言も，ユダヤ人の比較的純粋なアラム語も，最後の現代化ヘブライ語も，実際には証明できない[510]。　　　　　　　　　　　　　　(Dalman 1898: 6)

文字として残された言語資料から，その資料を残した社会における言語状況の全体像を再構することはできない。ダルマン自身は，前述のように，ユダヤ方言からガリラヤ方言を区別した。しかし，そのことは「ダルマンの言うユダヤ方言」を「当時のユダヤ人のみが使用していた」ことを意味するのではないし，「ダルマンの言うガリラヤ方言」を「当時のガリラヤ人の言語特徴」と断ずることもできない。

　ノイバウアーの提唱する「現代化ヘブライ語」とはミシュナのヘブライ語を指す[511]。ミシュナのヘブライ語には使用実態が認められるが，そのことは「そのヘブライ語を日常的に使用していた人々」の存在を意味するものではない。むしろ，日常語がアラム語であったからこそ，日常語（アラム語）を排除してヘブライ語を強調しなければならない特殊な領域があったことを示

---

[510] ［原文］Alle genannten Thatsachen erlauben nicht, einen Unterschied zwischen Judäa und Galiläa zu machen, als hätte man in dem ersteren wenigstens teilweise hebräisch gesprochen. A. Neubauer hat in seinem sehr der Revision bedürfenden Aufsatze „The dialects of Palestine in the time of Christ" die Behauptung auf gestellt: „In Jerusalem, und vielleicht auch im grösseren Teile Judäa's, war das modernisierte Hebräisch und einreinerer aramäischer Dialekt bei der Mehrheit der Juden im Gebrauch; die Galiläer und die jüdischen Einwanderer aus den benachbarten Gegenden verstanden nur ihren eigenen Dialekt (der natürlich dem Aramäischen nahe verwandt war) und ausserdem einige geläufige hebräische Ausdrücke, wie Sprichwörter und Gebete". Für alle drei Teile dieser Behauptung fehlt jeder zulängliche Beweis. Weder der dem Aramäischen nur verwandte Dialekt der Galiläer, noch das reinere Aramäisch der Judäer und das modernisierte Hebräisch der letzteren sind wirklich erweislich.

[511] Neubauer (1885: 39) を参照。

唆しうる——ダルマンはこのように述べ,注目すべきは「ミシュナのヘブライ語が存在したこと」ではなく,ミシュナのヘブライ語以前に使用されており(日常語として)古くから生き残っているアラム語の存在であると主張する[512]。

ダルマンの推測によると,ミシュナのヘブライ語が生まれたのはマカバイ戦争以後である。前 163 年にシモンの配下 3,000 人がユダヤを征服し(Ⅰマカ 5:20–23),その数十年後にはヨハネ・ヒルカノスがガリラヤを征服してこの地をユダヤ化した (*Ant.* 13.1:3)。征服された地において,支配的な地位にあった人々が「ユダヤ人」と見なされ,祭司らのヘブライ語が多少は広まった可能性はあるものの,民衆の言語がヘブライ語に置き換わるほどの影響力があったわけではない。ダルマンによれば,民衆はほとんど聖書に接する機会が無く,家庭的なシナゴーグにおいて,日常生活に浸透している祝禱がヘブライ語でなされる程度であったという[513]。それゆえ,ヘブライ語を「パレスティナ南部出身であったイエスの母の言語」というレシの仮定[514]には根拠がない,とダルマンは批判する。

イエスの言語

ここまでの議論に基づき,ダルマンは次のように結論付ける。

> 以上すべてから,イエスはアラム語で育ち,また弟子らや民が理解できるようアラム語を話したに違いない,という結論を導き出さねばならない。貧しい人々に福音を宣教し,律法学者の教えから遠く離れていた彼が,表面的で聞き手に紛らわしいヘブライ語形式の装飾を自分の言葉

---

[512] Dalman (1898: 7) を参照。
[513] Dalman (1898: 7–8) を参照。
[514] Resch (1896: 224) を参照。

(Rede) に施したとは考えられない[515]。　　　　(Dalman 1898: 9–10)

もっとも、ダルマンの文言には、「民衆の側に立つイエス」と「指導的立場にある律法学者」のような対立の構図が、暗黙の前提として織り込まれているように読み取れる。その対立の構図が「民衆のアラム語」と「指導者のヘブライ語」として投影されている。

共観福音書のセム語的特徴

ダルマンによれば、新約聖書に見られる「ヘブライ語的特徴」(Hebraismen) と呼ばれるものは、もちろんヘブライ語によるものではない。そもそもシリアからエジプトに至るまで使用されていたギリシア語は、アラム語の土地言葉 (die aramäische Landessprache) に少なからぬ影響を受けていた。ユダヤ人ヘレニストのギリシア語も例外ではなく、彼らの母語 (Muttersprache) であり、宗教生活の要であったアラム語と絶えず接触していた。もし彼らのギリシア語の中にヘブライ語の影響があるとするなら、彼らの宗教語がアラム語になるより前の段階で取り込まれたもの、という間接的なものに過ぎないという[516]。

それゆえ、福音書に見られるセム語主義 (die Semitismen der Evangelien) は、まず「ユダヤ人のアラム語」(jüdischen Aramäisch) に求められるべきであり、それでは説明が困難である場合にのみ、そのセム語化された表現に対し、ヘブライ語がどれほどの責任を負えるかを検討しなければならない。これがダルマンの基本的な方法論となる。

後者の場合、つまりヘブライ語主義が採用される場合について、ダルマンはいくつかの可能性を挙げる。

---

[515] ［原文］Aus alledem muss der Schluss gezogen werden, dass Jesus in der aramäischen Sprache aufgewachsen ist, und dass er zu seinen Jüngern und zum Volke aramäisch hat reden müssen, um verstanden zu werden. Von ihm, der das Evangelium den Armen predigen wollte und der Lehrweise der Schriftgelehrten fern stand, ist am wenigsten zu erwarten, dass er seine Rede mit dem überflüssigen und den Hörer verwirrenden Schmuck der hebräischen Form versehen hätte.

[516] Dalman (1898: 13) を参照。

(1) その表現を含む基層資料は，いずれかの段階で，ヘブライ語的な形式に組み替えられた（hebräische Formulierung）。
(2) 基層資料をギリシア語に置き換えるプロセスの中で，ギリシア語七十人訳のギリシア語を規範とした。この時の動機として考えられるものは，(a) ギリシア語七十人訳が，キリスト教会における宣教活動，朗読など隅々にまで浸透していた。あるいは (b) 福音書に対して，著者ないし編者の考える「適切な装い」を与えたかった。

ダルマンの考えでは，(2) + (b) が選択されることが多いという。キリスト者ヘレニストの間で「正典」(Kanon) の概念が確立されていなかった当時，新しい礼拝文書を古い形式に一致させるという方法で権威付けを行ったと考えられるためである[517]。

共観福音書のギリシア語的特徴

ダルマンは，従来の福音書のギリシア語研究が「ギリシア語的特徴」(Graecismen) に十分な注意を向けていないと批判する。すなわちギリシア語福音書の中で，セム語に等価な表現が存在しない場合，どのような言語現象が現れ，その背景にあるものは何であったのか，ということである。デーリチ，レシはこの問題を十分に認識していなかったという。

> 主の言葉（Herrenworts）のアラム語の（aramäische）原形が何であったかを知りたい者は，ヘレニストのヘブライ語的特徴（Hebraismen）と同様に，これらのギリシア語的特徴（Graecismen）を排除しなければならない——イエスの口で最低限思考された文言（Wortlaut），またアラム語起源

---

[517] Dalman (1898: 14) を参照。

の使徒の伝統に近い文言に至るためには[518]。　　（Dalman 1898: 15）

たとえば，レシの仮説に従えば，共観福音書の3書はすべてヘブライ語の基層資料を持ち，ただ資料選択と配置が異なるのみ，ということになる。しかし，ギリシア語による等価表現の背後に，ヘブライ語の等価表現が複数存在するということはありうる。また，そもそもヘブライ語の等価表現が存在しない場合（ギリシア語主義の場合），アラム語やアラビア語がその背後に存在すると主張することも可能である。これはレシの方法論の弱点を示しており，そのセム語的特徴を「ヘブライ語」に限定しうる根拠が無いのである。

福音書の原語

　ダルマンは，レシが「共観福音書の原語は総じてセム語であり，おそらくヘブライ語である」と主張したことに対し[519]，反論を試みる。

　ダルマンは，そもそもレシを始めとする研究者らが，聖書という歴史的作品の著者ら（der Verfasser biblischer Geschichtswerke）の活動を著しく過小評価し，逆に翻訳者，写字生，翻訳引用者（いわゆる編集者）を過大評価することに苦言を呈する。それは原文の大胆な読みを許容する行為，あるいは，悪質な作家の行き過ぎを許容する行為でしかないという[520]。

　ヘブライ語で書かれた資料が存在していたとしても，アラム語で発話された「イエスの言葉」と（den aramäisch gesprochenen Worten Jesu），ギリシア語で記された福音書（den griechischen Schriftevangelien）との媒介（die Vermittlerin），つまり中間段階に過ぎなかった可能性もある。こうしてダルマンは「ヘブライ語の福音書原典」の存在を否定する。

---

[518] ［原文］Wer wissen will, welches die aramäische Urgestalt eines Herrenworts gewesen ist, wird ebenso sehr diese Graecismen als jene hellenistischen Hebraismen auszuscheiden haben, um zu einem Wortlaut zu gelangen, welcher im Munde Jesu wenigstens denkbar ist und der aramäischen Urüberlieferung der Apostel am nächsten steht.
[519] レシ自身はヘブライ語かアラム語か決めることは困難であるものの，アラム語はありそうにないと述べただけである。
[520] Dalman (1898: 36) を参照。

ヘブライ語の福音書原典の存在は最初からありそうにないと考えなけれ
ばならなかった。この言語を使用する理由を見て取るのは，容易ではな
いからである。今や，共観福音書における実際のヘブライ語的特徴
(Hebraismen) はギリシア語起源である蓋然性が最も大きいこと，福音
書の本文の変異からヘブライ語の原形を帰納するような以前の試みが失
敗したこと，私たちの福音書の著者らは，少なくとも現在の形態におい
てはヘブライ語にまったく堪能ではなかったことを示している[521]。

(Dalman 1898: 45)

同様にして，ダルマンは「アラム語の福音書原典」というアイデアにも慎重
な態度を取る。そもそも，エウセビオスの証言を除けば，セム語の福音書原
典が存在したという確実な痕跡は無い。私たちが現在知っている実際のアラ
ム語福音書の本文（des Textes der Evangelien in aramäischer Sprache），たとえば
ヒエロニュムスが目撃したという「ヘブライ人による福音書」や，シリア語
ペシッタなどは，ギリシア語の原典（griechischen Originalen）に基づくもので
ある。パレスティナ共同体であっても，ギリシア語で聖書が朗読された後，
口頭のアラム語による書き起こしが行われたからこそ[522]，300年頃のパレス
ティナには土地言葉（Landessprache）の聖書が生まれたのだという。

---

[521] ［原文］ Die Existenz eines Urevangeliums in hebräischer Sprache musste von vorn herein als unwahrscheinlich gelten, weil die Ver anlassung für die Anwendung dieser Sprache nicht wohl einzu sehen war. Wenn nun gezeigt worden ist, wie die eigentlichen Hebraismen der synoptischen Evangelien aller Voraussicht nach griechischen Ursprungs sind, dass die bisherigen Versuche, aus Varianten der Evangelientexte auf ein hebräisches Original zu schliessen, gescheitert sind, und dass Anzeichen dafür vorliegen, dass wenigstens die Verfasser unserer Evangelien in ihrer gegen wärtigen Gestalt des Hebräischen gar nicht mächtig waren, so wird es nicht mehr als voreilig gelten, wenn die Überschrift dieses Abschnitts von „Vermeintlichen Beweisen für ein hebräisches Urevangelium" redete.

[522] ［すなわち］ "Der Vorlesung der heiligen Schriften in griechischer Sprache wurde eine aramäische Übertragung mündlich beigefügt"（Dalman 1898: 46）。

4. 結　論

　ギリシア語新約聖書のギリシア語が「純粋なギリシア語」であるのか「ユダヤ人の（シナゴーグの）ギリシア語」であるのかという問いは，ギリシア語新約聖書に見られる「セム語的特徴」は何であるかという問いと表裏一体である。すでにマイヤーは，新約聖書は当時のユダヤ人の日常語であった「カルデオ・シリア語」の影響を受けていると見なしたが，ヴォルテシウスは「ヘブライ語主義」に満ちていると論じた。さらにボルテンは「シリア語的特徴」が「イエスの言葉」の理解に重要だと指摘し，山上の説教を「ガリラヤのシリア語」に訳す試みをしていた。
　一方，ヴォッシウスは当時のユダヤにおけるギリシア語の優位性を強調し，「イエスの言語」がギリシア語であったと論じたが，R. シモンが反論した。再びギリシア語を「イエスの言語」と論じたのはディオダティであったが，デ・ロッシが反論した。デ・ロッシが反論に用いたアイデアは，プファンクッヘによって「土地言葉」の移行を論じる枠組みへと発展した。すなわち，バビロン捕囚によって「国言葉」であるヘブライ語を失い，離散したユダヤ人が再び連帯するための「土地言葉」が「バビロニア・アラム語」であったのに対し，「ギリシア語」はどれほど優勢であっても「流行言葉」であって「土地言葉」に至らなかったという。
　プファンクッヘが論考を発表する少し前に，シュレーツァーが「セム語」の呼称を提案すると共に，「カルデア語」の呼称を否定して「バビロニア・アラム語」に置き換えた。またルナンが報告しているように，18世紀末にはシリア地方で「生きたシリア語」を使用する人々がヨーロッパに紹介され，ガイガー，ネルデケによって，シリア語は「パレスティナのアラム語」ではなく「北東アラム語」に属することが証明された。それはウィリアム・ライト

が述べたように，アラム語がユダヤ人やキリスト者に由来する言語ではなく「もともとその場に存在していた」ことを意味しており，カウチによって改めて「西アラム語」と「東アラム語」に分類された。

　このようにアラム語の分類が目まぐるしく再編されていく中で，ミシュナのヘブライ語の本質をめぐる議論もなされる。カルプゾフはそれを「ラビの記憶から取り出された純粋なヘブライ語」であると述べ，ゲゼニウスも正典の後期文書（聖書のヘブライ語）の継続であると主張する。しかし，ガイガーはミシュナのヘブライ語を「生きた言語」ではなく，単に過去の事例から論理的に組み立てられたものであり，使用者の内的直観に基づく創造性が失われていたと述べる。それに対し，ノイバウアーはミシュナのヘブライ語を「現代化ヘブライ語」と呼び，エルサレム周辺でなお生きた言語であったと主張する。なお「イエスの言語」の問題に関しては，カルプゾフ，ゲゼニウス，ノイバウアーはミシュナのヘブライ語ではなく，アラム語のガリラヤ方言であると考えていた。しかし，デーリチはイエスが「聖なる言語」で，つまり聖書のヘブライ語で思考し，話していたと主張する。

　レシはイエスが3つの言語（ヘブライ語，アラム語，ギリシア語）を使用していた可能性を挙げる。ただし「イエスの母語」，つまり母マリアと話した言語については，母マリアがベツレヘム出身であるためヘブライ語であったろうと言う。

　ダルマンは，これまで論じられてきた「ユダヤ人の言語状況をめぐる諸問題」「福音書の原語とギリシア語をめぐる諸問題」のすべてが「イエスの言語」の同定に必要と考え，論点を網羅的に整理した。そして「パレスティナのアラム語」から「パレスティナのユダヤ人のアラム語」を取り分け，その中に異質な言語特徴が認められる場合，「イエスの言語」であったろう「ガリラヤ方言」を同定しうると考えた。ダルマンの包括的な論点整理と方法論は，20世紀半ばにユダ砂漠出土文書が発見されるまで広く受け入れられることになる。

終　章

　本研究の背景となった問いは，「イエスの言語」ないし「イエスの時代のユダヤ人の言語」をめぐる先行研究における「議論の嚙み合わなさ」が何に由来するものだろうか，ということであった。利用可能な資料の増加や学術分野の専門化とは裏腹に，ほとんど同じ議論が繰り返されているように思われる。

　本研究はその「嚙み合わなさ」を，各研究者の言語観の違いに由来するものと見なし，それぞれの研究者の言語観が「言語の呼称」に反映されていると仮定した。そして「言語の呼称」と，それによって想定されている「言語活動の場」を丁寧に読み解くことによって，先行研究における様々な言語観を明らかにしようと試みた。

　第1部では，先行研究の言語観を読み解く前に，私たちが使用している「ヘブライ語」の呼称，および「アラム語」の呼称の由来を確認した。

　第1部第1章では，「ヘブライ（人）」の呼称の始まりについて，(1) 楔形文字文書に見られる放浪集団「ハピル」に由来するという見方，(2) 創世記におけるセムの子孫「エベル」に由来するという見方，(3)「ユーフラテス川の向こう側」を意味する「アバル・ナハラ」に由来するという見方を検討した。これらの中で，アケメネス朝ペルシアにおける行政区の呼称であった「アバル・ナハラ」を，そこに住む人々（特にユダヤ人）が内称として受容した可能性があることを指摘した。

　明確に言語を指して「ヘブライ語」と呼称する例は，ヘブライ語旧約聖書

およびそれ以前の文書には確認できない。「場」が多言語であることを示す物語は散見されるが（創世記，士師記），明確な言語の呼称が現れるのは王国時代以後を舞台とする文書となる。列王記（およびイザヤ書，歴代誌の並行箇所），そこでは「アラム語」と「ユダ語」の呼称が用いられ，イザヤ書では（象徴表現と思われるが）「カナン語」の呼称が用いられている。捕囚期以後を舞台とする文書からはアラム語の本文を取り込む例が増加し，その本文を指して「アラム語」と呼ぶこともある（エレミヤ書，エズラ記，ダニエル書）。また，エルサレムへ帰還した人々の描写においては，その子世代の半数が「ユダ語」の理解に困難を覚え，「アシュドド語」「モアブ語」「アンモン語」などを使用するようになっていたとされる（ネヘミヤ記）。

シリア・カナン地方は古代から多言語地域であったが，ヘブライ語旧約聖書各巻の舞台となる時代が下るにつれ，具体的な言語の呼称が用いられるようになる。それはおそらく，捕囚期前後を境に「言語活動の場」が激変したというユダヤ人の記憶に基づくものであろう。だがなお，ヘブライ語旧約聖書の中に「ヘブライ語」の呼称は現れない。

第1部第2章では，明確に言語を指して「ヘブライ語」と呼ぶ例を，ギリシア語七十人訳以後の文字資料から確認した。アリステアスの書簡では形容詞 Ἑβραϊκός を言語と文字に適用する例が見られる。シラ書では明確に「ヘブライ語」を指す副詞 Ἑβραϊστί を初めて確認することができ，ヨハネによる福音書，ヨハネの黙示録ではこれが一貫して用いられる。また，第2マカバイ記では「父祖の言葉で」（τῇ πατρίῳ φωνῇ）の例を初めて確認できるが，第4マカバイ記はそれを「ヘブライ語で」（τῇ Ἑβραΐδι φωνῇ）に修正しており，類似した表現が使徒言行録の「ヘブライ語で」（τῇ Ἑβραΐδι διαλέκτῳ）に見られた。これらの出現分布から，「ヘブライ語」という呼称は初期段階において形容詞（Ἑβραϊκός）として現れ，副詞（Ἑβραϊστί）が広まり，その後に名詞（Ἑβραΐς）が使われたと考えうる。なおゲエズ語のものになるが，ヨベル書には「ヘブライ語」と「創造の言語」が明確に同じものを指す例が見られた。

一方，ヨセフスは各書ごとに「ヘブライ語」を指す表現が異なっている。

『ユダヤ戦記』で用いられていた「父祖の言葉」という象徴表現や,「ヘブライ語に（翻訳）しながら」を意味するἑβραΐζωνは,『ユダヤ古代誌』ではまったく使われていない。『ユダヤ古代誌』では「ヘブライ人（の）」(Ἑβραῖοι)を言語や文字に適用する例が半数を占め，形容詞(Ἑβραϊκός)や副詞(Ἑβραϊστί)を用いる表現は少なく，語句構造も統一性が無い。また名詞(Ἑβραΐς)は使われていない。

　ヘブライ語やアラム語の文書において「ヘブライ語」および関連呼称を確認しうるのは，ギリシア語の文書に比べて時期が遅い。クムラン文書(4Q464)において初めて「聖なる言語」(לשון הקודש)が見られ，ミシュナ (m. Soṭah, m. Yebam.) にも確認できるが，どちらもごく少数である。またミシュナにおいて，明確に言語を指して「ヘブライ語」(עברית)と呼称する例を1例確認できた。これらの出現分布から，「ヘブライ語」という呼称はもともとギリシア語圏の人々から与えられた「外称」として始まったと推測しうる。

　第1部第3章では,「アラム語，シリア語，カルデア語」が同一言語を指す呼称とされた経緯を確認した。前7世紀にアッシリアがオリエント地方を手中に収めると，ギリシア語圏の人々はアッシリアの勢力圏に住む人々を総じて「アッシリア人」または「シリア人」と呼称した。しかし「シリア人」と呼ばれた人々は，それぞれに自分たちを指す呼称を持っており，また類似した言語を使用する人々を総称して「アラム」と呼んでいた。ヘブライ語旧約聖書は「アラム」の呼称を知っているが，「シリア」の呼称を知らない。ギリシア語七十人訳はギリシア語圏の言語慣習に従い,「アラム」をもっぱら「シリア」に訳し替えた。

　一方では，遅くとも前1世紀までには，レヴァントを指す「シリア」の呼称と，メソポタミアを指す「アッシリア」の呼称が分離し，さらに「シリア人」という呼称が「キリスト者」を指す内称として受容され始めた。ラビ文書では，ヘブライ語旧約聖書が「アラム」と呼んでいた一帯をギリシア語七十人訳と同様「シリア」と呼ぶようになり，さらに「シリア人」を「キリスト者」を指すものとして用い始めた。逆に「アラム人」は「異教徒」を指すものとして用いられるようになる。

「カルデア語」と呼称される言語の実態は不明である。フィロンは明らかに「聖書のヘブライ語」を指して「カルデア語」と呼んでいる。「カルデア語」を「アラム語（シリア語）」と同定したのはヒエロニュムスと考えられるが，文脈を見る限り，「ヘブライ文字で書かれたアラム語（シリア語）」のことを，「シリア文字で書かれたシリア語」と区別して「カルデア語」と呼んでいたように思われる。なお，今日では「カルデア」の地でペルシア語，メディア語，アルメニア語，クルド語などが使用されていたことが分かっており，「カルデア語」という呼称は誤ったものとして否定されている。

　以上のように，第1部では「ヘブライ語，アラム語」の呼称の由来を確認し，その使用文脈から想定される「言語活動の場」の分析・検討を行った。第2部では先行研究における言語の呼称に基づき，各研究者の言語観を浮き彫りにする。

　第2部第1章では，ユダヤ人共同体とキリスト者共同体の言語観，さらにキリスト者共同体の中でもギリシア・ラテン教父とシリア教父の言語観の違いを，「創造の言語」および「イエスの言語」との関連で読み解いた。ギリシア・ラテン教父の言語観では，「創造の言語」はヘブライ語であると考えられていた。ただし，その場合の「ヘブライ語」とは，ユダヤ人に与えられた民族語と同じであると考える立場もあれば（オリゲネス，ヒエロニュムス），キリストによって回復された「真のヘブライの生き方」に倣う者たち，すなわちキリスト者に与えられるものだと考える立場も存在する（エウセビオス）。いずれにしても，ヘブライ語は「選ばれた民」に与えられたものと考えられた。

　それに対し，シリア教父にとっての「創造の言語」とはシリア語であった。そしてシリア語が変質したもの，つまり「創造の言語」に不純物の持ち込まれたものがヘブライ語であった。そのようなヘブライ語によって，神がイスラエルに自己を啓示したのは，ひとえに「神のへりくだり」を表すものに他ならなかった。

　この時代の議論には，イエス自身の言語についての問いや関心が見られな

い。イエスが「創造の言語」を回復させた者だと主張するエウセビオスに対し，シリア教父はイエスが「啓示の言語」つまりヘブライ語を使用していたことを暗黙の前提としているように思われる。

　第2部第2章では，人文主義の時代における「ヘブライ語」「カルデア語」「シリア語」「エルサレム語」「シロ・カルデア語」の呼称について，どのような意図のもとで用いられていたかを読み解いた。ヘブライ語文法学の成立は，ラビ文書を「言語資料」と見なし，その記述を基に「ヘブライ語史」を再構するという視点を加えた。その「ヘブライ語史」はエリアス・レヴィタを通して人文主義時代のヨーロッパにもたらされ，「ヘブライ語はバビロン捕囚以後に忘れられ，アラム語が取って代わった」という言語史観が一般化した。

　しかし，バビロン捕囚以後の「いつ」ヘブライ語が失われたかについて，必ずしも一致した見解は無かった。マイヤーはヘブライ語が書き言葉として生き延びた反面，話し言葉は変質して「シロ・カルデア語」になり，それが「イエスの言語」でもある「エルサレム語（タルグムの言語）」になったと論じた。レーシャーはその「シロ・カルデア語」の中でも，新約聖書に見られるような「古ヘブライ語的特徴」を含むものを「新ヘブライ語」と呼び，これが「イエスの言語」であったとする。カルプゾフもレーシャーと同様であり，かつ，それはミシュナのヘブライ語とは異なるものと見なす。彼らの主張に対し，ウォルトンはユダヤ人が「カルデア語」に移行したのはカルデア時代であるとし，それはまた「シリア語」と同じであるという意味で「シロ・カルデア語」であると述べる。

　一方では「ヘブライ語はシリア語と同じである」というシリア教父の言語観も，人文主義の時代のヨーロッパにもたらされた。大きな影響力を持ったのはヴィトマンシュテッターによるシリア語聖書の公刊であり，そこでは「シリア語」が「イエスの言語」であったと表明された。マロン派のアミラも「カルデア語」「バビロニア語」「アッシリア語」「シリア語」「アラム語」そして「ヘブライ語」はすべて同じであると論じた。彼らの主張に対し，スカリゲルは「シリア語」という呼称の多義性（言語グループとしての「シリア語」

と個別言語としての「シリア語」)を避け、言語グループの呼称を「アラム語」と呼び、さらに個別言語の「シリア語」の内部にもいくつかの方言を認めた。「イエスの言語」は「シリア語」の中でも「ガリラヤ方言」となる。ウォルトンは「イエスの言語」をシリア語ではなく「ヘブライ語とカルデア語の混淆語」と見なすが、それは結局のところ「シロ・カルデア語」とも「カルデア語」とも「シリア語」とも呼ばれるものだと述べることで、ヴィトマンシュテッターとスカリゲルを仲裁する立場に自らを置く。

　古代におけるユダヤ人的言語観、ギリシア教父的言語観、シリア教父的言語観は、形を変えてなお引き継がれたと言えよう。ユダヤ人的言語観は「ヘブライ語史観」として、シリア教父の言語観は「シリア語史観」として、人文主義の時代のヨーロッパで混ざり合った。「カルデア語」「シリア語」「シロ・カルデア語」「エルサレム語」などの呼称は、それぞれの立場を反映して多様な使われ方をされていたのである。

　第2部第3章では、17世紀から18世紀にかけての「マタイによる福音書」の原語をめぐる議論、ならびにヘブライストとヘレニストに関する議論を、「どのように言語が語られているか」という観点から読み解いた。

　16世紀、ミュンスターとデュ・ティレによってそれぞれヘブライ語の「マタイによる福音書」が公刊されたことにより、「マタイによる福音書は本当にヘブライ語で書かれたのか」という議論が巻き起こった。ヴァーゲンザイルは、マタイによる福音書はもともとギリシア語で書かれたと主張し、それゆえギリシア語によるものこそ「神に霊感されたもの」であると論じた。それに対し、R. シモンは、教父が伝える「ヘブライ語で」とは「カルデア語またはシリア語で」の意味であり、プロテスタントの学者らが伝承を否定するのは単に彼らの聖書主義に都合が悪いからだと喝破する。レーシャーはプロテスタントであったが、新約聖書の「ヘブライ語で」を文字通り解釈すべきである（ただし実体は彼の提唱する「新ヘブライ語」である）と主張した。ツェドラーの百科事典はこの時代の議論を総括し、カトリックの学者は教父伝承を擁護し、プロテスタントの学者は「ギリシア語以外の原典が失われた」

という結論を避ける傾向にあると記す。

　ヘブライストとヘレニストをめぐる議論は，ユダヤ人が「純粋なヘブライ語」でも「純粋なカルデア語」でもない混淆語（シロ・カルデア語）を使用していたのなら，ユダヤ人のギリシア語も混淆語であったのではないか，というアイデアに基づく。ハインシウスはそのようなギリシア語を「ヘレニスト語」と呼び，これが「新約聖書の言語」であると主張した。対してサルマティウスは「ヘレニスト語」を完全否定し，ヘブライストとヘレニストの違いは，シナゴーグで朗読される聖書本文がヘブライ語（シリア語の通訳を含む）であったか，ギリシア語であったかの違いであると主張した。R. シモンは両者を仲裁，止揚する形で，「ヘレニスト語」を「シナゴーグのギリシア語」と言い換え，ヘレニストを「純粋なギリシア語」の使用者であると再定義した。

　イエスと同時代のユダヤ人の言語をどう見るのかは，新約聖書の原語に関する問いや，ギリシア語の諸問題と絡み合い，聖書主義を掲げるプロテスタントの学者らと，カトリックの学者らとで互いに自身の立場を擁護するような様相を呈したのである。

　第2部第4章では，イエス自身の言語についての関心が生じた時代に，セム語研究，アラム語研究の観点から何が論じられていたのかを読み解いた。

　ギリシア語新約聖書のギリシア語が「純粋なギリシア語」であるのか「ユダヤ人の（シナゴーグの）ギリシア語」であるのかという問いは，ギリシア語新約聖書に見られる「セム語的特徴」は何であるかという問いと表裏一体である。すでにマイヤーは，新約聖書は当時のユダヤ人の日常語であった「カルデオ・シリア語」の影響を受けていると見なしたが，ヴォルテシウスは「ヘブライ語主義」に満ちていると論じた。さらにボルテンは「シリア語的特徴」が「イエスの言葉」の理解に重要だと指摘し，山上の説教を「ガリラヤのシリア語」に訳す試みをしていた。

　一方，ヴォッシウスは当時のユダヤにおけるギリシア語の優位性を強調し，「イエスの言語」がギリシア語であったと論じたが，R. シモンが反論した。再びギリシア語を「イエスの言語」と論じたのはディオダティであったが，

デ・ロッシが反論した。デ・ロッシが反論に用いたアイデアは，プファンクッヘによって「土地言葉」の移行を論じる枠組みへと発展した。すなわち，バビロン捕囚によって「国言葉」であるヘブライ語を失い，離散したユダヤ人が再び連帯するための「土地言葉」が「バビロニア・アラム語」であったのに対し，「ギリシア語」はどれほど優勢であっても「流行言葉」であって「土地言葉」に至らなかったという。

プファンクッヘが論考を発表する少し前に，シュレーツァーが「セム語」の呼称を提案すると共に，「カルデア語」の呼称を否定して「バビロニア・アラム語」に置き換えた。またルナンが報告しているように，18世紀末にはシリア地方で「生きたシリア語」を使用する人々がヨーロッパに紹介され，ガイガー，ネルデケによって，シリア語は「パレスティナのアラム語」ではなく「北東アラム語」に属することが証明された。それはウィリアム・ライトが述べたように，アラム語がユダヤ人やキリスト者に由来する言語ではなく「もともとその場に存在していた」ことを意味しており，カウチによって改めて「西アラム語」と「東アラム語」に分類された。

このようにアラム語の分類が目まぐるしく再編されていく中で，ミシュナのヘブライ語の本質をめぐる議論もなされる。カルプゾフはそれを「ラビの記憶から取り出された純粋なヘブライ語」であると述べ，ゲゼニウスも正典の後期文書（聖書のヘブライ語）の継続であると主張する。しかし，ガイガーはミシュナのヘブライ語を「生きた言語」ではなく，単に過去の事例から論理的に組み立てられたものであり，使用者の内的直観に基づく創造性が失われていたと述べる。それに対し，ノイバウアーはミシュナのヘブライ語を「現代化ヘブライ語」と呼び，エルサレム周辺でなお生きた言語であったと主張する。なお「イエスの言語」の問題に関しては，カルプゾフ，ゲゼニウス，ノイバウアーはミシュナのヘブライ語ではなく，アラム語のガリラヤ方言であると考えていた。しかし，デーリチはイエスが「聖なる言語」で，つまり聖書のヘブライ語で思考し，話していたと主張する。

レシはイエスが3つの言語（ヘブライ語，アラム語，ギリシア語）を使用

していた可能性を挙げる。ただし「イエスの母語」，つまり母マリヤと話した言語については，母マリヤがベツレヘム出身であるためヘブライ語であったろうと言う。

　ダルマンは，これまで論じられてきた「ユダヤ人の言語状況をめぐる諸問題」「福音書の原語とギリシア語をめぐる諸問題」のすべてが「イエスの言語」の同定に必要と考え，論点を網羅的に整理した。そして「パレスティナのアラム語」から「パレスティナのユダヤ人のアラム語」を取り分け，その中に異質な言語特徴が認められる場合，「イエスの言語」であったろう「ガリラヤ方言」を同定しうると考えた。ダルマンの包括的な論点整理と方法論は，20世紀半ばにユダ砂漠出土文書が発見されるまで，広く受け入れられることになる。

　以上のようにして，本研究は各研究者の様々な言語観を明らかにし，それを軸とした研究史の基礎を構築することにある程度は成功したものと考える。そしてこの研究を通じて，「イエスの言語」ないし「イエスの時代のユダヤ人の言語」をめぐる先行研究の「議論の噛み合わなさ」が，互いの言語観を理解することの困難さに由来することを示すことができたと考える。

　「イエスの言語」をめぐる諸問題の解決には，まず私たちが互いの言語観を理解し合わなければならない。

今後の展望

　本書は「なぜアラム語だけがイエスの言語と見なされるようになったのか」という問い（R. ブースの言う'exclusive Aramaic theory'）を解明するため，「イエスの時代のユダヤ人の言語」をめぐる研究史を再評価した。その結果，かつて「カルデア語，シリア語，タルグム語，エルサレム語」など様々な呼び名があり，今日では「アラム語／アラム諸語」と呼ばれうるものを，どのように位置付けるべきかという試行錯誤の歴史であったことも明らかになった。

　序論で述べたように，1947年のクムラン文書発見を皮切りに，大量のユダ砂漠文書が発見された後，「イエスの時代のユダヤ人の言語」をめぐる研究状況は大きく変化した。そこに含まれる大量のヘブライ語文書（後期聖書ヘブ

ライ語，クムラン・ヘブライ語，ミシュナ・ヘブライ語）は，それまで想定されていたよりも，ヘブライ語が日常的に使用されていた実態を明らかにした。

一方で，クムラン文書の発見に先立つこと半世紀，19世紀末から20世紀初頭にかけてカイロ・ゲニザ文書の発見という出来事があった。G. ダルマンが'exclusive Aramaic theory'の基礎に置いた「パレスティナのユダヤ人アラム語」の実態がゲニザ文書によっていっそう明らかになることが期待された（M. ブラック）。その流れと同じように，ユダ砂漠文書の発見が，「パレスティナのユダヤ人アラム語」の解明に寄与することが期待された（F. A. フィッツマイヤー）。だが，今なお「イエスの時代のアラム語」の実態解明は進んでいるとは言い難い。

本書はダルマンによる'exclusive Aramaic theory'の確立に至るまでを扱ったが，実際のところ，「イエスの時代のユダヤ人の言語」をめぐる議論は20世紀，言語資料が急増してから新たな局面を迎えた。ヘブライ語，アラム語，ギリシア語の3言語共存（trilingualism），3言語併用（triglossia）といった古典的な社会言語学的議論に加え，各言語の変異，書き言葉と「言語スタンダード」の確立，「言語スタンダード」を「言語アイデンティティ」として共有するグループの出現。今後はこのような「現代における研究の様相」についても分析を深めていく必要があるだろう。

参考文献

本書に関連する文献は広い時代にまたがるため，便宜上，G. ダルマンによって 'exclusive Aramaic theory' が完成した 19 世紀末までのもの（第 2 部で記述した時代に関するもの）と，それ以降の時代のものに大別した。

第 2 部で扱った時代に関する文献

Abbott, Edwin A. (1906) *Johannine Grammar*, London: A. & C. Black.

Adler, Jacob Georg Christian (1798) *Novi Testamenti Versiones Syriacae Simplex, Philoxeniana et Hierosolymitana*, Copenhagen: Johann Friedrich Schultz.

Ambrosius, Theseus (1539) Introductio ad Chaldaicam linguam, Syriacam, atque Armenicam, et decem alias linguas, Pavia.

Amira, Georgius (1596) *Grammatica Syriaca sive Chaldaica*, Romae: Typographia Linguarum externarum.

Blass, Friedrich (1898) *Philology of the Gospels*, London: Macmillan.

Blumenfeld, Ignaz (1856–1863) *Ozar Nechmad: Briefe und Abhandlungen jüdische Literatur betreffend von den bekanntesten jüdischen Gelehrten*, 4 vols., Wien: Schlossberg's Buchhandlung.

Bolten, Johann Adrian (1768) *Die Bergpredigt Jesu in einer neuen Uebersetzung mit Anmerkungen*, Hamburg.

Bolten, Johann Adrian (1792) *Der Bericht des Matthäus Der Bericht des Matthäus von Jesu dem Messia*, Altona.

Browne, William George (1799) *Travels in Africa, Egypt, and Syria, from the Year 1792 to 1798*, London: T. Cadell and W. Davies.

Burckhardt, John Lewis (1822) *Travels in Syria and the Holy Land*, London: John Murray.

Buxtorf, Johann (1639) *Lexicon Chaldaicum, Talmudicum et Rabbinicum*, Basel.

Buxtorf, Johann (1662) *Dissertationes Philologico-theologicae*, Basel.

Calovius, Abraham (1676) *Biblia Novi Testamenti Illustrata*, Typis & Sumptibus Balthasaris Christophori Wustii.

Carpzov, Johann Gottlob (1728) *Critica Sacra Veteris Testamenti*, Leipzig.

Charles, Robert Henry (1902) *The Book of Jubilees or The Little Genesis*, London: Adam & Charles Black.

Cohen, Araraham (1912) "Arabisms in Rabbinic Literature," *Jewish Quarterly Review*, Vol. 3.2, pp. 221–233.

Cramer, John Anthony (1835–1837) A*necdota Graeca e. codd. manuscriptis Bibliothecarum Oxoniensum*, Vol. 1-4, Oxford: Academic.

Credner, Karl August (1836) *Einleitung in das Neue Testament*, Vol. 1, Halle.

Cremer, Herman (1895) *Biblico-Theological Lexicon of the New Testament Greek*, Edinburgh: T. & T. Clark.

Dalman, Gustaf Hermann, and Heinrich Laible (1893) *Jesus Christ in the Talmud, Midrash, Zohar, and the Liturgy of the Synagogue*, Cambridge: C. J. Clay.

Dalman, Gustaf Hermann (1894) *Grammatik des Jüdisch-Palästinischen Aramäisch, nach den Idiomen des palästinischen Talmud und Midrasch, des Onkelostargum (Cod. Socini 84) und der Jerusalemischen Targume zum Pentateuch*, Leipzig: J. C. Hinrichs'sche Buchhandlung.

Dalman, Gustaf Hermann (1898) *Die Worte Jesu mit Berücksichtigung des nachkanonischen jüdischen Schrifttums und der aramäischen Sprache erörtert*, Leipzig.

Dalman, Gustaf Hermann (1902) *The Word of Jesus: Considered in the Light of Post-Biblical Jewish Writings and the Aramaic Language*, D. M. Kay (trans.), Edinburgh: T. & T. Clark.

Dalman, Gustaf Hermann (1905) *Grammatik des Jüdisch-Palästinischen Aramäisch, nach den Idiomen des palästinischen Talmud, des Onkelostargum und Prophetentargum und der Jerusalemischen Targume*, 2 Auflage, Leipzig: J. C. Hinrichs'sche Buchhandlung.

Dalman, Gustaf Hermann (1922) *Jesus–Jeschua: die drei sprachen Jesu-Jesus in der Synagoge, auf dem Berge, beim Passahmahl, am Kreuz*, Leipzig: J. C. Hinrichs'sche Buchhandlung.

Dalman, Gustaf Hermann (1929) *Jesus–Jeshua: Studies in the Gospels*, Philip Levertoff (trans.), London: SPCK.

Deissmann, Gustav A. (1895) *Bibelstudien*, Marburg: N. G. Elwert'sche Verlagsbuchhandlung

Deissmann, Gustav A. (1897) *Neue Bibelstudien: sprachgeschichtliche Beiträge, zumeist aus den Papyri und Inschriften, zur Erklärung des Neuen Testaments*, Marburg: N. G. Elwert'sche Verlagsbuchhandlung.

Deissmann, Gustav A. (1901) *Bible Studies: Contributions Chiefly from Papyri and Inscriptions to the History of the Language, the Literature, and the Religion of Hellenistic Judaism and Primitive Christianity*, Alexander James Grieve (trans.), Edinburgh: T. & T. Clark.

Deissmann, Gustav A. (1907) *New Light on the New Testament from Records of the Graeco-*

Roman Period, Lionel R. M. Strachan (trans.), Edinburgh: T. & T. Clark.

Deissmann, Gustav A. (1908) *Licht vom Osten*, Tübingen: Mohr.

Deissmann, Gustav A. (1908) *The Philology of the Greek Bible*, Lionel R.M. Strachan (trans.), London: Hodder & Stoughton.

Deissmann, Gustav A. (1927) *Light from the Ancient East: The New Testament Illustrated by Recently Discovered Texts of the Graeco-Roman World*, rev. ed. of 1910, Lionel R. M. Strachan (trans.), London: Hodder & Stoughton.

Deissmann, Gustav A. (1991) "Hellenistic Greek with Special Consideration of the Greek Bible," in Stanley E. Porter (ed.), pp. 39–59.

Delitzsch, Franz Julius (1856) "Talmudische Studien, X. Bethesda," *Zeitschrift für die gesammte lutherische Theologie und Kirche*, Leipzig, 622–624.

Delitzsch, Franz Julius (1870) *Paulus des Apostels Brief an die Römer*, Leipzig.

Delitzsch, Franz Julius (1877) הברית החדשה, Leipzig.

Delitzsch, Franz Julius (1883) *The Hebrew New Testament of the British and Foreign Bible Society: A Contribution to Hebrew Philology*, Leipzig: Dörffling & Franke.

Delitzsch, Franz Julius (1984) "The Hebrew New Testament of the British and Foreign Bible Society: A Contribution to Hebrew Philology," in Carmignac (ed.), pp. xxvi–xxvii.

Delitzsch, Friedrich (1903) *Babel und Bibel*, Chicago: The Open Court Publishing Company.

Delitzsch, Friedrich (1920-1921) *Die große Täuschung*, 2 vols., Stuttgart: Deutsche Verlags-Anstalt.

Dieu, Lodewijk de (1639) *Critica Sacra, sive animadversiones in loca quædam difficiliora Veteris et Novi Testamenti*, Amsterdam: Gerardus Borstius.

Diodati, Domenicus (1767) *De Christo Graece Loquente Exercitatio: qua ostenditur Graecam sive Hellenisticam linguam cum Iudaeis omnibus, tum ipsi adeo Christo Domino & Apostolis nativam ac vernaculam fuisse*, Neapoli: Iosephus Raymundus.

Eichhorn, Johann Gottfried (ed.) (1781) *Repertorium für biblische und morgenländische Litteratur*, Leipzig: Weidmanns Erben und Reich.

Eichhorn, Johann Gottfried (ed.) (1798) *Allgemeine Bibliothek der biblischen Litteratur*, Band 8/3, Leipzig: Weidmannsche Buchhandlung.

Erasmus, Desiderius (1522) *Paraphrasis in Evangelium Matthaei*, Basel: Johann Froben.

Erizzo, Franciscus Miniscalchi (1861–1864) *Evangeliarium Hierosolymitanum ex codice Vaticano Palaestino*, 2 vols., Veronae: Vicentini et Franchini.

Ferrette, Jules (1863) "On a Neo-Syriac Language, still spoken in the Anti-Lebanon," *Journal of the Royal Asiatic Society*, Vol. 20, pp. 431–436.

Geiger, Abraham (1845) *Lehr- und Lesebuch zur Sprache der Mischnah*, Breslau: Leuckart.

Geiger, Abraham (1864) "Ozar Nechmad: Briefe und Abhandlungen jüdische Literatur betreffend von den bekanntesten jüdischen Gelehrten. Herausgegeben von Ignaz Blumenfeld. Vierter Jaggang. Wien 1863. 214 SS. 8.," *Zeitschrift der Deutschen Morgenländischen Gesell-*

schaft, Vol. 18, pp. 648–660.

Gerhard, Johannes (1654) *Methodus Studii Theologici*, Lipsiae: Fuhrmann.

Gesenius, Wilhelm, and Samuel Prideaux Tregelles (trans.) (1846) *Gesenius' Hebrew and Chaldee Lexicon to the Old Testament Scriptures*, London: Samuel Bagster.

Gesenius, Wilhelm (1815) *Geschichte der hebräischen Sprache und Schrift*, Leipzig: F. C. W. Vogel.

Grassius, Salomon (1725) *Philologia Sacra*, Lipsiae.

Heinsius, Daniel (1627) *Aristarchus Sacer, sive ad Nonni in Iohannem Metaphrasin Ecercitationes*, Leiden.

Heinsius, Daniel (1628) *Illustriss viri Iosephi Scaligeri, Iulii Caes à Burden F. Epistolae: omnes quae reperiri potuerunt, nunc primum collectae ac editae. Caeteris praefixa est ea quae est de gente Scaligera, in qua de autoris vita, & sub finem Danielis Heinsii de morte eius altera*, Francofurti: Sumptibus Aubriorum & Clementis Schleichii.

Heinsius, Daniel (1639) *Sacrarum exercitationum ad novum testamentum libri XX*, Lvgdvni: Officina Elseviriorum.

Herbst, Adolf (1879) *Des Shemtob ben Shaprut hebraeische Übersetzung des Evangeliums Matthaei nach den Drucken des S. Münster und J. du Tillet–Mercier*, neu herausgegeben, Göttingen: Dieterich.

Hilliger, Johann Wilhelm (1679) *Summarium Linguae Aramaeae, i.e. Chaldaeo-Syro-Samaritanae: olim in Academia Wittebergensi orientalium linguarum consecraneis, parietes intra privatos, praelectum, & nunc, ad rogatus φιλαραμαίων crebiores publico bono commodatum*, Sumtibus haered. D. Tobiae Mevii & Elerti Schumacheri, per Matthaeum Henckelium.

Holtzmann, Heinrich Julius (1863) *Die Synoptischen Evangelien*, Leipzig.

Hug, Johann Leonhard (1826) *Einleitung in die Schriften des Neuen Testaments*, Stuttgart: J. G. Cotta.

Humboldt, Wilhelm von (1836) Über die Verschiedenheit des menschlichen Sprachbaues und ihren Einfluß auf die geistige Entwickelung des Menschengeschlechts, Bonn: Dümmler.

Kautzsch, Emil, and Charles R. Brown (1884) "The Aramaic Language," *Hebraica*, Vol. 1.2, pp. 98–115.

Kimhi, Moshe (1531) *Grammatica Rabbi Mosche Kimhi, comentario Eliae Leuitae*, Sebastian Münster (trans.), Andream Cratandrum.

Klostermann, August (1883) *Probleme im Aposteltexte*, Gotha: Friedrich Andreas Berthes.

Lagarde, Paul de (1892) *Evangeliarium hierosolymitanum Bibliothecae syriacae*, Göttingen.

Laible, Heinrich (1891) *Jesus Christus im Talmud*, Annesley William Streane (trans.), Berlin: P. Reuther's Bersagsbuchhandlung.

Layard, Austen Henry (1849) *Nineveh and Its Remains*, 2 vols., London: John Murray.

Land, Jan Pieter Nicolaas (1868–1875) *Anecdota Syriaca*, 4 vols., Lugdunum Batavorum: Brill.

Levita, Elias (1541) מתורגמן (Metourgaman): *Dictionnaire étymologique, biblique et grammatical en Hèbreu et en langue Chaldaïque*, Isnæ in Algavia.

Lewis, Agnes Smith, and Margaret Dunlop Gibson (1899) *The Palestinian Syriac Lectionary of the Gospels: re-edited from two Sinai MSS. and from P. de Lagarde's edition of the "Evangeliarium Hierosolymitanum"*, London: Samuel Bagster.

Lightfoot, John (1658) *Horæ Hebraicæ et Talmudicæ in quatuor Evangelistas*, Lipsiae: Sumptibus Haeredum Friderici Lanckisii.

Lightfoot, John (1679) *Horæ Hebraicæ et Talmudicæ in acta Apostolorum, Patrem aliqvam epistolæ ad Romanos, et Priorem ad Corinthios*, Lipsiae: Sumptibus Haeredum Friderici Lanckisii.

Löscher, Valentin Ernst (1706) *De causis linguae Ebraeae, libri III. In quibus magna pars Ebraismi posterioribus curis restituitur, incetra & ambigua ad regulas reducuntur, Historia lingvae, genius, fines & singularia ejusdem enarrantur, deniqve*, Grosius.

Marshall, John Turner (1890) "Did St. Paul Use a Semitic Gospel?" *The Expositor*, Vol. 2, Fourth series, pp. 69–80.

Marshall, John Turner (1891a) "The Aramaic Gospel," *The Expositor*, Vol. 3, 4th series, pp. 1–17, 109–124, 205–220, 275–291, 375–390, 452–467.

Marshall, John Turner (1891b) "The Aramaic Gospel," *The Expositor*, Vol. 4, 4th series, pp. 208–223, 373–388, 435–448.

Marshall, John Turner (1892) "The Aramaic Gospel," *The Expositor*, Vol. 6, 4th series, pp. 81–97.

Marshall, John Turner (1893) "The Aramaic Gospel," *The Expositor*, Vol. 8, 4th series, pp. 176–192.

Mayer, Bartholomaeus (1629) *Philologia Sacra: Continens Prodromum Chaldaismi sacri, in quo ejusdem causa eruitur, ac Sylloge vocabulorum Aegyptiacorum, Graecorum & Latinorum, quae in Veteris Instrumenti authentico codice, partim revera, partim opinione quorundam habentur, exhibetur*, Vol. 1, Grosius.

Mayer, Bartholomaeus (1631) *Philologia Sacra: Continens Prodromum Chaldaismi sacri, in quo ejusdem causa eruitur, ac Sylloge vocabulorum Aegyptiacorum, Graecorum & Latinorum, quae in Veteris Instrumenti authentico codice, partim revera, partim opinione quorundam habentur, exhibetur*, Vol. 2, Grosius.

Meyer, Arnold (1896) *Jesu Muttersprache: Das galiläische Aramaisch in seiner Bedeutung für die Erklärung der reden Jesu und der evangelien Überhaupt*, Freiburg: Mohr Siebeck.

Michaelis, Johann David (1769–1780) *Spicilegium geographiae hebraeorum exterae post Bochartum*, Goettingae: Sumtibus Viduae Vandenhoeck.

Moulton, James Hope (1901) "Grammatical Notes from the Papyri," *Classical Review*, Vol. 15, pp. 31–39, 434–442.

Moulton, James Hope (1901) "Notes from the Papyri," *Expositor*, Vol. 3, Sixth Series, pp. 271–282.
Moulton, James Hope (1903) "Notes from the Papyri," *Expositor*, Vol. 7, Sixth Series, pp. 104–121.
Moulton, James Hope (1903) "Notes from the Papyri," *Expositor*, Vol. 8, Sixth Series, pp. 423–439.
Moulton, James Hope (1904) "Characteristics of New Testament Greek," *Expositor*, Vol. 10, Sixth Series, pp. 23–34, 168–174, 276–283, 353–364, 440–450.
Moulton, James Hope (1904) "Characteristics of New Testament Greek," *Expositor*, Vol. 9, Sixth Series, pp. 67–75, 215–225, 310–320, 359–368, 461–472.
Moulton, James Hope (1904) "Grammatical Notes from the Papyri," *Classical Review*, Vol. 18, pp. 106–112, 151–155.
Moulton, James Hope (1908) *Prolegomena, Vol. 1 of A Grammar of New Testament Greek*, 3rd ed., Edinburgh: T. & T. Clark.
Moulton, James Hope (1909) "New Testament Greek in the Light of Modern Discovery," in Swete (ed.), pp. 461–505.
Moulton, James Hope (1929) *Accidence and Word-Formation, Vol. 2 of A Grammar of New Testament Greek*, Edinburgh: T. & T. Clark.
Moulton, James Hope (1991) "New Testament Greek in the Light of Modern Discovery," in Stanley E. Porter (ed.), repr. Moulton (1909), pp. 167–173.
Moulton, James Hope and George Milligan (1914–1929) *The Vocabulary of the Greek Testament Illustrated from Papyri and Other Non-Literary Sources*, London: Hodder & Stoughton.
Münster, Sebastian (1537) *Evangelium Secundum Matthæum in Lingua Hebraica, cum uersione latina atque succinctis annotationibus*, Henrici Petritypis.
Müller, Max Johann (1908) *Johann Albrecht v. Widmanstetter 1506–1557: sein Leben und Wirken*, Bamberg: Verlag der Handels Druckerei.
Nestle, Eberhard (1896a) *Bemerkungen über dieur Gestalt der Evangelien und Apostelgeschichte*, Berlin: Verlag von Reuther & Reichard.
Nestle, Eberhard (1896b) *Philologica Sacra: Bemerkungen über die Urgestalt der Evangelien und Apostelgeschichte*, Berlin: Ruether & Reichard.
Neubauer, Adolf (1885) "On the Dialects Spoken in Palestine in the Time of Christ," *Studia Biblica: Essays in Biblical Archaeology and Criticism and Kindred Subjects by Members of the University of Oxford*, Vol. 1, Oxford: Clarendon Press, pp. 39–74.
Nicholson, Edward Byron (1879) *The Gospel According to the Hebrews*, London: C. Kegan Paul.
Nöldeke, Theodor (1867) "Beiträge zur Kentniss der aramäischen Dialekte," *Zeitschrift der Deutschen Morgenländischen Gesellschaft*, Bd. 21, pp. 183–200.
Nöldeke, Theodor (1868) "Beiträge zur Kenntniss der aramäischen Dialecte," *Zeitschrift der*

Deutschen Morgenländischen Gesellschaft, Bd. 22, pp. 443–527.

Nöldeke, Theodor (1871a) "ΑΣΣΥΡΙΟΣ ΣΥΡΙΟΣ ΣΥΡΟΣ," *Hermes*, Bd. 5, pp. 443–468.

Nöldeke, Theodor (1871b) "Die Namen der aramäischen Nation und Sprache," *Zeitschrift der Deutschen Morgenländischen Gesellschaft*, Bd. 25, pp. 113–131.

Nöldeke, Theodor (1904) *Compendious Syriac Grammar*, James A. Crichton (trans.), London: Williams & Norgate.

Origen (2009) *Homilies on Numbers*, Christopher A. Hall (trans.), Downers Grove: IVP Academic.

Pellicanus, Conradus (1504) *De modo legendi et intelligendi Hebraeum*, Strassburg.

Pfannkuche, Heinrich Friedrich (1798) "Über die palästinische Landessprache in dem Zeitalter Christi und der Apostel," in Johann Gottfried Eichhorn (ed.), pp. 365–480.

Pococke, Edward ([1649] 1806) *Specimen Historiae Arabum*, Oxonii: E Typographeo Clarendoniano.

Renan, Ernest (1863a) *Histoire générale et système comparé des langues sémitiques*, Paris: Imprimerie Impériale.

Renan, Ernest (1863b) *Vie de Jésus*, Paris: Nelson.

Resch, Alfred (1893–1897) *Aussercanonische Paralleltexte zu den Evangelien*, 3 vols., Leipzig: J. C. Hinrichs'sche Buchhandlung.

Resch, Alfred (1896) *Aussercanonische Paralleltexte zu den Evangelien*, Vol. 3, Heft. 4, Leipzig: J. C. Hinrichs'sche Buchhandlung.

Resch, Alfred (1897) *Aussercanonische Paralleltexte zu den Evangelien*, Vol. 3, Heft. 5, Leipzig: J. C. Hinrichs'sche Buchhandlung.

Reuchlin, Johann (1506) *De Rudimentis Hebraicis*.

Reuchlin, Joohannes (1506) *De Rudimentis Hebraicis*, Pforzheim: Thomas Anshelm.

Rich, Claudius James (1836) *Narrative of A Residence in Koordistan and on the Site of Ancient Nineveh*, 2 vols., London: James Duncan.

Roberts, Alexander, and James Donaldson (eds.) (1867) *Ante-Nicene Christian Library: Translations of the Writings of the Fathers Down to A.D. 325, Vol. 3: Tatian, Theophilus, and the Clementine Recognitions*, Edinburgh: T. & T.. Clark.

Rossi, Giovanni Bernardo de (1772) *Della Lingua Propria di Cristo e degli Ebrei Nazionali della Palestina da' Tempi de' Maccabei*, Palma: della Stamperia Reale.

Rufinus von Aquileia (2021) *Übersetzung Der Pseudoklementinischen Rekognitionen, Buch 1 und 2*, Meinolf Vielberg (trans.) latinisch/deutsch, Wiesbaden: Franz Steiner Verlag.

Salmasius, Claudius (1643a) *Hellenistica Commentarius, Controversiam de Lingua Hellenistica decidens, & plenissimè pertractans Originem & Dialectos Græcæ Linguæ*, Lvgdvni: Officina Elseviriorum.

Salmasius, Claudius (1643b) *Funus Linguæ Hellenisticæ, sive Confutatio Exercitationis de Hellenistis et Lingua Hellenistica*, Lvgdvni: Officina Elseviriorum.

Schlözer, August Ludwig (1781) "Von den Chaläern," *Repertorium für biblische und morgenländische Litteratur*, Achter Theil, Leipzig: Weidmanns Erben und Reich, pp. 113–176.

Schweitzer, Albert ([1906] 2001) *The Quest of the Historical Jesus*, First Fortress Press edition, Minneapolis: Fortress Press.

Simon, Richard (1689) *Histoire critique du texte du Nouveau Testament*, Rotterdam.

Surenhusius, Guilielmus (1698–1703) *Mischna sive Totius Hebraeorum Juris, Rituum, Antiquitatum, ac Legum Oralium Systema, cum Clarissimorum Rabbinorum Maimonidis & Bartenorae Commentarii Integris*, 6 vols., Amstelodami.

Swete, Henry Barclay (ed.) (1909) *Cambridge Biblical Essays*, London: Macmillan.

Thumb, Albert (1901) *Die griechische Sprache im Zeitalter des Hellenismus: Beiträge zur Geschichte und Beurteilung der Koine*, Strassburg: K.J. Trübner.

Thumb, Albert (1912) *Handbook of the Modern Greek Vernacular*, Samuel Angus (trans.), Edinburgh: T. & T. Clark.

Tillet, Jean du (1555) *Evangelium Hebraicum Matthæi, recèns è Iudæorum penetralibus erutum, cum interpretatione Latina, ad vulgatam quoad fieri potuit, accommodata*, Martinum Juuenem.

Tissard, François (1508) *Grammatica Hebraica*, Paris: Gilles de Gourmont.

Volney, Constantin François (1787) *Voyages en Syrie et en Egypte pendant les années 1783, 1784 et 1785*, 2 vols., Paris: Desenne et Volland.

Vortisius, Johannes (1665a) *De Hebraismis Novi Testamenti Commentarius*, Vol. 1, Amstelodami.

Vortisius, Johannes (1665b) *Pars Altera Philologiae Sacrae, qua, quicquid Hebraismorum*, Vol. 2, Amstelodami.

Vossius, Isaac (1661) *De Septuaginta Interpretibus, eorumque Tralatione et Chronologia Dissertationes, Hagaecomitum*: Typographia Adriani Vlacq.

Vossius, Isaac (1680) *De Sibyllinis Aliisque quae Christi natalem praecessere Oraculis*, Lugd. Batav.: Jacobum Gaal.

Wagenseil, Johann Christoph (1691) *Exercitatio Philologica de Lingua Authentica sive Originali Novi Testamenti & Praecipue Evangelii Matthæi*, Altdorf: Literis Schönnerstadt.

Walton, Brian (1655–1657) *Biblia Sacra Polyglotta*, 5 vols., London: Thomas Roycroft.

Weisse, Ch. Hermann (1838) *Die evangelische Geschichte kritisch und philosopisch bearbeitet*, Leipzig: Breitkopf & Härtel.

Wellhausen, Julius (1895) "Der syrische Evangelienpalimpsest vom Sinai," *Nachrichten von der Königliche Gesellschaft der Wissenschaften zu Göttingen: Philologisch-historische Klasse*, pp. 1–12.

Wellhausen, Julius (1905) *Einleitung in die drei ersten Evangelien*, Berlin: G. Reimer.

Widmanstetter, Johann Albrecht (1555) *Liber Sacrosancti Evangelii de Jesu Christo Domino &*

Deo Nostro: Reliqua hoc Codice comprehensa pagina proxima indicabit. Div. Ferdinandi Rom. Imperatoris designati iussu & liberalitate, characteribus & lingua Syra, Iesu Christo vernacula, Diuino ipsius ore cōsecrata et a Ioh. Euăgelista Hebraica dicta, Scriptorio Prelo diligēter Expressa, Viennæ: M. Zymmerman.

Wright, William (1890) *Lectures on the Comparative Grammar of the Semitic Languages*, Cambridge: Cambridge University Press.

Zahn, Theodor (1896) *Einleitung in das Neue Testament*, 2 vols, Leipzig: G. Böhme.

Zedler, Johann Heinrich (1731–1754) *Grosses vollständiges Universal-Lexicon*.

Zevit, Ziony, and Seymour Gritin, and Michael Sokoloff (eds.) (1995) *Solving Riddles and Untying Knots: Biblical, Epigraphic, and Semitic Studies in Honor of Jonas C. Greenfield*, Winona Lake: Eisenbrauns.

第 2 部で扱った時代以後の文献

Aaron P. Johnson (2006) *Ethnicity and Argument in Eusebius' Praeparatio Evangelica*, Oxford: Oxford University Press.

Adams, Sean A. (2013) "Atticism, Classicism, and Luke-Acts: Discussion with Albert Wifstrand and Loveday Alexander," in Stanley E. Porter, and Andrew W. Pitts (eds.) (2013), pp. 91–111.

Adrados, Francisco Rodriguez (2005) *A History of the Greek Language: From Its Origin to the Present*, Leiden: Brill.

Altmann, Alexander (ed.) (1963) *Biblical and Other Studies*, Cambridge, MA: Harvard University Press.

Ameling, Walter, and Hannah M. Cotton, and Werner Eck, et al. (eds.) (2011) *Corpus Inscriptionum Iudaeae/Palestinae*, Vol. 2: Caesarea and the Middle Coast, 1121–2160, Berlin/New York: de Gruyter.

Ameling, Walter, and Hannah M. Cotton, and Werner Eck, et al. (eds.) (2014) *Corpus Inscriptionum Iudaeae/Palestinae*, Vol. 3: South Coast, 2161–2648, Berlin/New York: de Gruyter.

Ameling, Walter, and Hannah M. Cotton, and Werner Eck, et al. (eds.) (2018) *Corpus Inscriptionum Iudaeae/Palestinae*, Vol. 4: Iudaea/Idumaea, Part 1: 2649–3324, Berlin/New York: de Gruyter.

Ameling, Walter, and Hannah M. Cotton, and Werner Eck, et al. (eds.) (2018) *Corpus Inscriptionum Iudaeae/Palestinae*, Vol. 4: Iudaea/Idumaea, Part 2: 3325–3978, Berlin/New York: de Gruyter.

Ameling, Walter, and Hannah M. Cotton, and Werner Eck, et al. (eds.) (2021) *Corpus Inscriptionum Iudaeae/Palestinae*, Vol. 5: Galilee, Part 1, Berlin/New York: de Gruyter.

Ameling, Walter (ed.) (2004) *Inscriptiones Judaicae Orientis*, Vol. 2: Kleinasien, Texts and Studies in Ancient Judaism 99, Tübingen: Mohr Siebeck.

Argyle, Aubrey William (1955–1956) "Did Jesus Speak Greek?" *Expository Times*, Vol. 67, pp. 92–92, 246, 383.

Argyle, Aubrey William. (1973) "Greek among the Jews of Palestine in New Testament Times," *Novum Testamentum Supplements*, Vol. 20.1, pp. 87–89.

Baasten, Martin F. J. (2003) "A Note on the History of "Semitic"," in Martin F. J. Baasten, and Wido Th. van Peursen (eds.) (2003), pp. 57–71.

Baasten, Martin F. J., and Wido Th. van Peursen (eds.) (2003) *Hamlet on a Hill: Semitic and Greek Studies Presented to Professor T. Muraoka on the Occasion of his Sixty-Fifth Birthday*, Leuven: Uitgeverij Peeters.

Baillet, Maurice, and Józef Tadeusz Milik, and Roland de Vaux (1962) *Discoveries in the Judaean Desert, Volume 3: Les 'petites grottes' de Qumrân*, Oxford: Clarendon Press.

Bar-Asher, Moshe (1998) "The Study of Mishnaic Hebrew Grammar Based on Written Sources: Achievements, Problems, and Tasks," in Moshe Bar-Asher (ed.), pp. 9–42.

Bar-Asher, Moshe (ed.) (1998) *Studies in Mishnaic Hebrew*, Scripta Hierosolymitana 37, Jerusalem: The Magnes Press.

Barr, James (1970) "Which Language Did Jesus Speak?: Some Remarks of a Semitist," *Bulletin of the John Rylands Library*, Vol. 53.1, pp. 9–29.

Barr, James (1989) "Hebrew, Aramaic, and Greek in the Hellenistic Age," in William David Davies, and Louis Finkelstein (eds.), pp. 79–114.

Baum, Wilhelm, and Dietmar W. Winkler (2003) *The Church of the East: A Concise History*, New York: Routledge.

Ben-Ḥayyim, Ze'ev (2000) *A Grammar of Samaritan Hebrew*, Winona Lake: Eisenbrauns.

Ben-Ḥayyim, Ze'ev, and Aharon Dotan, Gad Sarfatti (eds.) (1977) *Yechezkel Kutscher: Hebrew and Aramaic Studies* [יחזקאל קוטשר: מחקרים בעברית ובארמית], Jerusalem: Magnes Press.

Benoit, Pierre, and Józef Tadeusz Milik, and Roland de Vaux (1961) *Les grottes de Murabba'ât*, *Discoveries in the Judaean Desert* 2, Oxford: Clarendon Press.

Beyer, Klaus (1968) "Semitische Syntax im Neuen Testament," *Studien zur Umwelt des Neuen Testaments* 1, Göttingen: Vandenhoeck & Ruprecht.

Beyer, Klaus (1984) *Die Aramäische Texte vom Toten Meer*, Göttingen: Vandenhoeck & Reprecht.

Beyer, Klaus (1989) "Woran erkennt man, daß ein griechischer Text aus dem Hebräischen oder Aramäischen übersetzt ist?" in Maria Macuch, et al. (eds.), pp. 21–31.

Birkeland, Harris (1954) *The Language of Jesus*, Avhandlinger utgitt av Det Norske Videnskaps-Akademi i Oslo, II. Historisk-filosofisk klasse, Oslo: J. Dybwad.

Black, Matthew (ed.) (1967) *An Aramaic Approach to the Gospels and Acts*, Third edition, Peabody: Hendrickson Publishers.

Black, Matthew (1991) "Aramaic Studies and the Languages of Jesus," in Stanley E. Porter (ed.), pp. 112–125.

Black, Matthew, and Harold Henry Rowley (eds.) (1962) *Peake's Commentary on the Bible*, London: Nelson.

Blizzard, Roy B., and David Bivin (1994) *Understanding the Difficult Words of Jesus: New Insights from a Hebraic Perspective*, Shippensburg: Destiny Image.

Broshi, Magen, and Ester Eshel, and Joseph Fitzmyer, and Erik Larson, and Carol Newsom, and Lawrence Schiffman, and Mark Smith, and Michael Stone, and John Strugnell, and Ada Yardeni (1996) *Qumran Cave 4: Parabiblical Texts, Part 2, Discoveries in the Judaean Desert* 19, Oxford: Clarendon Press.

Burney, Charles Fox (1922) *The Aramaic Origin of the Fourth Gospel*, Oxford: Clarendon.

Burney, Charles Fox (1925) *The Poetry of Our Lord: An Examination of the Formal Elements of Hebrew Poetry in the Discourses of Jesus Christ*, Oxford: Clarendon.

Buth, Randall, and Chad Pierce (2014) "*Hebraisti* in Ancient Texts: Does Ἑβραϊστί Ever Mean 'Aramaic'?" in Randall Buth, and R. Steven Notley (eds.) (2014), pp. 66–109.

Buth, Randall, and R. Steven Notley (eds.) (2014) *The Language Environment of First-Century Judaea: Jerusalem Studies in the Synoptic Gospels--Volume 2*, Jewish and Christian Perspectives 26, Leiden: Brill.

Butts, Aaron (2019) "The Classical Syriac Language," in Daniel King (ed.) (2019), pp. 222–242.

Caragounis, Chrys C. (2006) *The Development of Greek and the New Testament: Morphology, Syntax, Phonology, and Textual Transmission*, Grand Rapids: Baker.

Carmignac, Jean (1970) "Studies in the Hebrew Background of the Synoptic Gospels," *Annual of the Swedish Theological Institute*, Vol. 7, pp. 64–93.

Carmignac, Jean (1978) "Hebrew Translation of the Lord's Prayer: An Historical Survey," in Gary A. Tuttle (ed.), pp. 18–79.

Carmignac, Jean (ed.) (1982) *Traductions hébraïques des Évangiles rassemblées par Jean Carmignac*, Vol. 1: The Four Gospels Translated into Hebrew by William Greenfield in 1831. Introduction par Jean Carmignac., Turnhout: Brépols.

Carmignac, Jean (ed.) (1982) *Traductions hébraïques des Évangiles rassemblées par Jean Carmignac*, Vol. 2: Evangiles de Matthieu et de Marc Traduits en Hébreu en 1668 par Giovanni Battista Iona Retouchés en 1805 par Thomas Yeates. Introduction par Jean Carmignac., Turnhout: Brépols.

Carmignac, Jean (ed.) (1982) *Traductions hébraïques des Évangiles rassemblées par Jean Carmignac*, Vol. 3: Evangiles de Luc et de Jean Traduits en Hébreu en 1668 par Giovanni Battista Iona Retouchés en 1805 par Thomas Yeates. Introduction par Jean Carmignac., Turnhout: Brépols.

Carmignac, Jean (ed.) (1984) *Traductions hébraïques des Évangiles rassemblées par Jean Carmignac*, Vol. 4: Die vier Evangelien ins Hebräische übersetzt von Franz Delitzsch (1877–1890–1902). Introduction par Jean Carmignac. Kritischer Apparat der zwölf Auflagen von Hubert Klein., Turnhout: Brépols.

Carmignac, Jean (ed.) (1985) *Traductions hébraïques des Évangiles rassemblées par Jean Carmignac*, Vol. 5: The Four Gospels Translated into Hebrew by the London Society for Promoting Christianity amongst the Jews (1838+1864). Introduction de Jean Carmignac., Turnhout: Brépols.

Casey, Maurice (1998) *An Aramaic Sources of Mark's Gospel*, SMTSMS 102, Cambridge: Cambridge University Press.

Casey, Maurice (2002) *An Aramaic Approach to Q: Sources for the Gospels of Matthew and Luke*, Society for New Testament Studies Monograph Series 122, Cambridge: Cambridge University Press.

Casey, Maurice (2010) Jesus of Nazareth: An Independent Historian's Account of His Life and Teaching, New York: T. & T. Clark.

Cecini, Ulisse (2015) "Johann Albrecht Widmanstetter," *Christian-Muslim Relations A Bibliographical History*, Vol. 7, pp. 235–245.

Chazan, Robert (ed.) (2018) *The Cambridge History of Judaism*, Vol. 6: The Middle Ages: The Christian World (The Christian World), Cambridge: Cambridge University Press.

Chomsky, Noam (1965) *Aspects of the Theory of Syntax*, Cambridge, MA: MIT Press.

Ceulemans, Reinhart (2007) "The Name of the Pool in Joh 5,2. A Text-Critical Note Concerning 3Q15," *Zeitschrift für die neutestamentliche Wissenschaft*, Vol. 99, pp. 112–115.

Cotton, Hannah M., and Di Segni, Leah, and Werner Eck, et al. (eds.) (2011) *Corpus Inscriptionum Iudaeae/Palestinae*, Vol. 1: Jerusalem, Part 1: 1–704, Berlin/New York: de Gruyter.

Cotton, Hannah M., and Di Segni, Leah, and Werner Eck, et al. (eds.) (2011) *Corpus Inscriptionum Iudaeae/Palestinae*, Vol. 1: Jerusalem, Part 2: 705–1120, Berlin/New York: de Gruyter.

Courtenay (1920) *The Language of Palestine and Adjacent Regions*, Edinburgh: T. & T. Clark.

Davies, William David, and Ed Parish Sanders (1999) "Jesus: From the Jewish Point of View," in Horbury, et al. (1999), pp. 618–677.

Davies, William David, and Louis Finkelstein (eds.) (1989) *The Cambridge History of Judaism*, Vol. 2: The Hellenistic Age, Cambridge: Cambridge University Press.

Davies, William David, and Louis Finkelstein (eds.) (1984) *The Cambridge History of Judaism*, Vol. 1: Introduction / The Persian Period, Cambridge: Cambridge University Press.

Davies, William David, and Louis Finkelstein (eds.) (1990) *The Cambridge History of Judaism*, Vol. 2: The Hellenistic Age, Cambridge: Cambridge University Press.

Davila, James R. (2005) "How Can We Tell If a Greek Apocryphon or Pseudepigraphon Has Been Translated from Hebrew or Aramaic," *Journal for the Study of the Pseudepigrapha*, Vol. 15.1, pp. 3–61.

Day, John (1994) "The Origin of Armageddon: Revelation 16:16 as an Interpretation of

Zechariah 12:11," in Stanley E. Porter, et al. (eds.), pp. 315–26.

Dimant, Devorah, and Lawrence Harvey Schiffman (eds.) (1995) *Time to Prepare the Way in the Wilderness*, Leiden: Brill.

Dimant, Devorah (1995) "The Qumran Manuscripts: Contents and Significance," in Devorah Dimant, and Lawrence Harvey Schiffman (eds.), pp. 23–58.

Eck, Werner (2003) "The Language of Power: Latin in the Inscriptions of Iudaea/Syria Palestina," in Lawrence Harvey Schiffman (ed.), pp. 123–144.

Edwards, James R. (2009) *The Hebrew Gospel and the Development of the Synoptic Tradition*, Grand Rapids: Eerdmans.

Emerton, John Adney (1961) "Did Jesus Speak Hebrew," *Journal of Theological Studies*, Vol. 12, pp. 189–202.

Emerton, John Adney (1973) "The Problem of Vernacular Hebrew in the First Century AD and the Language of Jesus," *Journal of Theological Studies*, Vol. 24, pp. 1–23.

Eshel, Hanan, and Michael Stone (1995) "464.4QExposition on the Patriarchs," in Magen Broshi, et al. (eds.), pp. 215–230.

Eshel, Hanan (2001) "Hebrew in Economic Documents from the Judean Desert," *Lešonenu*, Vol. 63, pp. 41–52.

Eshel, Hanan (2006) "On the Use of the Hebrew Language in Economic Documents from the Judean Desert," in R. Steven Notley, et al. (eds.), pp. 245–258.

Eskhult, Mats, and Josef Eskhult (2013) "The Language of Jesus and Related Questions: A Historical Survey," *Kleine Untersuchungen zur Sprache des Alten Testaments und seiner Umwelt*, Bd. 15, pp. 315–373.

Evans, Craig A. (1967) "Introduction: An Aramaic Approach Thirty Years Later," in Matthew Black (ed.), pp. v–xxv.

Evans, Craig A. (1997) "Life of Jesus," in Stanley E. Porter (ed.), pp. 427–475.

Evans, Craig A. (2005) "Ancient Texts for New Testament Studies: A Guide to the Background Literature," Peabody: Hendrickson Publishers.

Evans, Craig A., and Stanley E. Porter (eds.) (2000) *Dictionary of the New Testament Background*, Downers Groove: IVP.

Farina, Margherita (2019) "Amīra's Grammatica Syriaca: Genesis, Structure and Perspectives," *Proceedings of The Workshop Typographia Linguarum Externarum. The Medici Oriental Press: Knowledge and Cultural Transfer around 1600 (Florecne 11–12 January 2018)*, HAL Open Science.

Fassberg, Steven E. (2012) "Which Semitic Language Did Jesus and Other Contemporary Jews Speak," *Catholic Biblical Quarterly*, Vol. 74.2, pp. 263–280.

Fellman, Jack (1977) "The Linguistic Status of Mishnaic Hebrew," *Journal of Northwest Semitic Languages*, Vol. 5, pp. 21–22.

Finkel, Asher, and Lawrence Frizell (eds.) (1981) *Standing before God: Studies on Prayer in*

Scriptures and in Tradition with Essays in Honor of John M. Oesterreicher, New York: KTAV.

Finkel, Asher (1981) "The Prayer of Jesus in Matthew," in Asher Finkel and Lawrence Frizell (eds.), pp. 131–169.

Fitzmyer, Joseph A., and D. J. Harrington (1978) *A Manual of Palestinian Aramaic Texts*, Rome: Biblical Institute Press.

Fitzmyer, Joseph A. (1970) "The Languages of Palestine in the First Century AD," *Catholic Biblical Quarterly*, Vol. 32.4, pp. 501–531.

Fitzmyer, Joseph A. (1971) *Essays on the Semitic Background of the New Testament*, 2 vols., London: Georg Chapman.

Fitzmyer, Joseph A. (1974) "The Contribution of Qumran Aramaic in the Study of the New Testament," *New Testament Studies*, Vol. 20, pp. 382–407.

Fitzmyer, Joseph A. (1979) *A Wandering Aramean: Collected Aramaic Essays*, Society of Biblical Literature Monograph Series 25, Missoula: Scholars.

Fitzmyer, Joseph A. (1979) "The Languages of Palestine in the First Century AD," in Joseph A. Fitzmyer (ed.) (1971), repr. Joseph A. Fitzmyer (1970), pp. 29–56.

Fitzmyer, Joseph A. (1980) "The Aramaic Language and the Study of the New Testament," *Journal of Biblical Literature*, Vol. 99.1, pp. 5–21.

Fitzmyer, Joseph A. (1991) "Languages of Palestine in the First Century AD," in Stanley E. Porter (ed.), pp. 126–162.

Fitzmyer, Joseph A. (2000) *The Dead Sea Scrolls and Christian Origins*, Grand Rapids: Eerdmans.

Fitzmyer, Joseph A. (2000) "Aramaic Evidence Affecting the Interpretation of Hōsanna in the New Testament," in Joseph A. Fitzmyer (ed.) (2000), pp. 119–129.

Flusser, David (1981) *Die rabbinishcen Gleichnisse und der Gleichniserzähler Jesus*, Judaica et Christiana 4, Bern: Peter Lang.

Fraade, Steven D. (1992) "Rabbinic Views on the Practice of Targum, and Multilingualism in the Jewish Galilee of the Third–Sixth Centuries," in Lee I. Levine (ed.), pp. 253–286.

Frey, Jean Baptiste (1936) *Corpus Inscriptionum Iudaicarum: Recueil des Inscriptions Juives qui vont du IIIe siècle avant Jésus-Christ au VIIe siècle de Notre Ère*, Vol. 1: Europe, Rome: Pontificio Institutu di Archeologia Christiana.

Frey, Jean Baptiste (1952) *Corpus Inscriptionum Iudaicarum: Recueil des Inscriptions Juives qui vont du IIIe siècle avant Jésus-Christ au VIIe siècle de Notre Ère*, Vol. 2: Asie-Afrique, Sussidi allo studio delle antichità cristiane III, Rome: Pontificio Institutu di Archeologia Christiana.

Frye, Richard Nelson (1984) *The History of Ancient Iran*, München: C. H. Beck.

Frye, Richard Nelson (1992) "Assyria and Syria: Synonyms," *Journal of Near Eastern Studies*,

Vol. 51.4, pp. 281–285.

Garcia-Martinez, Florentino, and Eibert J. C. Tigchelaar (eds.) (1997, 1998) *The Dead Sea Scrolls Study Edition*, 2 vols., Leiden: Brill.

Gehman, Henry (1951) "The Hebraic Character of Septuagint Greek," *Vetus Testamentum*, Vol. 1, pp. 81–90.

Gehman, Henry (1953) "Hebraisms of the Old Greek Versions of Genesis," *Vetus Testamentum*, Vol. 3, pp. 141–148.

Gehman, Henry (1954) "Ἅγιος in the Septuagint, and Its Relation to the Hebrew Original," *Vetus Testamentum*, Vol. 4, pp. 337–348.

Gehman, Henry (1991) "The Hebraic Character of Septuagint Greek," in Stanley E. Porter (ed.), repr. Gehman (1951), pp. 163–173.

Geiger, Joseph (1996) "How Much Latin in Greek Palestine," in Hannah Rosén (ed.), pp. 39–57.

Gignac, Francis Thomas (1975, 1981) *A Grammar of the Greek Papyri of the Roman and Byzantine Periods*, 2 vols., Milan: Instituto Editoriale Cisalpino.

Gignac, Francis Thomas (1985) "The Papyri and the Greek Language," *Yale Classical Studies*, Vol. 28, pp. 157–158.

Gogel, Sandra Landis (1998) *Grammar of Epigraphic Hebrew*, Atlanta: Scholars Press.

Goldenberg, Gideon (2013) *Semitic Languages: Features, Structures, Relations, Processes*, Oxford: Oxford University Press.

Graves, Michael (2007) *Jerome's Hebrew Philology: A Study Based on His Commentary on Jeremiah*, Supplements to Vigiliae Christianae 90, Leiden: Brill.

Green, Joel B., and Scot McKnight, and I. Howard Marshall (eds.) (1992) *Dictionary of Jesus and the Gospels*, Downers Grove: IVP.

Greenfield, Jonas C. (1978) "The Languages of Palestine, 200 BCE–200 CE," in Herbert H. Paper (ed.), pp. 143–164.

Gregg, Robert C., and Dan Urman (1996) *Jews, Pagans, and Christians in the Golan Heights*, University of South Florida Studies in the History of Judaism 140, Atlanta: Scholars Press.

Grintz, Jehoshua M. (1960) "Hebrew as the Spoken and Written Language in the Last Days of the Second Temple," *Journal of Biblical Literature*, Vol. 79.1, pp. 32–47.

Gundry, Robert H. (1964) "The Language Milieu of First-Century Palestine: Its Bearing on the Authenticity of the Gospel Tradition," *Journal of Biblical Literature*, Vol. 83.4, pp. 404–408.

Hacham, Noah, and Ilan, Tal (eds.) (2000) *Corpus Papyrorum Judaicarum*, Vol. 4, Berlin/Boston: de Gruyter, and Jerusalem: Hebrew University Magnes Press.

Hall, John Franklin, and John W. Welch (eds.) (1997) *Masada and the World of the New Testament*, Provo, Utah: BYU Studies.

Harrak, Amir (1992) "The Ancient Name of Edessa," *Journal of Near Eastern Studies*, Vol. 53.2, pp. 209–214.

Harris, William V. (1989) *Ancient Literacy*, Cambridge, MA: Harvard University Press.

Hart, Mitchell B., and Tony Michels (eds.) (2017) *The Cambridge History of Judaism*, Vol. 8: The Modern World, 1815–2000, Cambridge: Cambridge University Press.

Helm, Peyton R. (1980) "Greeks" in the Neo-Assyrian Levant and "Assyria" in Early Greek Writers, Ph.D. dissertation: University of Pennsylvania.

Hengel (1974) *Judaism and Hellenism: Studies in Their Encounter in Palestine during the Early Hellenistic Period*, John Bowden (trans.), London: SCM.

Hengel, Martin (1989) *The 'Hellenization' of Judaea in the First Century After Christ*, London: SCM Press, and Philadelphia: Trinity Press International.

Hetzron, Robert (ed.) (1997) *The Semitic Languages*, New York: Routledge.

Hezser, Catherine (ed.) (2010) *The Oxford Handbook of Jewish Daily Life in Roman Palestine*, Oxford: Oxford University Press.

Holmén, Tom, and Stanley E. Porter (eds.) (2011) *Handbook for the Study of the Historical Jesus*, 4 vols., Leiden: Brill.

Hopkins, Simon (2013) "Names of the Hebrew Language," in Khan (ed.) (2013), Vol. 2, pp. 795–798.

Horbury, William, and David Noy (1992) *Jewish Inscriptions of Graeco-Roman Egypt. With an Index of the Jewish Inscriptions of Egypt and Cyrenaica*, Cambridge/New York: Cambridge University Press.

Horbury, William, and William David Davies, and John Sturdy (eds.) (2000) *The Cambridge History of Judaism*, Vol. 3: The Early Roman Period, Cambridge: Cambridge University Press.

Howard, George (1995) *Hebrew Gospel of Matthew*, Macon, Georgia: Mercer University Press.

Hurst, Lincoln D. (1986) "The Neglected Role of Semantics in the Search for the Aramaic Words of Jesus," *Journal for the Study of the New Testament*, Vol. 28, pp. 63–80.

Irwin, Robert (2007) *For Lust of Knowing: The Orientalists and their Enemies*, London: Penguin Books.

Jakobson, Roman (1960) "Linguistics and Poetics," in Thomas A. Sebeok (ed.), pp. 350–377.

Jannaris, Antonius Nicholas (1903) "The True Meaning of Κοινή," *Classical Review*, Vol. 17, pp. 93–96.

Jauhiainen, Marko (2005) "The OT Background to *Armageddon* (Rev. 16:16) Revisited," *Novum Testamentum*, Vol. 47.4, pp. 381–393.

Jeremias, Joachim (1960) *Die Abendmahlsworte Jesu*, 3rd ed., Göttingen: Vandenhoeck & Ruprecht.

Jeremias, Joachim (1971) *Neutestamentliche Theologie. Erster Teil: Die Verkündigung Jesu*, Gütersloh: Gütersloher Verlagshaus G. Mohn.

Jeremias, Joachim (1971) *New Testament Theology: The Proclamation of Jesus*, 2nd ed., John

Bowden (trans.), New York: Scribner.

Jeremias, Joachim (1971) *The Parables of Jesus*, 2nd ed., Samuel Henry Hooke (trans.), New York: Scribner.

Joosten, Jan (2004) "Aramaic or Hebrew behind the gospels?" *Analecta Bruxellensia*, Vol. 9, pp. 88–101.

Joosten, Jan, and Daniel Machiela, and Jean-Sébastien Rey (eds.) (2018) *The Reconfiguration of Hebrew in the Hellenistic Period* Leiden: Brill.

Kahle, Paul (1913) *Masoreten des Ostens*, Biblischer Kommentar Altes Testament (BWAT) 15, Leipzig: Heinrichs.

Kahle, Paul (1930) *Masoreten des Westens, II*, Biblischer Kommentar Altes Testament (BWAT) 50, Stuttgart: Kohlhammer.

Kahle, Paul (1959) *Cairo Geniza*, 2nd ed., Oxford: Blackwell.

Kahn, Jean-Georges [Yohanan Cohen-Yashar] (1996) "Philo Hebraicus?" *Jewish Studies*, Vol. 36, pp. 41–58.

Karimi, Linda Colleen (1975) *Implications of American Missionary Presence in 19th and 20th Century Iran*, M.A. thesis: Portland State University.

Karp, Jonathan, and Adam Sutcliffe (eds.) (2017) *The Cambridge History of Judaism*, Vol. 7: The Early Modern World, 1500–1815, Cambridge: Cambridge University Press.

Katz, Steven T. (ed.) (2006) *The Cambridge History of Judaism*, Vol. 4: The Late Roman-Rabbinic Period, Cambridge: Cambridge University Press.

Keith, Chris, and Anthony Le Donne (eds.) (1981) *Jesus, Criteria, and the Demise of Authenticity*, London: T. & T. Clark.

Khan, Geoffrey (ed.) (2013) *Encyclopedia of Hebrew Language and Linguistics*, 4 vols., Leiden: Brill.

Khan, Geoffrey, and Maria Angeles Gallego, and Judith Olszowy-Schlanger (eds.) (2003) *The Karaite Tradition of Hebrew Grammatical Thought in Its Classical Form*, 2 vols., Leiden: Brill.

King, Daniel (ed.) (2019) *The Syriac World*, New York: Routledge.

Koehler, Ludwig, and Walter Baumgartner (1994–2000), *The Hebrew and Aramaic Lexicon of the Old Testament*, 5 vols., Mervyn Edwin John Richardson (trans.), Winona Lake: Eisenbrauns.

Kutscher, Edward Yechezkel (1972) "Hebrew Language: Mishnaic," in Cecil Roth (ed.), cols. 1592–1593.

Kutscher, Edward Yechezkel [יחזקאל קוטשר] (1977) "Language of the Sages [לשון חז"ל]," in Ze'ev Ben-Ḥayyim, et al. (eds.), pp. 73–87.

Kutscher, Edward Yechezkel (1982) *A History of the Hebrew Language*, Raphael Kutscher (ed.), Leiden: Brill.

LaRondelle, Hans K. (1989) "The Etymology of Har-Magedon (Rev 16:16)," *Andrews University*

Seminary Studies, Vol. 27.1, pp. 69–73.

Land, Christopher D. (2013) "Varieties of the Greek Language," in Stanley E. Porter, and Andrew W. Pitts (eds.) (2013), pp. 243–260.

Lapide, Pinchas (1975) "Insights from Qumran into the Languages of Jesus," *Revue de Qumran*, Vol. 8.4, pp. 483–501.

Lee, John A. L. (2013) "The Atticist Grammarians," in Stanley E. Porter, and Andrew W. Pitts (eds.) (2013), pp. 283–308.

Lehmann, Reinhard G. (1999) "Friedrich Delitzsch und der Babel-Bibel-Streit," *Babylon. Focus mesopotamischer Geschichte, Wiege früher Gelehrsamkeit, Mythos in der Moderne*, Vol. 2: Internationales Colloquium der Deutschen Orient-Gesellschaft 24.–26. März 1998 in Berlin, Saarbrücken: SDV Saarbrücker Druckerei und Verlag, pp. 505–521.

Leslau, Wolf (1989) *Concise Dictionary of Geʿez:(Classical Ethiopic)*, Wiesbaden: Otto Harrassowitz.

Levine, Lee I. (ed.) (1992) *The Galilee in Late Antiquity*, New York and Jerusalem: Jewish Theological Seminary of America.

Lewis, Naphtali (2001) "The Demise of the Aramaic Documents in the Dead Sea Reign," *Scripta Classica Israelica* 20, pp. 179–181.

Lieberman, Phillip I. (ed.) (2021) *The Cambridge History of Judaism*, Vol. 5: Jews in the Medieval Islamic World (The Islamic World), Cambridge: Cambridge University Press.

Lieberman, Saul (1963) "How Much Greek in Jewish Palestine," in Altmann (ed.), pp. 123–141.

Lieberman, Saul (1965) *Greek in Jewish Palestine: Studies in the Life and Manner of Jewish Palestine in the II-IV Centuries CE*, 2nd ed., New York: Feldheim.

Lipiński, Edward (2001) *Semitic Languages Outline of A Comparative Grammar*, Second edition, Leuven: Uitgeverij Peeters.

Lund, Jerome A. (1992) "The Language of Jesus," *Mishkan*, Vol. 17–18, pp. 139–155.

Luria, Ben-Zion [בן ציון לוריא] (1963) *The Copper Scroll from the Judean Desert* [מגילת הנחושת ממדבר יהודה], Jerusalem: Kiryat Sefer.

Macfarlane, Roger (1997) "Hebrew, Aramaic, Greek, and Latin: The Languages of New Testament Judea," in John Franklin Hall, and John W. Welch (eds.), pp. 228–38.

Macuch, Maria, and Christa Müller-Kessler, and Bert G. Fragner (eds.) (1989) *Studia Semitica Necnon Iranica.Rudolpho Macuch Septuagenerio ab Amicis et Discipulis Dedicata*, Wiesbaden: Otto Harrassowitz.

Manson, Thomas Walker (1959) *The Teaching of Jesus: Studies in Its Form and Content*, Cambridge: Cambridge University Press.

McCarter Jr., P. Kyle (2004) "Hebrew," in Roger D. Woodard (ed.), p. 321.

McKnight, Scot, and Grant R. Osborne (eds.) (2004) *The Face of New Testament Studies: A Survey of Recent Research*, Grand Rapids: Baker.

Messmer, Andrew (2020) "Maranatha (1 Corinthians 16:22): Reconstruction and Translation Based on Western Middle Aramaic," *Journal of Biblical Literature*, Vol. 139.2, pp. 361–383.

Metzger, Bruce M. (1994) *A Textual Commentary on the Greek New Testament*, Stuttgart: Deutsche Bibelgesellschaft.

Metzger, Bruce M. (ed.) (1977) *The Early Versions of the New Testament: Their Origin, Transmission, and Limitations*, Oxford: Clarendon.

Metzger, Bruce Manning (1977) *The Early Versions of the New Testament: Their Origin, Transmission, and Limitations*, Oxford: Oxford University Press.

Meyers, Eric M., and James F. Strange (1981) *Archaeology, the Rabbis, and Early Christianity*, London: SCM.

Milik, Józef Tadeusz (1953) "Une lettre de Siméon bae Kokheba," *Revue Biblique*, Vol. 60, pp. 276–294.

Milik, Józef Tadeusz (1962) "le rouleau de cuivre provenant de la grotte 3Q (3Q15): commentaire et texte," in Maurice Baillet, et al. (eds.), pp. 276–294.

Millar, Fergus (1993) *The Roman Near East: 31 BC–Ad 337*, Cambridge: Harvard University Press.

Millard, Alan R. (1995) "Latin in First-Century Palestine," in Ziony Zevit, et al. (eds.), pp. 451–458.

Millard, Alan R. (2001) *Reading and Writing in the Time of Jesus*, The Biblical Seminar 69, Sheffield: Sheffield Academic.

Minov, Sergey (2017) "Date and Provenance of the Syriac Cave of Treasures: A Reappraisal," *Journal of Syriac Studies*, Vol. 20.1, pp. 129–229.

Mizrahi, Noam (2013) "Jubilees, Hebrew of," in Geoffrey Khan (ed.) (2013), Vol. 2, pp. 385–386.

Montgomery, James A. (1923) *The Origin of the Gospel according to St. John*, Philadelphia: Winston.

Mor, Uri [אורי מור] (2015) *Judean Hebrew: The Language of the Hebrew Documents from Judea between the First and the Second Revolts* [עברית יהודאית: לשון התעודות העבריות ממדבר יהודה בין המרד הגדול למרד בר כוכבא], Jerusalem: The Academy of the Hebrew Language.

Morag, Shlomo (1972) "Εφφαθα (Mark VII. 34): Certainly Hebrew, not Aramaic?" *Journal of Semitic Studies*, Vol. 17.2, pp. 198–202.

Moran, William L. (2000) *The Amarna Letters*, Baltimore: Johns Hopkins University Press.

Moscati, Sabatino (1959) The Semites in Ancient History: An Inquiry into the Settlement of the Beduin and their Political Establishment, Cardiff: University of Wales Press.

Mussies, Gerard (1976) "Greek in Palestine and the Diaspora," in Samuel Safrai, and Miklos Stern (eds.), Vol. 2, pp. 1040–1064.

Mussies, Gerard (1983) "Greek as the Vehicle of Early Christianity," *Novum Testamentum*,

Supplements, Vol. 29, pp. 356–369.

Mércz, András (2019) "The Coat of Arms of Moses of Mardin," *Journal of Syriac Studies*, Vol. 22.2, pp. 345–393.

Naveh, Joseph, and Jonas C. Greenfield (1984) "Hebrew and Aramaic in the Persian Period," in William David Davies, and Louis Finkelstein (eds.), pp. 115–129.

Nestle, Eberhard, and Erwin Nestle, and Barbara Aland, and Kurt Aland, and Iōan D. Karavidopoulos, and Carlo Maria Martini, and Bruce M. Metzger, and Holger Strutwolf (eds.) (2012) *Novum Testamentum Graece*, 28 revidierte, Stuttgart: Deutsche Bibelgesellschaft.

Notley, R. Steven, and Marc Turnage, and Brian Becker (eds.) (2006) *Jesus' Last Week: Jerusalem Studies in the Synoptic Gospels—Volume 1,*, Jewish and Christian Perspectives 2, Leiden: Brill.

Noy, David, and Alexander Panayotov, and Hanswulf Bloedhorn (eds.) (2004) *Inscriptiones Judaicae Orientis*, Vol. 1: Eastern Europe, Texts and Studies in Ancient Judaism 101, Tübingen: Mohr Siebeck.

Noy, David, and Hanswulf Bloedhorn (eds.) (2004) *Inscriptiones Judaicae Orientis*, Vol. 3: Syria and Cyprus, Texts and Studies in Ancient Judaism 102, Tübingen: Mohr Siebeck.

Ogden, Graham S., and Jan Sterk (2011) *A Handbook on Isaiah*, New York: United Bible Societies.

Ong, Hughson T. (2013) "Can Linguistic Analysis in Historical Jesus Research Stand on Its Own? A Sociolinguistic Analysis of Matt 26:36-27:26," *Biblical and Ancient Greek Linguistics*, Vol. 2, pp. 109–139.

Ong, Hughson T. (2015) "Ancient Palestine Is Multilingual and Diglossic: Introducing Multilingual Theories to New Testament Studies," *Currents in Biblical Research*, Vol. 13.3, pp. 330–350.

Ong, Hughson T. (2016) The Multilingual Jesus and the Sociolinguistic World of the New Testament, Leiden: Brill.

Ott, Heinrich (1967) "Um die Muttersprache Jesu: Forschungen seit G. Dalman," *Novum Testamentum*, Vol. 9, pp. 1–25.

Ottley, Richard Rusden (1920) *A Handbook to the Septuagint*, London: Methuen.

Palmer, Leonard Robert (1980) *The Greek Language*, London: Duckworth.

Paper, Herbert H. (ed.) (1978) *Jewish Languages: Theme and Variations: Proceedings of Regional Conferences of the Association for Jewish Studies Held at the University of Michigan and New York University in March-April 1975*, Cambridge, MA: Association for Jewish Studies.

Penner, Ken M. (2019) "Ancient Names for Hebrew and Aramaic: A Case for Lexical Revision," *New Testament Studies*, Vol. 65.3, pp. 412–423.

Pirot, Louis (ed.) (1938) *Dictionnaire de la Bible: Supplément*, Paris: Letouzey et Ané.

Pitts, Andrew W. (2013) "Greek Case in the Hellenistic and Byzantine Grammarians," in Stanley E. Porter, and Andrew W. Pitts (eds.) (2013), pp. 261–281.

Poirier, John C. (2003) "The Narrative Role of Semitic Languages in the Book of Acts," *Filologia Neotestamentaria*, Vol. 16, pp. 91–100.

Poirier, John C. (2007) "The Linguistic Situation in Jewish Palestine in Late Antiquity," *Journal of Greco-Roman Christianity and Judaism*, Vol. 4, pp. 55–134.

Porten, Bazalel (1968) Archives from Elephantine: The Life of an Ancient Jewish Military Colony, Berkeley: University of California Press.

Porter, Stanley E. (1989) Verbal Aspect in the Greek of the New Testament, With Reference to Tense & Mood, Studies in Biblical Greek 1, New York: Peter Lang.

Porter, Stanley E. (1991) "Introduction," in Stanley E. Porter (ed.), pp. 11–38.

Porter, Stanley E. (1993) "Did Jesus Ever Teach in Greek?" *Tyndale Bulletin*, Vol. 44.2, pp. 199–235.

Porter, Stanley E., and Paul Joyce (eds.) (1994) *Crossing the Boundaries: Essays in Biblical Interpretation in Honour of Michael D. Goulder*, Leiden: Brill.

Porter, Stanley E. (1996a) *Studies in the Greek New Testament: Theories and Practice*, Studies in Biblical Greek 6, New York: Peter Lang.

Porter, Stanley E. (1996b) "Did Jesus Ever Teach in Greek? A Look at Scholarly Opinion and the Evidence," in Stanley E. Porter (ed.), pp. 139–171.

Porter, Stanley E. (1997a) *Handbook to Exegesis of the New Testament*, Leiden: Brill.

Porter, Stanley E. (1997b) "The Greek Language of the New Testament," in Stanley E. Porter (ed.), pp. 99–130.

Porter, Stanley E. (2000a) "Greek of the New Testament," in Evans and Porter (eds.) (2000), pp. 426-435.

Porter, Stanley E. (2000b) "Latin Language," in Craig A. Evans and Stanley E. Porter (eds.), pp. 630–631.

Porter, Stanley E. (2004a) *The Criteria for Authenticity in Historical-Jesus Research: Previous Discussion and New Proposals*, Journal for the Study of the New Testament Supplement 191, Second edition., Sheffield: Sheffield Academic.

Porter, Stanley E. (2004b) "Greek Grammar and Syntax," in Scot McKnight, and Grant R. Osborne (eds.), pp. 112–124.

Porter, Stanley E. (2011a) "The Language(s) Jesus Spoke," in Tom Holmén and Stanley E. Porter (eds.), Vol. 3, pp. 2455–2471.

Porter, Stanley E. (2011b) "The Role of Greek Language Criteria in Historical Jesus Research," in Tom Holmén and Stanley E. Porter (eds.), Vol. 1, pp. 361–404.

Porter, Stanley E. (ed.) (1991) *The Language of the New Testament: Classic Essays*, Journal for the Study of the New Testament Supplement 60, Sheffield: JSOT Press.

Porter, Stanley E. (ed.) (2000) *Diglossia and Other Topics in New Testament Linguistics*, Journal for the Study of the New Testament Supplement 193, Sheffield: Sheffield Academic.

Porter, Stanley E., and Andrew W. Pitts (eds.) (2013) *The Language of the New Testament: Context, History, and Development*, LBS 6, Leiden: Brill.

Qimron, Elisha (1986) *The Hebrew of the Dead Sea Scrolls*, Atlanta: Scholarly Press.

Rabin, Chaim, and Yigael Yadin (eds.) (1965) *Scripta Hierosolymitana*, Vol. 4: Aspects of the Dead Sea Scrolls, Jerusalem: The Magnes Press.

Rabin, Chaim (1957) *Qumran Studies*, Oxford: Oxford University Press.

Rabin, Chaim (1965) "The Historical Background of Qumran Hebrew," in Chaim Rabin, and Yigael Yadin (eds.), pp. 144–161.

Rabin, Chaim (1976) "Hebrew and Aramaic in the First Century," in Samuel Safrai, and Miklos Stern (eds.), pp. 1007–1039.

Rabinowitz, Isaac (1962) "Be Opened—Ἐφφαθα (Mark 7 34)," *Zeitschrift für die neutestamentliche Wissenschaft*, Vol. 53, pp. 229–238.

Rabinowitz, Isaac (1971) "Ἐφφαθά (Mark VII. 34): Certainly Hebrew, not Aramaic," *Journal of Semitic Studies*, Vol. 16. 2, pp. 151–156.

Rahmani, Leir Y. (1994) *A Catalogue of Jewish Ossuaries in the Collections of the State of Israel*, Jerusalem: Israeli Antiquities Authority.

Reich, Ronny (1994) "Ossuary Inscriptions of the Caiaphas Family from Jerusalem," *Ancient Jerusalem Revealed*, Jerusalem: Israel Exploration Society, pp. 223–225.

Rendsburg, Gary. A. (2003) "A Comprehensive Guide to Israelian Hebrew: Grammar and Lexicon," *Orient*, Vol. 38, pp. 5–35.

Ross, John MacDonald (1990) "Jesus's Knowledge of Greek," *Irish Biblical Studies*, Vol. 12, pp. 41–47.

Rosén, Hannah (ed.) (1996) *Aspects of Latin: Papers from the Seventh International Colloquium on Latin Linguistics, Jerusalem, April 1993*, Innsbrucker Beiträge zur Sprachwissenschaft 86, Innsbruck: Institut für Sprachwissenschaft der Universität Innsbruck.

Roth, Cecil (ed.) (1972) *Encyclopaedia Judaica*, Jerusalem: Encyclopedia Judaica.

Rubin, Milka (1998) "The Language of Creation or the Primordial Language: A Case of Cultural Polemics in Antiquity," *Journal of Jewish Studies*, Vol. 49.2, pp. 306–333.

Ruzer, Serge (2014) "Hebrew versus Aramaic as Jesus' Language: Notes on Early Opinions by Syriac Authors," in Randall Buth, and R. Steven Notley (eds.) (2014), pp. 182–205.

Rydbeck, Lars (1974–1975) "What Happened to NT Greek Grammar after Albert Debrunner," *Novum Testamentum, Supplements*, Vol. 21, pp. 424–427.

Rydbeck, Lars (1991) "On the Question of Linguistic Levels and the Place of the New Testament in the Contemporary Language Milieu," in Stanley E. Porter (ed.), pp. 197–224.

Rydbeck, Lars (1998) "The Language of the New Testament," *Tyndale Bulletin*, Vol. 49.2,

pp. 361–368.
Rüger, Hans Peter (1968) "Zum Problem der Sprache Jesu," *Zeitschrift für die Neutestamentliche Wissenschaft*, Vol. 59, pp. 113–122.
Safrai, Samuel (2006) "Spoken and Literary Languages in the Time of Jesus," in R. Steven Notley, et al. (eds.) (2006), pp. 225–244.
Safrai, Samuel, and Samuel Miklos Stern (eds.) (1976) *The Jewish People in the First Century*, Vol. 2, Compendia Rerum Iudaicarum ad Novum Testamentum 1/2, Philadelphia: Fortress.
Saussure, Ferdinand de ([1916] 2011) *Course in General Linguistics*, Wade Baskin (trans.), Perry Meisel, and Haun Saussy (eds.), New York: Columbia University Press.
Schiffman, Lawrence Harvey (ed.) (2003) *Semitic Papyrology in Context: A Climate of Creativity. Papers from a New York University conference marking the retirement of Baruch A. Levine*, Leiden: Brill.
Schmidt, Nathaniel (1923) "Early Oriental Studies in Europe and the Work of the American Oriental Society, 1842–1922," *Journal of the American Oriental Society*, Vol. 43, pp. 1–14.
Schwarz, Günther (1987) *'Und Jesus Sprach': Untersuchungen zur aramäischen Urgestalt der Worte Jesus*, Beiträge zur Wissenschaft vom Alten und Neuen Testament (BWANT) 118, 2nd ed., Stuttgart: Kohlhammer.
Sebeok, Thomas A. (ed.) (1960) *Style in Language*, Cambridge, MA: MIT Press.
Segal, Moses Hirsch (1908) "Mishnaic Hebrew and Its Relation to Biblical Hebrew and to Aramaic," *Jewish Quarterly Review*, Vol. 20, pp. 670–700, 734–37.
Segal, Moses Hirsch (1927) *A Grammar of Mishnaic Hebrew*, Oxford: Clarendon.
Segert, Stanislav (1997) "Phoenician and the Eastern Canaanite Languages," in Robert Hetzron (ed.), pp. 174–186.
Selby, Raymond G. (1983) "The Language in Which Jesus Taught," *Theology*, Vol. 86, pp. 185–193.
Sevenster, Jan Nicolaas (1968) *Do You Know Greek? How Much Greek Could the First Jewish Christian Have Know?* Novum Testamentum Supplement Series 19, Leiden: Brill.
Shinan, Avigdor (2009) *Pirke Avot: A New Israeli Commentary*, Jerusalem: Avi Hay Foundation and Yediot Ahronoth.
Shuali, Eran (2016) "Why Was the New Testament Translated into Hebrew?: An Introduction to the History of Hebrew Translations of the New Testament," *Open Theology*, Vol. 2, pp. 511–522.
Silva, Moisés (1980) "Bilingualism and the Character of Palestinian Greek," *Biblica*, Vol. 61, pp. 198–219.
Silva, Moisés (1991) "Bilingualism and the Character of Palestinian Greek," in Stanley E. Porter (ed.), repr. Moisés Silva (1980), pp. 205–226.
Smelik, Willem F. (1995) *The Targum of Judges*, Old Testament Studies (OTS) 36, Leiden: Brill.

Smelik, Willem F. (2010) "The Languages of Roman Palestine," in Catherine Hezser (ed.) (2010), pp. 122–141.

Smith, Morton (1958) "Aramaic Studies and the Study of the New Testament," *Journal of the Bible and Its Reception*, Vol. 26, pp. 304–313.

Society of Biblical Literature (2014) *The SBL Handbook of Style*, Society of Biblical Literature.

Spolsky, Bernard (2014) *The Languages of the Jews: A Sociolinguistic History*, Cambridge, Cambridge University Press.

Starcky, Jean (1954) "Un Contrat nabatéen sur papypus," *Revue Biblique*, Vol. 61.2, pp. 161–181.

Stuckenbruck, Loren T. (1981) "Semitic Influence on Greek: An Authenticating Criterion in Jesus Research?" in Chris Keith, and Anthony Le Donne (eds.), pp. 73–94.

Sáenz-Badillos, Angel (1993) *A History of the Hebrew Language*, John Elwolde (trans.), Cambridge: Cambridge University Press.

Tcherikover, Victor A., and Alexander Fuks (eds.) (1957) *Corpus Papyrorum Judaicarum*, Vol. 1: Prolegomena. Documents of the Ptolemaic Period, Cambridge, Mass.: Harvard University Press (for The Magnes Press, The Hebrew University). (test.html, line 612)

Tcherikover, Victor A., and Alexander Fuks (eds.) (1960) *Corpus Papyrorum Judaicarum*, Vol. 2: Early Roman Period, Cambridge, Mass.: Harvard University Press (for The Magnes Press, The Hebrew University).

Tcherikover, Victor A., and Alexander Fuks (eds.) (1964) *Corpus Papyrorum Judaicarum*, Vol. 3: Late Roman and Byzantine Periods, Cambridge, Mass.: Harvard University Press (for The Magnes Press, The Hebrew University).

Temporini, Hildegard (ed.), et al. / Wolfgang Haase (ed.) (1984) *Aufstieg und Niedergang der römischen Welt* (*ANRW*) / *Rise and Decline of the Roman World. Teil 2: Principat*, Band 25/2: Teilband Religion (Vorkonstantinisches Christentum: Leben und Umwelt Jesu; Neues Testament; Kanonische Schriften und Apokryphen [Forts.]), Berlin/New York: de Gruyter.

Thomas, David, and John Chesworth (2015) *Christian-Muslim Relations. A Bibliographical History*, Vol. 7: Central and Eastern Europe, Asia, Africa and South America (1500-1600), Leiden: Brill.

Thompson, Steven (1985) *The Apocalypse and Semitic Syntax*, Cambridge: Cambridge University Press.

Thompson, Steven (2010) "Gustaf Dalman, Anti-Semitism, and the Language of Jesus Debate," *Journal of Religious History*, Vol. 34.1, pp. 36–54.

Torrey, Charles Cutler (1916) *The Composition and Date of Acts*, Harvard Theological Studies 1, Cambridge, MA: Harvard University Press.

Torrey, Charles Cutler (1936) *Our Translated Gospels: Some of the Evidence*, 1st ed., New York:

Harper & Brothers.

Torrey, Charles Cutler (1942) "The Aramaic of the Gospels," *Journal of Biblical Literature*, Vol. 61.2, pp. 71–85.

Tov, Emanuel (2010) *Revised Lists of the Text from Judean Desert*, Leiden: Brill.

Tresham, Aaron K. (2009) "The Languages Spoken by Jesus," *The Masters Seminary Journal*, Vol. 20.1, pp. 71–94.

Treu, Kurt (1973) "Die Bedeutung des Grieschschen für die Juden römischen Reich," *Kairos*, Vol. 15, pp. 123-144.

Turner, Nigel (1951) "The Unique Character of Biblical Greek," *Vetus Testamentum*, Vol. 1, pp. 208–213.

Turner, Nigel (1962) "The Language of the New Testament," in Matthew Black, and Harold Henry Rowley (eds.) (1962), pp. 659–662.

Turner, Nigel (1973–1974) "The Literary Character of New Testament Greek," *Novum Testamentum*, Vol. 20, pp. 107–114.

Turner, Nigel (1974) "Jewish and Christian Influence in the New Testament Vocabulary," *Novum Testamentum*, Vol. 16, pp. 149–160.

Turner, Nigel (1975) *Grammatical Insights into the New Testament*, Edinburgh: T. & T. Clark.

Turner, Nigel (1982) "Biblical Greek: The Peculiar Language of a Peculiar People," *Studia Evangelica*, Vol. 7, pp. 505–512.

Turner, Nigel (1991) "The Language of Jesus and His Disciples," in Stanley E. Porter (ed.), repr. Turner (1975: 174–188), pp. 174–190.

Tuttle, Gary A. (ed.) (1978) *Biblical and Near Eastern Studies: Essays in Honor of William Sanford Lasor*, Grand Rapids: Eerdmans.

Urman, Dan (1972) "Jewish Inscriptions from Dabbura in the Golan," *Israel Exploration Journal* Vol. 22, pp. 16–23.

Vergote, Joseph (1938) "Grec Biblique," in Louis Pirot (ed.), cols. 1320–1369.

Voelz, James W. (1984) "The Language of the New Testament," in Wolfgang Haase (ed.), *Aufstieg und Niedergang der römischen Welt* (ANRW) 2.25.2, Berlin: de Gruyter. 893–977.

Voelz, James W. (1992) "The Linguistic Milieu of the Early Church," *Concordia Theological Quarterly*, Vol. 56.2–3, pp. 91–97.

Walser, Georg (2001) *The Greek of the Ancient Synagogue: An Investigation on the Greek of the Septuagint, Pseudepigrapha and the New Testament,* Studia Graeca et Latina Lundensia 8, Stockholm: Almqvist & Wiksell.

Watt, Jonathan M. (2000) "The Current Landscape of Diglossia Studies: The Diglossic Continuum in First-century Palestine," in Stanley E. Porter (ed.) (2000), pp. 18–36.

Watt, Jonathan M. (2013) "A Brief History of Ancient Greek with a View to the New Testament," in Stanley E. Porter, and Andrew W. Pitts (eds.) (2013), pp. 225–241.

Wilcox, Max (1965) *The Semitisms of Acts*, Oxford: Clarendon.
Wilcox, Max (1984) "Semitisms in the New Testament," in Wolfgang Haase (ed.), *Aufstieg und Niedergang der römischen Welt* (ANRW) 2.25.2, pp. 979–986.
Wilkinson, Robert J. (2007) *Orientalism, Aramaic, and Kabbalah in the Catholic Reformation: The First Printing of the Syriac New Testament*, Leiden: Brill.
Wise, Michael O. (1992) "Languages of Palestine," in Green Joel B., et al. (1992), pp. 434–444.
Wise, Michael O. (2012) *Language and Literacy in Roman Judaea: A Study of the Bar Kokhba Documents*, Ph.D dissertation: University of Minnesota.
Wong, Chan-Kok (1992) "Philo's Use of Chaldaioi," *The Studia Philonica Annual: Studies in Hellenistic Judaism*, Vol. 4, pp. 1–13.
Woodard, Roger D. (ed.) (2004) *The Cambridge Encyclopedia of the World's Ancient Languages*, Cambridge: Cambridge University Press.
Woźniak-Bobińska, Marta (2020) *Modern Assyrian/Syriac Diaspora in Sweden*, Lodz: University of Lodz.
Yadin, Yigal (1971) *Bar-Kokhba: The Rediscovery of the Legendary Hero of the Last Jewish Revolt against Imperial Rome*, London: Weidenfeld and Nicolson.
Yadin, Yigael, et al. (eds.) (2002) *The Documents from the Bar Kokhba Period in the Cave of Letters: Hebrew, Aramaic, and Nabatean-Aramaic Papyri*, Judean Desert Studies 3, Jerusalem: Israel Exploration Society.
Yardeni, Ada (2001) "The Decipherment and Restoration of Legal Texts from the Judean Desert: A Reexamination of Papyrus Starcky (P. Yadin 36)," *Scripta Classica Israelica*, Vol. 20, pp. 121–137.
Yon Jean-Baptiste (2007) "De l'araméen en grec," *Mélanges de l'Université Saint-Joseph*, Vol. 60, pp. 381–429.
Young, Brad (1989) *Jesus and His Jewish Parables: Rediscovering the Roots of Jesus' Teaching*, New York: Paulist.
Zevit, Ziony, and Seymour Gitin, and Michael Sokoloff (eds.) (1995) *Solving Riddles and Untying Knots: Biblical, Epigraphic, and Semitic Studies in Honor of Jonas C. Greenfield*, Winona Lake: Eisenbrauns.
Zimmermann, Frank (1979) *The Aramaic Origin of the Four Gospels*, New York: KTAV.

和書，和訳書

アズィズ S. アティーヤ（2014）『東方キリスト教の歴史』村山盛忠訳，教文館。
加藤隆（1999）『新約聖書はなぜギリシア語で書かれたか』大修館書店。
加藤哲平（2018）『ヒエロニュムスの聖書翻訳』教文館。
亀井孝，河野六郎，千野栄一（編）（1996）『言語学大辞典』第6巻術語編，三省堂。

参考文献

S. サフライ（1995）『キリスト教成立の背景としてのユダヤ教世界』サンパウロ。
E. シューラー（2012a）『イエス・キリスト時代のユダヤ民族史 I』小河陽訳，教文館。
E. シューラー（2012b）『イエス・キリスト時代のユダヤ民族史 II』小河陽訳，教文館。
E. シューラー（2014）『イエス・キリスト時代のユダヤ民族史 III』小河陽・安達かおり・馬場幸栄訳，教文館。
E. シューラー（2015）『イエス・キリスト時代のユダヤ民族史 IV』上村静・大庭昭博・小河陽訳，教文館。
E. シューラー（2017）『イエス・キリスト時代のユダヤ民族史 V』木村和良訳，教文館。
E. シューラー（2021）『イエス・キリスト時代のユダヤ民族史 VI』高井啓介・飯郷友康訳，教文館。
K. シュミート（2013）『旧約聖書文学史入門』山我哲雄訳，教文館。
高橋虔（1960）「タルグムおよびイエスの時代のアラム語文献について」『基督教研究』Vol. 32.1, 46–62 頁。
髙橋洋成（2017）「旧約聖書における親族・部族用語の意味論：歴代誌史書と民数記との比較から」『New 聖書翻訳』Vol. 3, 31–44 頁。
髙橋洋成（2019a）「Πᾶσα γραφὴ θεόπνευστος：聖書の解釈と正典の意味に関する覚え書き」『New 聖書翻訳』Vol. 5, 22–45 頁。
髙橋洋成（2019b）「イエスの時代の言語生活：イエスは何語を使ったか？」『ユダヤ教とキリスト教』リトン，11–78 頁。
髙橋洋成（2022）「『イエスの時代のユダヤ人の言語』とその呼称をめぐる言説史研究」博士論文（同志社大学）。
田川建三（1997）『書物としての新約聖書』勁草書房（特に「新約聖書の言語」199–350 頁）。
土岐健治（1979）『イエス時代の言語状況（付・メシア告白の問題）』教文館。
土岐健治・村岡崇光（2016）『イエスは何語を話したか？ 新約時代の言語状況と聖書翻訳についての考察』教文館（土岐（1979）の増補）。
D. ビヴィン，R. ブリザード（1999）『イエスはヘブライ語を話したか』河合一充訳，ミルトス。
Ch. ラビン（2012）『ヘブライ語小史』毛利稔勝訳（私家版）。

あとがき

　本書は2022年度,同志社大学神学研究科に提出した博士学位請求論文「『イエスの時代のユダヤ人の言語』とその呼称をめぐる言説史研究」に加筆修正を施したものである。審査をしていただいた石川立先生,勝又悦子先生,村山盛葦先生に改めて深く感謝申し上げる。

　本書のきっかけは,上智大学キリスト教文化研究所の2018年度聖書講座において筆者が行った講演「イエスの時代の言語生活:イエスは何語を使ったか?」だった(その講演録は,上智大学キリスト教文化研究所(編)『ユダヤ教とキリスト教』(リトン,2019年)に収録されている)。1世紀パレスティナの言語状況,そのような状況に至った歴史,当時の言語特徴などを調べていく中で,「イエスはアラム語を話した」という通説が,いつ頃,どのように生まれたのか,という通史研究が世界的に手薄であることに気がついた。

　そこで,本テーマで博士論文を執筆しようと思い立った。当初の構想は,第1部において「イエスはアラム語を話した」という通説がいつ頃,どのように生まれたのかという言説史・論争史をまとめ,第2部ではギリシア語新約聖書を中心に,当時のユダヤ人ギリシア語文書に見られる「セム語形」の言語学的分析を行う,というものであった。つまり,本書はなお当初の構想の途上である。今後「イエスの言語」をめぐる現代の論争史と,「セム語形」の総合的な分析をまとめるという作業が残っており,その成果が結実する日を待ち望みつつ邁進する所存である。本研究が「イエスの言語」に関する議

論，ひいては古代パレスティナ諸言語の研究を次世代へ受け渡すものになることを願う。

2005年に池田潤先生の御指導のもと，筑波大学大学院人文社会学研究科に修士論文「聖書ヘブライ語動詞組織におけるBiradicalism」を執筆してから長い年月が経ってしまった。多くの方々に多大なる御心配をおかけしたが，出会いに恵まれた月日でもあったと今にして思う。

筆者は2013年，イスラエルでの留学から帰国して間もなく，日本聖書協会の新翻訳事業に翻訳者として，また2015年からは編集委員として参加する機会に恵まれた（本事業の成果は『聖書 聖書協会共同訳』として2018年に刊行された）。言語研究を旨とすると言いつつ，聖書本文を精読するということを怠ってきた筆者にとって，本文を何度も朗読し，文書全体の構造を踏まえながら文法のつながりを捉えるという経験は，筆者の文法観，言語観，そして正典観をまったく一新するものとなった。本事業に参加していなければ，筆者は研究を断念していただろうと思う。日本聖書協会の島先克臣氏，飯島克彦氏，岩本潤一氏，また同じ翻訳者・編集委員であった佐藤裕子先生，柊曉生先生には公私にわたってひとかたならぬ御世話をおかけした。博士論文執筆へ背中を押してくださったことに心より感謝を申し上げたい。折に触れて御連絡をくださった柊神父は2024年に召されたが，小著の報告が届くことを祈る。

また，博士論文の執筆中に上智大学の非常勤講師として「聖書ヒブル語」を担当させていただいたことも，ヘブライ語の文法記述を改めて整理・分析する機会となった。受講生の反応を見ながら，己のヘブライ語理解の拙さを毎回反省するのが常であるが，熱心に出席してくれる受講生に感謝したい。

本書の出版にあたっては教文館の髙橋真人氏，倉澤智子氏に多大なるお力添えをいただいたことも，ここに記して御礼申し上げる。

最後に，博士論文の執筆を最初から最後まで根気強く励ましてくれた遠藤佳那子氏に感謝する。また私事ながら，2022年6月10日に眠りについた父，靖雄に本書が届くことを祈る。

なお本書は，令和6年度日本学術振興会科学研究費補助金（研究成果公開促進費（学術図書），課題番号 24HP5010），ならびに東京外国語大学アジア・アフリカ言語文化研究所の助成を受けて刊行されるものである。

2025 年 2 月

髙橋洋成

〈著者紹介〉

髙橋洋成（たかはし・よな）

1978年生まれ。2002年東京大学文学部言語文化学科卒業。2007-11年イスラエル・テルアビブ大学大学院ユダヤ学研究科でセム語学を学ぶ。2012年筑波大学大学院人文社会科学研究科博士課程単位取得退学。2013-18年日本聖書協会新翻訳事業において翻訳者（旧約担当）・編集委員（五書・歴史書担当）。2023年同志社大学より博士（神学）取得。現在、東京外国語大学フィールドサイエンスコモンズ特任研究員、上智大学神学部非常勤講師。著書に『ここが変わった！「聖書協会共同訳」旧約編』（共著，日本キリスト教団出版局），『ユダヤ教とキリスト教』（共著，リトン）など。

「イエスの言語」をめぐる論争史──古代から近代まで

2025年2月28日 初版発行

著　者　髙橋洋成
発行者　渡部　満
発行所　株式会社 教文館
　　　　〒104-0061 東京都中央区銀座 4-5-1
　　　　電話 03(3561)5549　FAX 03(5250)5107
　　　　URL https://www.kyobunkwan.co.jp/publishing/

印刷所　株式会社 平河工業社
配給元　日キ販　〒112-0014 東京都文京区関口 1-44-4
　　　　電話 03(3260)5670　FAX 03(3260)5637

ISBN 978-4-7642-7493-8　　　　　　　　　　　Printed in Japan

ⓒ 2025　　　　　　　　　　落丁・乱丁本はお取り替えいたします。

教文館の本

E. シューラー
イエス・キリスト時代の ユダヤ民族史（全7巻）

シューラーによる有名なドイツ語原本を、ヴェルメシュ、ミラーが改訂増補した英語版からの邦訳。政治的、社会的、宗教的また文学的な観点からイエス時代のユダヤ史を詳述し、歴史資料をバランスよく収録。イエスやパウロが生きたユダヤ教の実態を知り、新約聖書の記述内容を深く捉えるために不可欠の書。

第Ⅰ巻　第1節 本書の視野と目的／第2節 補助科目／第3節 諸資料／第4節 宗教的危機と革命／第5節 ユダ・マカバイオス／第6節 ヨナタン／第7節 シモン／第8節 ヨハネ・ヒルカノスⅠ世／第9節 アリストブロスⅠ世／第10節 アレクサンドロス・ヤンナイオス／第11節 アレクサンドラ／第12節 アリストブロスⅡ世／第13節 ヒルカノスⅡ世、アンティパテルとその息子たちファサエルとヘロデの台頭／第14節 アンティゴノス
　　　　　　　　　　　　　　　　　　　　　小河 陽訳　Ａ5判402頁 8,900円

第Ⅱ巻　第15節 ヘロデ大王／第16節 ヘロデの死後の騒動／第17節 ヘロデ大王の死からアグリッパⅠ世まで ヘロデの息子たち／第18節 アグリッパⅠ世／第19節 ローマ人プロクラトルたち／第20節 ローマとの大戦争／第21節 エルサレムの破壊からバル・コクバの没落まで／補遺
　　　　　　　　　　　　　　　　　　　　　小河 陽訳　Ａ5判438頁 9,200円

第Ⅲ巻　第22節 文化的背景／第23節 政治制度／第24節 祭司職と神殿祭儀／補遺
　　　　　　　　　　　　　小河 陽／安達かおり／馬場幸栄訳　Ａ5判418頁 9,000円

第Ⅳ巻　第25節 トーラーの学習／第26節 ファリサイ派とサドカイ派／第27節 学校とシナゴーグ／補遺／第28節 生活と律法／第29節 メシア信仰／補遺／第30節 エッセネ派／補遺
　　　　　　　　　　　　　　上村 静／大庭昭博／小河 陽訳　Ａ5判374頁 8,500円

第Ⅴ巻　第31節 ディアスポラのユダヤ教：異邦人とユダヤ教／第32節 ヘブライ語、アラム語で書かれたユダヤ教文学（Ⅰ～Ⅴ）
　　　　　　　　　　　　　　　　　　　　木村和良訳　Ａ5判432頁 9,500円

第Ⅵ巻　第32節 ヘブライ語、アラム語で書かれたユダヤ文学（Ⅵ～Ⅷ）／第33節Ａ ギリシア語で書かれたユダヤ教文学
　　　　　　　　　　　　　　　　　　　髙井啓介／飯郷友康訳　Ａ5判474頁 10,000円

第Ⅶ巻　第33節Ｂ 原語が不明なユダヤ教文学／第34節 ユダヤ人哲学者フィロン／索引　【未刊】

K. シュミート　山我哲雄訳
旧約聖書文学史入門
Ａ5判432頁 4,500円

諸伝承はどのようにして「聖典」になったのか？　旧約聖書のテキスト群を時代区分・類型によって文学的に特徴付け、成立過程と相互連関を解明する意欲的な試み。現代旧約学を代表する基礎文献として必読の研究！

左近義慈編著　本間敏雄改訂増補
ヒブル語入門［改訂増補版］
Ａ5判476頁 5,000円

本邦初の日本語によるヒブル語入門書。半世紀近く親しまれてきた信頼おける内容はそのままに、基礎的な構文論や、マソラ本文に関する補説などを大幅に追加した改訂増補版。旧約聖書原典の学習者への本格的な最良のテキスト！

上記価格は本体価格（税別）です。